CB061751

SIM
À IGUALDADE
RACIAL

Copyright © 2018
Luana Génot

editoras
Cristina Fernandes Warth
Mariana Warth

coordenação de produção, projeto gráfico e capa
Daniel Viana

foto de capa
Jorge Bispo

preparação de texto e revisão
Eneida D. Gaspar

Este livro segue as novas regras do Acordo Ortográfico da Língua Portuguesa.

Todos os direitos reservados à Pallas Editora e Distribuidora Ltda. É vetada a reprodução por qualquer meio mecânico, eletrônico, xerográfico etc., sem a permissão por escrito da editora, de parte ou totalidade do material escrito.

Dados Internacionais de Catalogação na Publicação (CIP) de acordo com ISBD

L926s   Luana, Génot, 1988-

         Sim à igualdade racial: raça e mercado de trabalho / Génot, Luana. - Rio de Janeiro : Pallas, 2018.
         272 p. ; 16cm x 23cm.

         ISBN: 978-85-347-0560-8

         1. Igualdade racial. 2. Políticas afirmativas. 3. Racismo no ambiente de trabalho. 4. Racismo. 5. Ciências sociais. I. Título.

018-1768   CDD 305.8
                                                                 CDU 323.14

Elaborado por Vagner Rodolfo da Silva - CRB-8/9410

Pallas Editora e Distribuidora Ltda.
Rua Frederico de Albuquerque, 56 – Higienópolis
CEP 21050-840 – Rio de Janeiro – RJ
Tel./fax: 21 2270-0186
www.pallaseditora.com.br | pallas@pallaseditora.com.br

SIM À IGUALDADE RACIAL

RAÇA E MERCADO DE TRABALHO

LUANA GÉNOT

Rio de Janeiro | 2019
1ª edição | 1ª reimpressão

AGRADECIMENTOS

A minha filha Alice Génot, que desde o ventre me inspirou que o controle da vida e do tempo não está nas minhas mãos, e que bom. Alice me inspira ainda mais a partilhar minhas inquietudes e transformá-las em combustível para lutar por um mundo melhor.

A Ana, minha mãe, e Anna, minha avó, que me ensinaram desde cedo que racismo não era brincadeira de criança. Ao Louis, meu esposo e pai da Alice, que, cada vez mais atento aos privilégios brancos, tem sido um importante aliado na construção do *Sim à Igualdade Racial*. Também extensivo a sua família, em especial meus sogros Isabelle e Michel. Ao meu tio José Eduardo, um empreendedor incansável, ao meu primo Gabriel, ao meu pai, a minhas irmãs e irmãos paternos: Ana Paula, Mayara, Vangler, Verônica e Vilson; a minhas sobrinhas, sobrinhos e primos.

A Taís Araújo e a Lázaro Ramos por passar o bastão e me conectar com Cris e Mari que me proporcionaram pôr este livro no mundo.

Aos que me incentivaram durante o Mestrado em Relações Étnico--Raciais, em especial, Roberto Borges e Fábio Sampaio, à PUC-Rio, ao CEFET-RJ, à University of Wisconsin – Madison e à Capes, que marcaram o desenvolvimento da minha vida acadêmica.

Aos amigos da Conspiração que me acompanham desde o ensino médio, à Midiam Alves e família, aos amigos do Arca Comunidade Educacional. A Wellington Mendes, Roberto Andraus, Bruno Ribeiro, Leonne Gabriel, um time que só cresce, nossos conselheiros, bolsistas, voluntários e parceiros que fazem parte do Instituto Identidades do Brasil – ID_BR.

SUMÁRIO

Introdução 10
FALA ANA CRISTINA (MINHA MÃE), AUXILIAR DE ENFERMAGEM 15
FALA LUIZ CARLOS (MEU PAI), MILITAR 20
RETORNANDO... 23

1 Raça: um fenômeno complexo 29
1.1 "Democracia racial" e Estatuto da Igualdade Racial 32
FALA FLÁVIA OLIVEIRA, JORNALISTA 46
1.2 Para além do contexto brasileiro 55
FALA THEO VAN DER LOO, EX-CEO DA BAYER 59
1.3 Da genética à linguagem 73
FALA JOSÉLIO RAYMUNDO, DIRETOR EXECUTIVO DA AEGEA 79
1.4 Racismo na modernidade 86
FALA THULA PIRES, PROFESSORA DA PUC-RIO 90
1.5 Auto e heteroidentificação racial 94
1.6 Ações afirmativas, racismo institucional, injúria e discriminação racial 97
FALA BRAWNER RAMOS, ESPECIALISTA DA AEGEA 101
1.7 Racismo e intersecionalidades 105
1.8 Etnia e o "politicamente correto" 109
FALA ADRIANA BARBOSA, PRESIDENTE DO INSTITUTO FEIRA PRETA 118
1.9 O negro e a sua condição histórica no Brasil 124
FALA VERA ESPIRITO SANTO, DOMÉSTICA 129

2 Raça na mídia: repetições e mudanças? 133
FALA MARIA GAL, ATRIZ E PRODUTORA 143
2.1 Discursos contra-hegemônicos 146
FALA TADEU NARDOCCI, CEO DA NOVELIS 152

2.2 "Sim à Igualdade Racial" e as identidades raciais
nas mídias sociais — 157
FALA HAMILTON AMADEO, CEO DA AEGEA — 163
2.3 Identidades raciais e os filtros de informação na internet — 176
FALA FERNANDO PAIVA, EXECUTIVO DE TI — 181
2.4 A tecnologia e o apagamento da raça? — 183
FALA BRUNO GAGLIASSO, ATOR — 191
2.5 Internet, tecnologia e ativismo — 198
FALA EGNALDA CÔRTES, CEO DA CÔRTES ASSESSORIA — 204

3 Sim à igualdade racial: a análise dos depoimentos dos participantes — 211
3.1 Um levante de identidades — 216
3.2 Categoria 1: "Sou negro(a) / minha pele é preta / minha pele é negra": leituras sobre raça e cor — 223
FALA WANIE NASCIMENTO, EX-JOVEM APRENDIZ DA COCA-COLA — 231
3.3 Categoria 2: "Sou miscigenado(a)": espectro de cores e exaltação da mistura — 233
FALA LEANDRO FRANCISCO, PORTEIRO — 241
3.4 Categoria 3: "Sou território": etnias, traços e hábitos culturais — 244
FALA MARCOS UEDA, COORDENADOR DE PARCERIAS DA CEL.LEP — 248

4 Considerações finais — 251

Referências — 255
Apêndice: Para amplificar a reflexão em grupos de discussão em empresas, organizações, na formação de professores e em atividades acadêmicas — 265

INTRODUÇÃO

Você pode repetir comigo mental ou verbalmente "Sim à Igualdade Racial"? Agora consegue repetir "A igualdade racial é minha causa"? Não vale mais dizer que esta é somente uma causa dos negros. É uma causa de toda a sociedade. É nossa responsabilidade lutar por uma sociedade mais igualitária de modo geral para além das desigualdades sócio-econômicas. O tópico raça também precisa entrar em pauta com o protagonismo que merece e sem ser mais tabu.

Falar sobre raça sempre rende. Esta tem sido minha percepção ao levar este assunto pelo Brasil e pelo mundo. Até os que desejam ser mais sucintos deixam lacunas em gestos e olhares que poderiam ser interpretados em mil e uma palavras, o que significa para mim que é um assunto de todos e que todos de alguma forma se relacionam com esta temática, ainda que de maneira mais ou menos distante. Para que você entenda a minha tamanha motivação de escrever este livro que fala sobre relações raciais e o mundo do trabalho, preciso primeiramente me apresentar e compartilhar que este livro é a continuação de um assunto iniciado já há algum tempo. É a adaptação da minha dissertação do mestrado em Relações Étnico-Raciais, que por sua vez é uma expansão de um projeto que iniciei na minha monografia do curso de Publicidade. Não falei que este assunto rende?

Sou mulher, negra, cresci na Zona Norte do Rio de Janeiro, em uma família de classe média-baixa desta cidade, e me formei em Publicidade pela Pontifícia Universidade Católica do Rio de Janeiro (PUC-Rio). Desde o início do Mestrado em Relações Étnico-Raciais, aprendi e passei a incluir em meus relatos o meu lugar de fala, logo no começo das minhas apresentações e textos. Acredito que esta é uma forma de mostrar que minhas escolhas foram construídas, desde as palavras, passando pelos autores e vieses interpretativos de tudo aquilo que busco investigar nesta pesquisa e que abordo neste livro. Portanto, qualquer conotação persuasiva não será mera coincidência – e também devo dizer –, assim como tudo o que está escrito aqui, por trazer outras vozes e vivências que se cruzam com as minhas, e que, a meu ver, não resultam do acaso.

Neste livro, você encontrará alguns termos bem recorrentes quando o assunto é raça, além de falas, depoimentos de pessoas de diferentes perfis que refletem sobre como a questão racial influencia suas trajetórias pessoais e profissionais. Perceba que as falas estão em primeira pessoa na intenção de que você, que está lendo, se coloque no lugar delas. Se quiser fazer o exercicio de ler em voz alta e se imaginar vivendo a realidade desta pessoa, melhor ainda. Desafio você a encontrar pontos de identificação e aprendizado com a trajetória e os termos abordados. Alguns foram entrevistados pessoalmente, outros por telefone e outros por *email*. Decidi também realçar algumas falas que me marcaram (e gostaria que você também refletisse sobre elas) e outras que podem saltar aos seus olhos e tocar no seu coração. Vamos fazer este exercício de colocar os óculos da raça? Com quais você mais se identifica?

Não é papel deste livro fazer análise das falas dos entrevistados aqui expostos, mas sim inspirar você a construir sua linha de pensamento a respeito do tema. Obviamente, há termos definidos a partir do meu lugar de fala e trajetória acadêmica, mas fique à vontade para trilhar outros caminhos.

Quando iniciei, em 2010, minha graduação no curso de Comunicação Social com habilitação em Publicidade, descobri que o campo de possibilidades de estudos era muito mais vasto do que eu havia imaginado. Não somente dentro da própria Publicidade, que contempla áreas como atendimento, planejamento e criação, entre outras, mas também em áreas correlatas, como Jornalismo e Cinema, que eram as outras opções do curso. A minha escolha por estudar o mundo da Publicidade, no entanto, já era fruto de vivências e inquietações profissionais anteriores, que vivi como modelo fotográfica e de passarela, as quais me proporcionaram meus primeiros contatos com o mercado audiovisual. Posso dizer que a vivência que mais me inquietou e, por consequência, me impulsionou a me descobrir e me afirmar como negra foi a que tive em 2007, aos 18 anos, numa agência de modelos em Paris, durante a minha primeira viagem internacional, e um dos meus primeiros trabalhos, a convite de uma marca francesa em parceria com uma revista franco-brasileira e uma escola de modelos de uma favela carioca.

Nessa época, era comum que as agências abrissem suas portas em algum dia da semana para receber novas possíveis candidatas. E lá fui eu tentar minha sorte. Cheguei bem cedo à agência e, ao meu redor, havia centenas de meninas de várias nacionalidades, em sua maioria brancas, magras, esguias. Pouco a pouco, cada uma delas, mesmo as que chegaram depois de mim, foi entrando para a entrevista, que consistia em um desfile para avaliação pela banca de agentes. A sala, antes cheia, foi ficando vazia, e eu ficando para trás. Quando finalmente pude perguntar ao agente que levava as meninas para a sala de entrevistas o porquê de eles não me chamarem, ele me pediu para aguardar. Até que, então, quando já não havia mais nenhuma outra menina na sala, um dos agentes sentou-se ao meu lado e começou a conversar comigo. Ele me disse: *"You are so beautiful, but you have a problem: you are black!"* – "Você é muito bonita, mas tem um problema: você é negra!" Em seguida, ele me explicou que, apesar de ter um perfil físico adequado ao exigido – eu era tão magra (ou quase) quanto as outras modelos que vi –, a cor da minha pele era o maior impeditivo para que eu pudesse ser agenciada e ter sucesso como modelo.

Para justificar sua afirmação, ele pegou uma espessa revista de moda ao seu alcance e folheou comigo do início ao fim, e me pediu que contasse o número de mulheres negras que apareciam nas páginas. Encontrei, entre as inúmeras matérias e anúncios publicitários de moda e beleza, uma ou duas revistas que mostravam modelos não caucasianas. E foi esta proporção que ele usou para justificar também por que, em um apanhado de umas 300 modelos, a agência francesa somente tinha em seu quadro de trabalho duas negras. Lembro-me de ele ter mencionado também que, possivelmente, eu teria chances somente se percorresse outras agências, em busca de um encaixe em alguma que estivesse sem modelos negras, parte de uma "cota" máxima, extremamente limitada. Aparentemente, pelo tom afirmativo de sua fala, era uma prática bem conhecida nesse mercado. Saí de lá aos prantos, tentando entender aquela lógica que limitava a um número muito baixo e desequilibrado, às mulheres negras, a possibilidade de terem oportunidades de trabalho no mercado de moda e beleza.

Consegui finalmente, após muita persistência, ser representada por agências no exterior e no Brasil; a tal proporção baixa de modelos negras em relação às brancas do mercado europeu também era reproduzida no país. Tive outras experiências como esta, e cheguei a colocar algumas delas num *blog* chamado "oladonegrodamoda". Depois comecei a exercitar minhas primeiras reflexões escritas sobre o racismo que percebi no mundo da moda, o que, por si só, já poderia render um capítulo inteiro. Porém, aqui, me limito ao episódio supracitado, na agência em Paris, que despertou em mim uma série de reflexões e que ajudaram a fortalecer ainda mais meu interesse por pesquisar a questão racial no Brasil e no mundo.

"Meu autorretrato" aos nove anos para um exercício da escola, recuperado de um caderno antigo, em que me desenhei loira e de olhos azuis.

Eu me lembro que, desde essa época, comecei a me questionar sobre as referências que estavam à minha volta e sobre minha própria origem. Revisitei muitos dos meus cadernos e livros de infância e me deparei com uma ilustração onde me desenhei loira, de olhos azuis, tal qual uma "paquita", personagem dos anos 1990 do programa de TV a que assistia. Também descobri que minha família teve que se mudar da favela da Praia do Pinto, após um incêndio tido por muitos noticiários como criminoso e proposital, com o objetivo de eliminar pretos e pobres de uma área da cidade próxima ao bairro do atual Leblon, Zona Sul do Rio de Janeiro, que fora revitalizada para a valorização do local, nos anos 1960. E aqui, me permito compartilhar as trajetórias profissionais que muito me influenciaram: da minha mãe e do meu pai. Mergulho aqui um pouco nestas referências para entender um pouco da minha própria história.

Fala Ana Cristina (minha mãe), auxiliar de enfermagem

Nasci no dia 16 de maio às 18h no Hospital Miguel Couto, no Leblon – Rio de Janeiro. Eu amo a minha cor. Sou negra. Se eu pudesse, colocaria todo mundo neste tom de pele, de tão linda que eu acho a minha cor.

Na minha família temos negros, índios. Tem uma índia pura, segundo contava a minha avó. Ela se chamava Bem-vinda, era tia da minha avó. Minha avó também dizia que tínhamos uma tia branca no interior de Campos. Segundo ela, nossa família é uma mistura de cores, raças. Acho que era invenção da minha avó, porque só via parentes pretos mesmo.

Somos de uma família bastante humilde. Morávamos numa comunidade no Parque Proletário do Leblon. Eu me lembro que adorava brincar de pique-esconde na praça Antero de Quental com minhas amigas e também andar de bicicleta no Jardim de Alah e na Praça Mário Ribeiro. Que saudades daquele tempo! Meus olhos se enchem de água só de pensar.

Me lembro que passei por alguns episódios marcantes nessa época na minha infância. Uma inundação quando tinha sete para oito anos, durante o período das chuvas torrenciais de janeiro. Perdemos todos os nossos móveis e fomos nos refugiar em uma creche. Vivendo um tempo de ajudas.

Recuperamos alguns objetos e voltamos para nossa casinha depois. **Me lembro que homens brancos engravatados passavam frequentemente pela comunidade, entrando pelos becos. Eles diziam que a comunidade era bem valorizada e iam embora. Parecia que era um sinal de que algo estava para acontecer. Fomos expulsos por um incêndio provocado por políticos, segundo informações que circulavam na época.** Eu era muito criança. Até hoje não apurei nada infelizmente. Eu tinha por volta de 11 para 12 anos.

Todos nós recebemos um telegrama nos expulsando do Parque para morar em Cordovil, dando também como opção a Cidade de Deus, propositalmente, penso. Arquitetaram tudinho. Um grupo de comadres da minha avó se inscreveu para ir para a Cidade de Deus, mas a minha avó já havia optado pela Cidade Alta[1]. Foi daí que parte da família e amigos próximos se separou. Existe uma certa revolta ainda em mim. Não sei como as pessoas deixaram isso acontecer.

Se as pessoas tivessem se revoltado poderíamos ter ficado. Éramos uma comunidade. Éramos gente do bem. Pelo que lembro não havia acontecido nenhum crime naquela comunidade. Ali era muito bom. Não merecíamos ser expulsos daquela maneira. Quem sabe vou voltar para o meu Leblon? Meu sonho! Se eu fosse adulta ninguém me tirava dali.

Minha avó pagava os carnês dos impostos em dia. Seria hoje correspondente a um condomínio. Seria justo que cada ex-morador do parque proletário do Leblon ganhasse um apartamento lá no Leblon.

Eu não queria sair dali. Quem me viu, observou que eu saí dali chorando. Eu dizia aos berros: "A gente tem que ir pra onde? Tem que pegar trem? Eu não quero ir."

Eu era traumatizada com trens. Certa vez, quando estava indo para a casa da minha tia que morava em Bangu, tive que pegar o trem. Não gostei. Entrei no vagão e deixei minha família para trás. Fiquei traumatizada. Me jogaram para fora pela janela e caí no colo da minha avó.

Quando saí do Leblon e fui para a Cidade Alta, onde morei durante 20 anos, fiquei numa situação de comparação entre um lugar e outro. O que me causou muita dor. O comportamento das meninas da Cidade Alta era diferente das do Leblon. Eu queria minhas amigas de volta.

Minha avó nasceu em Campos [norte do RJ]. Ela contava que, quando pequena, colhia tudo no campo para comer. Minha avó era empregada doméstica em uma fazenda em Campos e criou as duas filhas (minha mãe Anna e minha tia Marly) com muito sacrifício. Ela colocou as duas em um colégio interno e trabalhou durante 30 anos no Instituto de Pue-

---

[1] O Parque Proletário do Leblon (junto à Praia do Pinto, na orla da Lagoa Rodrigo de Freitas) foi um dos centros de habitação provisórios construídos pelo governo na década de 1940 para os moradores removidos das favelas da Zona Sul do Rio de Janeiro. Eram assentamentos precários, com casinhas de madeira e banheiros coletivos, e os moradores pagavam aluguel. A Cidade Alta, situada em Cordovil (na Zona Norte da cidade, perto do bairro da Penha e da divisa com o município de Duque de Caxias), e a Cidade de Deus, localizada na baixada de Jacarepaguá, são dois dos vários conjuntos habitacionais construídos pelo governo nas décadas de 1960 e 1970, dentro do programa de "desfavelização" da cidade. Esses conjuntos eram formados por casas e apartamentos de alvenaria, com infraestrutura básica individual, e os moradores os adquiriam com financiamento do Banco Nacional de Habitação, com a possibilidade de obter a escritura do imóvel se conseguissem quitar a dívida.

ricultura Martagão Gesteira – trabalhou em diversas funções. Começou na limpeza e foi ascendendo e chegou na portaria. Todos conheciam ela. Do reitor ao menorzinho.

Lembro que, quando estava para decidir o que eu ia fazer profissionalmente, eu não queria ser enfermeira. Na época, eu tinha um sonho de cursar psicologia na UFRJ. Mas era tempo integral. Era muita coisa para mim. Não podia só estudar.

No final das contas, acho até hoje que o que influenciou na minha trajetória profissional foi a minha turminha do hospital. Minha tia Marly, minha avó e mãe trabalhavam em hospitais. Minha tia inclusive me levou uma vez no seu local de trabalho. Parece que aquilo mexeu com meu subconsciente, mas eu não queria limpar hospital. Queria ser diretora. Era bem sonhadora.

Devido às circunstâncias precárias em que nós vivíamos, tive que ir pelo caminho da enfermagem mesmo. Surgiu uma oportunidade de trabalho imediata para atuar na área e tive que agarrar. Eu prestei um exame e fui cursar auxiliar de enfermagem durante um ano no hospital Getúlio Vargas [na Penha]. Lá, eu tinha um estágio remunerado. Fiquei em diversas áreas, na emergência, CTI, maternidade. Foi um dos estágios onde mais aprendi. Para melhorar minha remuneração, nesta época, fiz mais dois anos de curso técnico de enfermagem no Bezerra de Araújo, na Tijuca. Este segundo foi pago.

Nesta época, logo após o estágio, um amigo da minha mãe me indicou para trabalhar na UPC (Urgência Pediátrica Copacabana), uma clínica privada que tinha na época na Rua Barata Ribeiro. Mamãe, que trabalhava como auxiliar de nutrição na cozinha do Miguel Couto [no Leblon], também melhorou e conseguiu ascender e melhorar o salário, sendo promovida como agente de núcleo no hospital.

Antes disso, estudei a maior parte do tempo em colégios do governo. Primário e admissão na Escola Municipal George Pfisterer no Leblon. O primeiro grau na Escola Municipal Nun'Álvares Pereira em Vista Alegre. Dali, fui estudar o segundo grau no colégio Alcântara, que era particular, e comecei em contabilidade mas acabei trocando para o técnico em química orgânica. Como mencionei que tinha o interesse em enfermagem, acabaram me direcionando para fazer o curso. Achei mais fácil optar pela enfermagem e larguei a contabilidade.

Consegui uma bolsa, mas não era integral. Lúcia Damiana, Célia, que eram amigas próximas, estudavam comigo e também conseguiram a mesma bolsa. Paguei meu segundo grau trabalhando em paralelo. Na época, estudava à noite e fazia bolos para fora para me ajudar a pagar. Além disso, fazia outros cursos em Cordovil, como manicure, pedicure, contabilidade. Eu recebia pessoas em casa, prestando estes serviços e ganhando meu dinheirinho.

O assunto lá em casa era: estudar, pra quê? Porque ela não estudou. Minha mãe, que só tinha o primário, não me incentivava a continuar estudando. Fiz o técnico de enfermagem escondido. O que eu sabia era que eu não queria ser auxiliar de enfermagem. Eu era muito besta. Passei na prova do vestibular para a Faculdade de Enfermagem Luiza de Marillac, mas não tinha dinheiro para pagar.

Devido a turbilhões de problemas, adquiri aos 19 anos uma hipertensão. Esta doença não nasceu comigo. Foram as condições a que fui submetida que me deixaram doente: fui expulsa com minha família brutalmente do lugar que eu amava na infância, tive dificuldade de adaptação em Cordovil, que era um ambiente bem mais perigoso, tinham problemas em casa. Eu vivia tensa. Em 1983, aos 25 anos, foi constatado um coágulo no meu cérebro.

Alguns anos depois, recuperada da cirurgia do aneurisma, após concluir o técnico de enfermagem, prestei um exame, um concurso para o Hospital Universitário Antônio Pedro da Universidade Federal Fluminense [em Niterói] em 1985. Entrei como AOSD – Auxiliar Operacional de Serviço Diversos. Como eu tinha um curso técnico de enfermagem, me colocaram nesta área e consegui uma ascensão com provas documentadas das minhas experiências e cursos que já tinha feito.

Em 1987, passei para o concurso pela prefeitura de auxiliar de enfermagem com 2º grau. Fui alocada no [hospital do] Andaraí, mas era um trabalho muito tumultuado, então apresentei provas de que não podia ficar naquele ambiente e me realocaram na Cidade Alta. Afinal, o fato de terem mexido no meu cérebro acabou me ajudando a passar nos concursos públicos. Fiquei mais inteligente. Temos que rir pra não chorar.

Decidi ser servidora pública pela estabilidade. Servidor só perde a vaga se mata ou rouba, então fui por este caminho. Sabia que não

iria ficar desempregada. Nunca gostei de ser dependente. Queria morar sozinha, ser mãe. E isso só foi possível depois que fui servidora. Precisava de uma comprovação de renda para comprar minha casa própria. Em 1988 me tornei mãe. Era um grande sonho. Fui mãe solteira mas tive muitas amizades e familiares que se uniram comigo. Todos ocuparam um pouco este papel de marido. Ninguém me deixou só, inclusive o pai, que não morava comigo. Ele era 90% presente.

Nos anos 90, comecei a estudar Serviço Social na UVA [Universidade Veiga de Almeida], mas não concluí. Ficou muito alto. Me arrependo até hoje por não ter concluído. Em 2004 fiz o Bacharel em Teologia e conclui na Epoe [Escola Preparatória de Obreiros Evangélicos] em 2008. Queria entender mais a Bíblia. Apesar de que tínhamos um professor que dizia que nunca entenderíamos a Bíblia em sua plenitude. Na época, também tinha intenção de fundar uma igreja com alguns amigos. Fiz pela oportunidade que tive em concluir um curso em nível de terceiro grau. Tinha carona ida e volta. E foi bem divertido. Também me ajudou a ter uma bonificação no serviço público.

Mas ainda assim fico pensando: por que eu não estudei mais antes? Me sinto um pouco estagnada hoje. Não quero me aposentar. Quero preencher minha mente, fazer novos amigos. A rotina me faz muito mal. Penso em fazer o mestrado pra melhorar mais em conhecimento e bonificação.

Lembro que, durante os meus mais de 30 anos como profissional da área da saúde, não tive muitos enfermeiros negros como chefe da seção onde trabalhei. Dá para contar nos dedos. E afinal, nunca vi um reitor ou diretor de hospital negro. Posso dizer que nunca sofri racismo diretamente, mas já tomei dores por amigos que sofreram preconceito racial. Eu graças a Deus nunca sofri.

Fui criando uma certa defesa. Tudo era motivo de fúria. Inclusive no Colégio São Fabiano, quando uma das suas amiguinhas te chamou de macaca, minha filha, minha reação foi imediata: "Vou tirar minha filha deste colégio para não cometer nenhuma bobagem aqui." Fiquei com medo daquilo te abalar. Eu era mãe protetora. Filha única. Aquilo não era brincadeira de criança. Eles vieram pra mim com: "Ah minha senhora não foi bem assim!" Que não foi bem assim o quê?! Hoje eu teria tido uma reação ainda mais enérgica, teria processado a escola. Mas foi o que deu pra fazer na época. Nunca achei que racismo fosse brincadeira.

Em viagem com minha avó ao Marrocos em 2016 – desejo de apresentar minha família às várias faces da África.

Fala Luiz Carlos (meu pai), militar

Eu sou um cara orgulhoso da minha pele. Me sinto bem. Me sinto um representante da raça negra. **Não me troco por nenhum branco, sem querer desmerecer. Procuro me portar da melhor maneira possível para que não venham debochar da nossa raça. Porque qualquer coisa ruim dizem: "só podia ser preto".**

A minha familia é totalmente constituída de negros, avós, pais e irmãos. Todos hoje falecidos. Meus avós bebiam e fumavam muito. Meus pais idem. Faleceram de doença proveniente de fumo e alcoolismo. Meu irmão mais novo reagiu a assalto e morreu. Minha irmã teve infarto fulminante, e o outro irmão teve complicações após um problema de vesícula e faleceu.

Minha infância foi muito difícil, pois morávamos na roça. Não nos alimentávamos bem. Todo dia era arroz, feijão e ovo, e fins de semana, a família inteira dividia uma galinha. A casa não tinha água, luz ou esgoto. Era no quilômetro 35 da estrada, ao lado do Rio Guandu, na estrada Rio – Santos, no Bairro Bom Jesus quase chegando a Itaguaí. Lá, fiquei até os 14 anos.

Me lembro que nas férias eu ficava um a dois meses em Copacabana, pois minha mãe era doméstica e eu ficava jogando bola com os bacanas. Ficava torcendo para as férias não acabarem para não ter que voltar a comer só arroz, feijão e ovo. Só vínhamos para casa nos finais de semana. Lembro que tudo era separado. Tinha local específico para os donos ficarem e outro para os que cuidavam da casa.

Minha mãe conseguiu um barraco na praia do Pinto em 71/72 porque era mais perto do serviço. Ficamos lá de 70 a 72, até que disseram que Sandra Cavalcante colocou fogo na favela. O pessoal saiu de lá e foi morar na Cidade Alta. Parece que foi premeditado, porque colocaram fogo ao mesmo tempo que a Cidade Alta já tinha ficado pronta e fomos pra lá.

No Leblon era bom pra caramba. A gente jogava bola até com o Adilio, um campeão mundial, que também era da favela. Era do lado do Clube de Regatas do Flamengo. Tiraram nossa mordomia. Tiraram a gente da Zona Sul e nos jogaram na Zona Norte.

Não posso dizer diretamente que foi racismo, até porque na época eu era muito jovem, mas como a maioria era preto, acho que influenciou. Devem ter pensado: "Vamos tirar esta pretaiada daqui e colocar num local mais longe. Eles estão sujando nossa área nobre."

De toda forma, a Cidade Alta já era mais perto do trabalho da minha mãe que Bom Jesus. Toda vez que eu vinha passar férias, eu via os navios cinzas passando pela Baía de Guanabara e ficava pensando: quando tiver a idade de me alistar, serei marinheiro.

Quando fiz 17 anos, me alistei e conseguiu entrar na Marinha. Em janeiro de 73.

Até aquele momento, havia feito o primário, admissão, ginásio e terminado o colegial que hoje é equivalente ao segundo grau. Aí, eu fiz um curso de auxiliar de escritório.

Antigamente só tinha três especialidades na Marinha para quem vinha do alistamento: serviço geral de máquina, convés e taifa. Como eu não tinha especialidade, fui pra taifa.

Para preencher as posições mais altas, em 1980 consegui entrar na escola oficial de sargento. Como eu gostava de muita farra, dei mais prioridade a elas do que estudar. Estava satisfeito pois já era sargento e estava tranquilo.

Sempre fui cumpridor das minhas responsabilidades. Fiz um curso de aperfeiçoamento para ser primeiro sargento. E fiz mais dois cursos até chegar a promoção a suboficial. Depois de chegar a esta promoção, parei. Acho que não cheguei a um cargo mais alto porque também tive muita ocupação com filhos, mulher em casa, com o dia a dia difícil de qualquer ser pobre mortal. Um oficial vindo de baixo geralmente é jogado nas piores posições. Por isso, preferi ficar na minha, de certa forma.

A maior dificuldade que tive foi quando viajava e o mar estava revolto, passava muito mal. Mas nunca cheguei a me sentir estagnado. Sempre que fiz as provas, passei.

Entrar para a Marinha como marinheiro e hoje ser suboficial foi um sonho realizado. Tenho orgulho de estar nesta armada até hoje. Mais de 46 anos de serviço ininterrupto. Eu acho que nasci para servir. Quem não nasce para servir, não serve para viver (filosofei).

Quando completei 30 anos de serviço, fui obrigado a ir pra Reserva, como manda a regra. Se ocorrer uma situação de guerra, a Marinha me chamaria de volta. Fui visitar um colega, na época, que me chamou para ser instrutor e dar aula sobre taifa: formação de garçons. Eu não sabia como dar aula. Ele me colocou para fazer um curso de técnicas de ensino. Depois disso, fiquei apto para passar minha mensagem e dei aula lá por cinco anos na escola de taifa do CIAA (Centro de Instrução Almirante Alexandrino).

Com o Capitão de Mar e Guerra Fuzileiro Naval Câmara Leão, dei aula na escola de taifa, na escola de formação de sargento da Marinha e no quartel de marinheiros. Depois disso este comandante foi para o CIAGA [Centro de Instrução Almirante Graça Aranha] e me levou. Lá fui designado para ser supervisor de dois restaurantes, no que estou até hoje: são o restaurante dos oficiais e restaurante do Prepom [Programa do Ensino Profissional Marítimo]. Hoje, sou supervisor e oriento meus subordinados nas suas tarefas inerentes ao servir dos terceirizados nos restaurantes. Sou muito ativo. Não gosto de ficar parado. Meu negócio é me movimentar.

Eu nunca senti racismo dentro da Marinha. Sempre procurei manter minha postura, sempre arrumado, parece que estava me comportando como branco. Sempre fui bem visto. As autoridades me escolhiam para trabalhar com eles.

Quando vejo os negros na Marinha hoje, percebo que estão no RH [recursos humanos] ou serviços gerais. Depende um pouco da especialidade do cara. Quem designa são os superiores que vão alocar as pessoas onde estiver mais carente de pessoal. Até hoje na Marinha eu só vi um almirante preto. Ele era médico e foi promovido a almirante. E um outro que veio da escola naval.

Nunca me envolvi em nenhum grupo que falasse sobre a **temática** racial. Mas lembro que quando estava viajando tinha preferência em **sair** sempre com pessoas da minha cor. Quando estava embarcado, a **gente** se entendia melhor na hora do lazer. Quando fui para Itajaí, em Santa Catarina, em 76, lembro que tinha clube (discoteca) de pretos e outro de brancos. Ninguém era impedido de entrar em um ou outro, mas tinha uma preferência de entrada de brancos em um clube e negros em outro. **Nesta época, enquanto estava lá, acabei tendo uma namoradinha branca e a gente se dava bem. Mas tinha um racismo absurdo, mesmo assim.**

Minha mãe é minha maior referência profissional. Ela bebia as cachacinhas dela, mas sempre trabalhou e lutou muito para que não passássemos fome. Arroz, feijão e ovo tinha todo dia. Ela morreu quando eu tinha 34 anos. Hoje vejo que sirvo de inspiração para meus filhos e netos. **Tenho dois filhos que acabaram seguindo meu caminho na Marinha. Vejo que há mais caminhos para a ascensão lá dentro. Mas ainda precisam ficar atentos: se o branco tirou oito, o negro tem que tirar nove.** Meu sonho é ver meus filhos e netos formados, e que o Brasil melhore. Do jeito que está, tá difícil. Os pretos ainda são muito discriminados.

Retornando...

Lembro-me que, quando era pequena, queria muito ser pediatra da Marinha pela junção da profissão de minha mãe e meu pai. Mas não segui nem a área da saúde (afinal, eu percebi que, apesar de ter crescido no hospital, acompanhando minha mãe, tinha um certo medo de lidar com agulhas e sangue), nem a área militar. A Comunicação me cativou, ainda mais depois que eu comecei a namorar meu esposo, Louis, que é jornalista, e com as experiências que tive como modelo.

Toda essa conjuntura me fez refletir e estabelecer em minha cabeça que o *status* de publicitária representaria a transição pessoal de modelo a publicitária, com o objetivo de ser detentora do poder de mudar estruturas, desde a decisão sobre o perfil das pessoas escolhidas para ilustrar esta ou aquela campanha até a possibilidade de abrir novas oportunidades e espaços para pessoas negras como eu. E sempre com o intuito de ajudar a modificar um mercado que, no meu entendimento, usa práticas racistas para filtrar e limitar as oportunidades de trabalho para mulheres e homens negros. Lembro que, já distante das passarelas, passei por algumas situações que me fizeram concluir que a falta de oportunidades para os negros transpunha as portas do mundo da moda. Certa vez fiz uma seleção para a empresa júnior da PUC-Rio. Tratava-se de um estágio não remunerado, e eu lembro que gostaria muito de fazer para ganhar experiência, mesmo sem subsídio financeiro. Passei por todas as etapas até que, na final, o gestor falou para mim que eu não ia ser aprovada pois não ia conseguir. Ele disse já ter tido pessoas do meu perfil que não aguentavam ficar porque precisavam do dinheiro. Ora, como poderia me julgar, apenas pela aparência, sem sequer conhecer minha situação financeira, que em nenhum momento havia sido questionada?

Lembro que episódios como estes me incentivaram ainda mais. Sob esta ótica, comecei a pesquisar referências para combater as práticas raciais segregacionistas no mercado brasileiro. No tocante à comunicação, meu imaginário daquela época considerava o mercado publicitário dos Estados Unidos uma referência, tendo em vista a frequência com que apareciam mulheres e homens negros na mídia, em comparação ao mercado daqui, além do seu tamanho e sua influência mundial.

Em 2012, ingressei no programa "Ciências Sem Fronteiras", da Capes, e consegui uma bolsa de estudos na *University of Wisconsin* – Madison. Lá, além das matérias relativas ao curso de Comunicação, Empreendedorismo e Negócios, fiz uma matéria bastante interessante chamada "Raça, Etnia e Mídia", que analisava os meios de comunicação em suas diversas formas (anúncios, jornais, séries, revistas etc.) como construtores de estereótipos raciais relacionados a brancos, afro-americanos, asiáticos, indígenas nativos e latinos. Durante o curso, senti necessidade de não somente aprimorar minha visão analítica desse cruzamento entre raça e mídia, mas de pensar em formas nas quais aqueles que, como eu, se sentissem subrepresentados pudessem criar atitudes concretas de reverter esse quadro.

Nesse período de intercâmbio, também trabalhei na *Burrell Communications*, uma agência de publicidade em Chicago que tem como objetivo a promoção de imagens positivas dos afro-americanos, considerando estes como um segmento de mercado, segundo o *Target Market News*[2] da época, que seria composto por mais de 42 milhões de pessoas, e que, se fosse um país, seria a 16ª maior economia do mundo.

De volta ao Brasil, estava lançado o desafio pessoal de criar iniciativas coletivas que fomentassem o tema do debate sobre raças na sociedade, bem como uma produção maior do número de imagens do negro em contextos não associados ao senso comum (criminalidade, escravidão, submissão, só para citar alguns casos). Percebi, no entanto, que um bom ponto de partida seria através de um breve levantamento sobre como os brasileiros enxergavam suas identidades raciais. Com este intuito, em 2013, organizei, com um grupo de colegas, a mostra ID_BR CARA::PELE::JEITO. ID_BR é a sigla de *Identidades do Brasil* e o subtítulo CARA::PELE::JEITO está associado ao conteúdo da exposição composta por retratos de rostos e vídeos (feitos pelo fotógrafo Leandro Martins) dos 25 participantes que falavam sobre como se identificavam racialmente, e também traços sobre suas personalidades.

A iniciativa foi também inspiração e tema da minha monografia de graduação na PUC-Rio: "ID_BR CARA::PELE::JEITO: quem é e como se autodefine o brasileiro através de fotografias e narrativas?". A primeira edição do evento aconteceu na PUC-Rio, e a segunda, em julho de 2014, no aeroporto internacional Antônio Carlos Jobim, o Galeão, também no Rio de Janeiro. Em resposta à aceitação do público e à demanda por

---

2 O *Target Market News* é um instituto de pesquisa estadunidense especializado no levantamento de dados sobre minorias étnico-raciais, incluindo afro-americanos. Os dados aqui apresentados podem ser encontrados em <http://targetmarketnews.com/storyid04251301.htm>, acessado em 30/11/2015.

produtos associados ao evento, decidi, com o auxílio de dois amigos *designers* de moda (Kenyu Kanashiro e Gustavo Zimmermann), tornar, em 2015, a ID_BR um negócio de moda e audiovisual que produziria roupas inspiradas em causas sociais, a começar pela temática racial. Foi nessa mesma época que também entrei no Mestrado em Relações Étnico-Raciais no CEFET-RJ. Com um excelente reforço teórico sobre o conceito de raça e a partir dessa formatação inicial de negócio, que também apresentou boa aceitação mercadológica, orientada por mentoras, fui aconselhada a modificar o modelo de negócios e focar no combate ao racismo, e em um único símbolo que seria estampado nos produtos elaborados com o objetivo de construir uma marca forte que fosse reconhecida e associada a difundir esta causa. A partir daí surgiram as ideias de criar o Instituto Identidades do Brasil e da campanha "Sim à Igualdade Racial", inspirada no modelo de "O Câncer de Mama no Alvo da Moda". A campanha "Sim à Igualdade Racial" nasceu, a princípio, para vendermos o uso da logomarca a empresas, com o objetivo de selarmos empresas que fossem aliadas à causa e arrecadarmos fundos para ações ligadas à necessidade de conscientização e engajamento da sociedade por mais oportunidades de conscientização, de trabalho e educação para a população negra, e pelo combate à desigualdade racial. Sempre entendemos o racismo como algo que precisava ser tratado, assim como a iniciativa do câncer dava ênfase ao tratamento da doença. O Instituto Identidades do Brasil nasce formalmente em 2016 e pouco a pouco abraça a temática das relações raciais no mercado de trabalho como sua temática prioritária. Falarei mais sobre o ID_BR e a campanha "Sim à Igualdade Racial" ao longo do livro.

Meu anseio desde o mestrado era que conceitos e propostas teóricas em prol da igualdade racial dialogassem mais com o mercado de trabalho e as relações que vivemos no dia a dia. Fui bastante instigada ainda com um menino, que encontrei em uma palestra que dei para crianças e adolescentes no Rio de Janeiro, que me disse que queria ser segurança porque era profissão de preto. Menciono este episódio no meu TEDX. Impossível ouvir isso e ficar alheia.

Como continuidade da dissertação e ainda com o objetivo de fazer dialogar o teórico e o prático, mantive uma estrutura semelhante e que considero necessária no livro.

Diante desta proposta de trabalho, que investiga a percepção dos indivíduos sobre suas identidades étnico-raciais, surgiu a preocupação em realizar uma revisão de literatura sobre conceitos e expressões como raça, etnia e racismo, não restritas a estes autores, mas, sobretudo, dialogando com as perspectivas de Munanga (2010), Schwarcz (1993), Hall (2005; 2013), Fanon (2008) e Mbembe (2014). Neste aspecto, também será usado como base o Estatuto da Igualdade Racial (BRASIL, 2016), documento governamental aprovado em 2010, o qual reúne os conceitos e suas definições e também diversas ações afirmativas direcionadas a enfrentar o problema da discriminação e da desigualdade entre os grupos raciais na sociedade brasileira.

Além disso, é traçado um panorama sobre raça a partir da imagem do negro na mídia sob as perspectivas de Borges (2012), Perez (2010), Silva (2010), Araújo (2000), Leite (2010) e Kellner (2001), bem como sobre o papel da internet e das mídias sociais, embasado pelas teorias propostas por Senft e Noble (2014) e Parisier (2012) na construção dos depoimentos sobre raças no espaço virtual. No capítulo 3, mostro brevemente os depoimentos que nutriram a maneira como entendo as relações étnico-raciais na sociedade. Tendo como *corpus* de análise os depoimentos postados na página do *Facebook* "Sim à Igualdade Racial", a partir das marcas da linguagem presentes, são investigados os sentidos relacionados à noção de raça neste contexto. Embasamos esta discussão em conceitos como enunciado, dialogismo e gênero do discurso, presentes na obra de Bakhtin (2003), reforçados por Sobral (2009) e Rocha e Deusdará (2005).

Diferentemente da dissertação, cada seção dentro desses capítulos é marcada com um depoimento que coletei de personagens importantes que conheci ao longo da minha trajetória como diretora executiva do Instituto Identidades do Brasil. Essas falas estão em primeira pessoa para que você faça o exercício de se colocar na pele, ou enxergar o mundo sob a ótica delas. Deixe-se envolver e faça este exercício de empatia. Recomendo.

Na sequência, o capítulo 4 conclui este trabalho com considerações finais e ideias de caminhos que entendo sobre como podemos trabalhar de maneira mais intensa e efetiva a temática da igualdade racial no mundo corporativo a partir do que aprendi dialogando, na sala de aula, mas, sobretudo, com pessoas de diversas raças que lidam com a temática e que me ensinaram muito do que sei sobre o assunto no que diz respeito a práticas do mercado, como Aparecida Bento, Renato Meirelles, Pedro Jaime, Jorge Abrahão, Mauricio Pestana, Marcelo Paixão, McGhee Williams, Reinaldo Bulgarelli, Ivair dos Santos, Patricia Santos, Adriana Barbosa, Andrea Regina e Paulo Rogério, só para citar alguns nomes. Nesta jornada também tenho sido enriquecida pelas experiências e apoio dos conselheiros e mentores do Instituto Carla Decotelli, Oscar Decotelli, Ricardo Guerra, Théo van der Loo e Theunis Marinho. Além disso, absorvi muito dando consultoria, ao poder interagir com centenas de colaboradores de diversos níveis corporativos inseridos em suas rotinas de trabalho em diversas empresas para extrair relatos sobre causas sociais apoiadas pelos participantes.

Vale ressaltar que não edito as falas dos entrevistados, nem dos depoimentos com termos que acho que seriam mais adequados. Mantenho-os até por entender que eles exprimem muito sobre o posicionamento de cada um. As falas foram, portanto, preservadas pois representam elementos simbólicos para a leitura do texto e contexto. Ao final existem exercícios que podem ser feitos para auxiliar na condução da temática individualmente ou em grupo. Boa leitura.

1
RAÇA: UM FENÔMENO COMPLEXO

Quando o assunto é raça e racismo, Munanga (2010) destaca que muitos de nós, no Brasil, reconhecemos mais facilmente, como regimes relacionados à segregação racial, o antissemitismo na Alemanha nazista, que dizimou cerca de seis milhões de judeus e 300 mil ciganos durante a Segunda Guerra Mundial (1939-1945). Outro exemplo é o *apartheid*, sistema social baseado na segregação racial, implantado na África do Sul desde 1948 e que foi desafiado por líderes como Nelson Mandela; ou ainda a discriminação racial institucionalizada nos Estados Unidos, particularmente nos Estados sulistas, proibindo o casamento inter-racial e restringindo o acesso das chamadas "pessoas de cor" a determinados lugares. No entanto, ainda temos muita dificuldade de nos lembrarmos da escravidão negra também como um genocídio, marcado por um dos maiores tráficos humanos que a história já registrou, e um sistema segregacionista que dizimou milhões de africanos e de indígenas durante as guerras de conquista colonial. Esta amenização do peso histórico da escravidão é reforçada no Brasil moderno, segundo Guimarães (2003), devido à existência e propagação de um ideário mítico baseado na ausência de barreiras discriminatórias que impedissem a ascensão social dos negros. **A escravidão, segundo o autor, "era tida pelos abolicionistas americanos, europeus e brasileiros como mais humana e suportável, no Brasil, justamente pela ausência dessa linha de cor"** (GUIMARÃES, 2003, p. 139), como veremos mais adiante, neste capítulo, ao debatermos a construção do ideal de democracia racial.

Esta visão do racismo como um fenômeno multicultural, apontado no parágrafo anterior, segundo Munanga (2010), enfatiza o quanto sua abordagem, bem como o combate ao problema, é complexo e dinâmico: "O fenômeno chamado racismo é múltiplo e diversificado; daí a dificuldade para denotá-lo, ora por meio de uma única definição, ora por meio de uma única receita de combate" (MUNANGA, 2010, p. 171).

O próprio estudioso e especialista nas relações étnico-raciais sugere que a maneira mais fácil de abordar o racismo é por meio de perguntas elementares como: o que é raça? O que é racismo? O que é etnia? A diferenciação categórica dos termos é defendida por ele e outros estudiosos importantes para fins didáticos. **"Confundir raça e etnia mais dificulta a superação do racismo e do preconceito étnico do que contribui para sua erradicação"** (VIANA, 2009, p. 21). No mundo corporativo e na sociedade de maneira geral, é muito comum termos muita confusão acerca destes termos, até entre os veículos mais tradicionais como jornais e revistas. É muito comum, além dos conceitos mencionados, empresas procurarem o ID_BR para entenderem se usam afro-brasileiros ou pretos? Negros e pardos ou pretos e pardos? Por isso, em concordância com este princípio, para além de definir o que é certo ou errado, é necessário organizar um entendimento sobre cada conceito e abrir espaço para uma reflexão teórica sobre estes termos, de maneira a demarcar seus usos e suas diferenças. Vale ressaltar que recorro com frequência a Munanga (1990; 2004; 2010), Guimarães (2000; 2003) e Hall (2005; 2013), em especial neste capítulo, visando aprofundar a perspectiva do conceito de raça como uma experiência social compartilhada e de práticas discursivas de linguagem. É por este caminho que seguiremos.

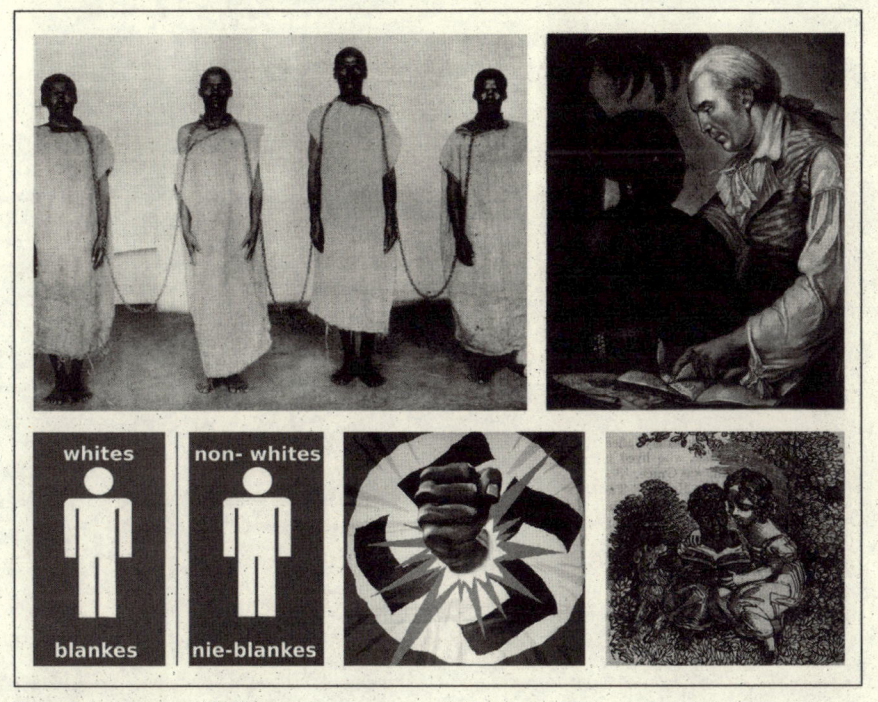

| Racismo – sutil para quem?

1.1 "DEMOCRACIA RACIAL" E ESTATUTO DA IGUALDADE RACIAL

Quadro 1: Alguns dados estatísticos sobre o Brasil

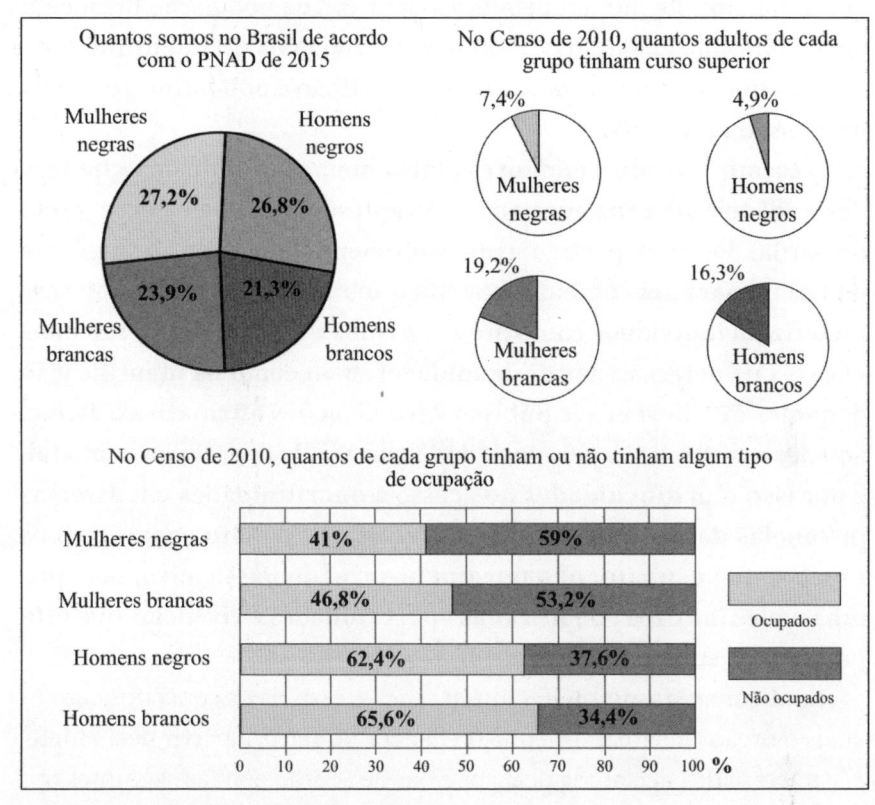

Quantos somos no Brasil de acordo com o PNAD de 2015
- Mulheres negras: 27,2%
- Homens negros: 26,8%
- Mulheres brancas: 23,9%
- Homens brancos: 21,3%

No Censo de 2010, quantos adultos de cada grupo tinham curso superior
- Mulheres negras: 7,4%
- Homens negros: 4,9%
- Mulheres brancas: 19,2%
- Homens brancos: 16,3%

No Censo de 2010, quantos de cada grupo tinham ou não tinham algum tipo de ocupação

Grupo	Ocupados	Não ocupados
Mulheres negras	41%	59%
Mulheres brancas	46,8%	53,2%
Homens negros	62,4%	37,6%
Homens brancos	65,6%	34,4%

I Fonte: IBGE (2018, tabelas 2093, 3460, 3461).

Ao discutir sobre a noção de raça no Brasil, é possível recorrer à Lei nº 12.288, de 20 de julho de 2010, que instituiu o **Estatuto da Igualdade Racial**, instrumento governamental, disponível na internet, com diretrizes destinadas a garantir à população negra a efetivação da igualdade de oportunidades no país (BRASIL, 2018). O documento define **população negra como "o conjunto de pessoas que se autodeclaram pretas e pardas,** conforme o quesito cor ou raça usado pela Fundação Instituto Brasileiro de Geografia e Estatística (IBGE), ou que adotam autodefinição análoga" (idem, Art. 1º, IV). **Pretas seriam categoricamente aquelas de pele mais escura e pardas seriam as de pele mais clara.** No *site* do IBGE (2016a), segundo a medição de 2015, a soma dos indivíduos pardos e pretos no Brasil chegaria a 53,6% da população (soma de pretos, 8,6%, e pardos, 45%). Já existem estudos, como o do Instituto Locomotiva[3], que ampliam este número, em 2017, para 55% da população brasileira: um contingente majoritário, representativo de **mais de 100 milhões de pessoas que movimentam cerca de um trilhão e 600 bilhões de reais na economia do país.**

O termo "afrodescendentes" faria menção a todos os que têm descendência africana, mesmo se não apresentarem pele negra (preta ou parda). **Por isso, particularmente, defendo que, pela abrangência do termo, para um combate específico ao racismo, os termos que caracterizam indivíduos como pretos, pardos e de raça negra, são mais eficazes na detecção das desigualdades, bem como na identificação daqueles que devem ser público-alvo de ações afirmativas. Isto é, aqueles que são lidos pela sociedade, por via da aparência, como tal, e por isso têm dificuldades no acesso a oportunidades em diversas instâncias das relações sociais. Aqueles que de fato enegrecem os espaços que ocupam, não por um bronzeado passageiro, mas por uma melanina capaz de filtrar as oportunidades e vivências que esta pessoa tem em sua trajetória.**

Também no *site* do IBGE (2016b) estão acessíveis os conceitos com os quais o órgão trabalha. A definição de "cor ou raça", a partir desta fonte, é "característica declarada pelas pessoas de acordo com as seguintes opções: branca, preta, amarela, parda ou indígena". É possível interpretar que o uso da conjunção "ou", presente na definição do IBGE, relaciona os termos "raça" e "cor da pele" como sinônimos. Esta associação direta entre os dois conceitos é questionada por Guimarães (2003) e ainda causa muita confusão no seu uso diário.

Quando examinamos a evolução do termo cor, originalmente com as categorias "branca, preta, amarela e parda", o nome só foi alterado para "cor ou raça" a partir do Censo de 1991, quando os valores da variável passaram a ser "branca, preta, amarela, parda e indígena". A mudança foi feita porque "indígena" não pode ser tratada como uma categoria

---

3 Instituto brasileiro de pesquisa de mercado que dá suporte a empresas e outras instituições nos campos de gestão, estratégia e *marketing*. As informações citadas podem ser lidas em detalhe em <http://g1.globo.com/globo-news/jornal-globo-news/videos/v/negros-representam-55-da-populacao-brasileira-e-movimentam-r-16-trilhao/6292644/>. Acesso em 20 nov. 2017.

de cor. Bem como, quando aplicamos o conceito para negros (raça enquanto termo contestado pelo movimento negro), abrangemos pretos e pardos, como cores de pessoas que têm experiências sociais semelhantes (raça negra).

Ainda segundo o sociólogo, nem sempre o termo "raça" foi destinado somente para distinguir, de maneira prática e senso comum, pessoas de cores de pele diferentes, tal como observamos no Brasil no século XXI. Para o autor, conceitos como estes devem ser entendidos dentro de determinados contextos, pois adquirem diferentes sentidos com o passar do tempo, isto é, não mantêm o mesmo valor nem nas teorias sociais nem em lugares, tempos e espaços distintos.

No âmbito das ciências sociais, Guimarães (2003) identifica duas categorias de conceitos: os analíticos e os nativos, que aqui vão auxiliar a observação da questão racial. Entendo, a partir da leitura do autor, que uma categorização analítica de um conceito estaria associada à sua articulação com as teorias e os movimentos sociais, que é o que faremos ao longo desta dissertação. O termo **"raça", por exemplo, teria, pelo menos, dois sentidos analíticos: um relativo à biologia genética e outro relativo à sociologia, usado para explicar a sua implicação na estruturação das relações raciais, sendo este segundo o sentido adotado neste estudo.**

A categoria nativa estaria relacionada ao uso naturalizado de um termo pelo senso comum em um tempo e local determinados. No caso do termo "raça", sua naturalização como sinônimo de cor de pele teria se dado, sobretudo, pela frequência da associação dos dois termos; **aqui cor e raça são considerados como termos distintos.** "Quanto mais nativo é um conceito, mais ele é habitual. Quanto menos ele é exposto à crítica, menos conseguimos pensar nele como uma categoria artificial, construída, mais ele parece ser um dado da natureza" (GUIMARÃES, 2003, p. 98). Este uso nativo de raça como cor de pele pode ser ilustrado, por exemplo, pelos casos apresentados pela Pesquisa Nacional por Amostra de Domicílios (PNAD) de 1976, que expõe um suplemento temático sobre mobilidade social e cor das pessoas, reproduzido nas obras de Schwarcz (1993) e de Rocha (2005), como vemos no Quadro 2.

Quadro 2: Termos usados para atribuição espontânea de cor por pessoas (PNAD-IBGE, 1976)

Acastanhada	Cabocla	Loira	Negra
Agalegada	Cabo-verde	Loira clara	Negrota
Alva	Café	Loura	Pálida
Alva escura	Café com leite	Lourinha	Paraíba
Alvarenta	Canela	Malaia	Parda
Alvarinta	Canelada	Marinheira	Parda clara
Alva rosada	Cardão	Marrom	Polaca
Alvinha	Castanha	Meio amarela	Pouco clara
Amarela	Castanha clara	Meio branca	Pouco morena
Amarelada	Castanha escura	Meio morena	Preta
Amarela queimada	Chocolate	Meio preta	Pretinha
Amarelesa	Clara	Melada	Puxa para branca
Amorenada	Clarinha	Mestiça	Quase negra
Avermelhada	Cobre	Miscigenação	Queimada
Azul	Corada	Mista	Queimada de praia
Azul-marinho	Cor de café	Morena	Queimada de sol
Baiano	Cor de canela	Morena bem chegada	Regular
Bem branca	Cor de cuia	Morena bronzeada	Retinta
Bem clara	Cor de leite	Morena canela	Rosa
Bem morena	Cor de ouro	Morena castanha	Rosada
Branca	Cor-de-rosa	Morena clara	Rosa queimada
Branca avermelhada	Cor firme	Morena cor de canela	Roxa
Branca melada	Crioula	Morena cor de jambo	Ruiva
Branca morena	Encerada	Morenada	Ruça
Branca pálida	Enxofrada	Morena escura	Sapecada
Branca queimada	Esbranquicento	Morena fechada	Sarará
Branca sardenta	Escura	Morenão	Saraúba
Branca-suja	Escurinha	Morena parda	Tostada
Branquiça	Fogoio	Morena-roxa	Trigo
Branquinha	Galega	Morena ruiva	Trigueira
Bronze	Galegada	Morena trigueira	Turva
Bronzeada	Jambo	Moreninha	Verde
Bugrezinha escura	Laranja	Mulata	Vermelha
Burro quando foge	Lilás	Mulatinha	

| Fonte: *Resultados da apuração do Boletim especial 1.02 da PNAD-76* (apud ROCHA, 2005, p. 72-73).

Ao compilar as respostas de indivíduos ao quesito cor de pele com possibilidade de resposta aberta, a pesquisa revelou 135 termos distintos de identificação, como "cor de leite" e "cor-de-rosa". Osorio (2003) informa, sobre os resultados da PNAD-1976, que as autoatribuições espontâneas de cor foram: branca, 44% dos casos; morena, 33%; parda, 7,1%; preta 4,7%; morena clara, 2,7%; clara, 2,3%; amarela, 1%; outras (as 128 restantes), 5,1%. Ou seja, cerca de 95% das pessoas declararam espontaneamente uma das categorias usadas pelo IBGE. O pesquisador cruzou as respostas espontâneas e induzidas do PNAD-1976, e mostrou que houve uma grande aderência entre as cores informadas pelos dois métodos: quase todos os que informaram uma cor espontaneamente, depois informaram a mesma cor (ou uma bem próxima) quando recebiam as opções padrão para escolher. Cabe lembrar que a informação de cor vem sendo coletada no Brasil desde o tempo colonial. Embora as categorias variem um pouco, as sempre presentes foram: "brancos" e "negros/pretos e pardos/mulatos/mestiços", acompanhadas em momentos diferentes pelas categorias: "amarelos" e "índios/caboclos/indígenas" (BARRETO, 2009).

A partir das múltiplas identificações para o termo "cor", Guimarães (2003) observa que este tipo de prática tem como base o ideário da mestiçagem difundido por obras como *Casa Grande & Senzala*, de Gilberto Freyre (2010). Nesta obra, no capítulo IV, denominado "O escravo negro na vida sexual e de família do brasileiro", Freyre afirma que "todo brasileiro, mesmo o alvo, de cabelo louro, traz na alma, quando não na alma e no corpo, a sombra, ou pelo menos a pinta, do indígena ou do negro" (FREYRE, 2015, p. 367). Esta teoria difundida por Freyre respaldava a estratégia de integração nacional e a coalizão antifascista e antirracista da época do Estado Novo, contemporâneo ao período das guerras mundiais do século XX:

> O Estado Novo procurou evitar que os grupos étnicos assentados no território brasileiro, consequência de séculos de colonização, chamados de "quistos raciais" (SEYFERTH, 1997) se coalescessem reproduzindo internamente racismos que floresciam na Europa (GUIMARÃES, 2003, p. 140).

Vale destacar que processos de apagamento identitário também haviam ocorrido no contexto do tráfico negreiro em países como Cuba. Segundo Palma e Truzzi (2012), **durante o aprisionamento, a comercialização e a travessia do Atlântico, ocorre um processo de negação e apagamento do antigo nome dos escravizados, o que em certa medida pode ser associado à recorrente falta de registros históricos de origem até hoje entre as famílias negras.** Ainda segundo os autores, havia uma carta régia que estabelecia que os escravos capturados, antes mesmo de serem embarcados, deveriam ser catequizados e batizados ainda em solo africano, tendo como pressuposto que a conversão religiosa era um dos pilares da legitimação da escravidão dentro das monarquias ibéricas. Somente na chegada ao solo brasileiro, após ser batizado novamente por um padre, o cativo recebia um nome cristão. Nos documentos referentes ao comércio negreiro, os escravos eram individualizados por meio da descrição de suas características físicas e marcas corporais.

> "Tudo o que foi produzido pelo escravo foi retirado dele: produto do trabalho, progenitura, nome, obras intelectuais. Não é considerado autor de nada que lhe pertença" (MBEMBE, 2014, p. 90). A partir da década de 1880, começa uma corrida entre ex-escravos e seus descendentes para o reconhecimento oficial de seus sobrenomes, em uma possível tentativa de inclusão social. Vários escravizados teriam preferido a adoção do sobrenome do último senhor, enquanto outros buscaram remontar a sua própria genealogia oral, ou seja, aquela ligada ao laços paternos negados nos documentos escritos (PALMA; TRUZZI, 2012).

De volta à narrativa de Freyre, pode-se dizer que não há inicialmente a menção explícita a hierarquias raciais. Sob este prisma, africanos e europeus estariam em condições iguais no solo brasileiro. A miscigenação e a mobilidade social seriam elementos-chaves para a democracia no Brasil em sua obra. Guimarães (2003) salienta, ainda, que foi a interpretação e a tradução livre das ideias expressas por Freyre nos anos 1940, por pensadores como o francês Roger Bastide, que transformam o conceito de democracia social, defendido por Freyre, em democracia racial, e aos poucos alargado para sinônimo de um país que possibilitava igualdade de oportunidade para todos, independentemente da raça:

> Transposta para o universo individualista ocidental, a democracia racial ganhou um conteúdo político distante do caráter puramente "social" que prevalece em Freyre, fazendo com que, com o tempo, a expressão ganhasse a conotação de ideal de igualdade de oportunidades de vida e de respeito aos direitos civis e políticos que teve nos anos 1950 (GUIMARÃES, 2003, p. 140).

Mais tarde, nos anos 1960, "democracia racial" voltou a ter o significado original de mestiçagem e mistura étnico-cultural (GUIMARÃES, 2003). Getúlio Vargas, no âmbito político, Gilberto Freyre, nas ciências sociais, os artistas e escritores modernistas e regionalistas são alguns dos principais responsáveis pela "solução" da questão racial, diluída na matriz luso-brasileira e mestiça, de base popular, através de séculos de colonização e de mestiçagem biológica e cultural. **A estratégia dominante, segundo Guimarães (2003), sempre fora de incentivo ao clareamento da pele da população via miscigenação expressa via ideário da democracia racial, e apagamento do multiculturalismo, ou seja, de "embranquecimento", de incorporação dos mestiços socialmente bem-sucedidos ao grupo dominante "branco".** Segundo Schwarcz (1993), o pensamento racial europeu adotado no Brasil foi muito bem aparelhado, e, "introduzido de forma crítica e seletiva, transforma-se em instrumento conservador e mesmo autoritário na definição de uma identidade nacional e no respaldo a hierarquias sociais já bastante cristalizadas" (SCHWARCZ, 1993, p. 42).

Esta conjuntura teria impulsionado, por um lado, para militantes negros, como Abdias do Nascimento, e intelectuais, como Florestan Fernandes, o reforço da ideia de que a democracia racial passasse a ser combatida como mito. Por outro lado, para alguns intelectuais, como Roberto DaMatta, o mito transforma-se em fórmula interpretativa da cultura brasileira e de ideal que orienta a ação concreta dos atores sociais.

Vale pontuar que Freyre somente usa a expressão "democracia racial", definida neste contexto como uma prática de solidariedade com povos mestiços, em 1962, enquanto defende o colonialismo português na África e o luso-tropicalismo, e se posiciona contra **o conceito de negritude cunhado por pensadores como Aimé Cesaire e Leopold Senghor, conceito que inspirou o movimento negro, mais intensamente nos anos 1970, a buscar o resgate da herança africana no Brasil e a lutar pela integração do negro na sociedade de classes (GUIMARÃES, 2003)**.

Esta intensificação da crítica ao chamado mito de democracia racial pelo Movimento Negro Unificado (MNU), já no final de 1970, a meu ver, parte da defesa de um uso analítico do conceito de raça a partir da luta contra a difusão de uma falsa lógica de assimilação social e simbólica das diferentes raças, que, na prática, ajudava a esconder as desigualdades sociais entre brancos, negros e indígenas, em nome da defesa de um discurso unificador superficial da nação brasileira.

A partir desta contestação do ideal da "democracia racial", sobretudo no final dos anos 1970, o MNU vai requerer a adoção prática do termo **"raça", em nome da detecção do racismo: as desigualdades e experiências sociais repetidamente sofridas pela população de ancestralidade e fenótipo lidos como dos negros** (GUIMARÃES, 2003). Nessa mesma época, a sociologia inicia uma proposta para agregar os dados sobre identidades raciais: se, antes, as cores "pretos" e "pardos" representavam categorias diferentes, a partir dessa análise agregada dos dados do Instituto Brasileiro de Geografia e Estatística (IBGE), sugerida por nomes como Carlos Hasenbalg (1979) e Nelson do Valle e Silva (1980), elas passariam a ser uma única categoria. **A categoria "negro" passa, portanto, a abarcar aqueles que se classificavam como de cor preta (negros de pele escura) e parda (negros de pele mais clara). O conceito de raça reforça que a leitura das cores vai para além de elementos estéticos e visuais. Marca espaços sociais e experiências sociais nos quais indivíduos negros (pretos e pardos) são repetidamente inseridos no contexto brasileiro, isto é, em posições desfavorecidas em relação à população branca, por exemplo.** Como aponta Guimarães (2003), à medida que elas passam a ser vistas de maneira unificada, dão força numérica e política ao movimento negro na comprovação destas desigualdades.

Abdias do Nascimento também defende que os negros no Brasil teriam tradições culturais e destino histórico peculiares. Além do fortalecimento numérico e identitário dos negros, o MNU tinha, também, como pauta o reconhecimento do racismo como estruturante das relações no Brasil, para além das segregações nas classes sociais. Apesar do reconhecimento do racismo como crime na Constituição de 1988, **a negação do racismo frente à atribuição da exclusão e da discriminação às desigualdades de classe é tida ainda como um dos motivos que embarreiram a reflexão analítica sobre raça no país:**

> Ficamos, portanto, presos em duas armadilhas sociológicas, quando pensamos o Brasil contemporâneo. [...] o sentido do dito popular, de senso comum, de que a discriminação é de classe e não de cor. Segundo, o conceito de raças é descartado como imprestável, não podendo ser analiticamente recuperado para pensar as normas que orientam a ação social concreta, ainda que as discriminações a que estejam sujeitos os negros sejam, de fato, orientadas por crenças raciais (GUIMARÃES, 2003, p. 47).

Neste aspecto, no contexto de desenvolvimento tanto da dissertação quanto do livro, foi possível perceber que, ao mencionar o escopo do trabalho para diversos participantes, muitos entendiam o nome do projeto da campanha como "Sim à Igualdade Social" e não "Racial". Possivelmente, mais uma marca subjetiva para caracterizar raça como um conceito distante para uma parcela da população, bem como a sobreposição dos problemas sócio-econômicos sobre o das raças. Para Mbembe (2014), mesmo com a resistência ao uso do termo, o nosso mundo continua a ser, mesmo que não queiramos admitir, em vários apectos, um "mundo de raças", pois elas estariam ligadas às relações de poder estabelecidas na sociedade: "O significante racial é ainda, em larga medida, a linguagem incontornável, mesmo que por vezes negada, da narrativa de si e do mundo, da relação com o outro, com a memória e o poder" (MBEMBE, 2014, p. 102).

Os dados, divulgados pelo Instituto Ethos[4], do estudo "Perfil social, racial e de gênero das 500 maiores empresas do Brasil e suas

---

[4] O Instituto Ethos é uma Organização da Sociedade Civil de Interesse Público (Oscip), com sede em São Paulo, criada por um grupo de empresários e executivos, com o objetivo de ajudar empresas a gerir seus negócios de forma socialmente responsável. Informações sobre o Ethos podem ser obtidas em <https://www3.ethos.org.br/> (acesso em 19 set. 2018).

ações afirmativas – pesquisa 2010" (ETHOS; IBOPE, 2018), enfatizam que as estatísticas têm raça. A pesquisa relacionada ao número de executivos negros pode ser usada como base para demonstrar estas relações de desigualdade racial ainda nos dias atuais. Segundo o levantamento, em um país de maioria negra, em 2010, apenas 5,3% dos executivos das 500 maiores empresas do país são negros, sendo 0,5% o percentual de mulheres negras nestes postos. Outro dado alarmante é que os negros estão concentrados em cargos de menor complexidade no mundo corporativo e ainda têm dificuldade de serem absorvidos. Comparando os resultados das várias edições da pesquisa, de 2001 a 2010, o Instituto identificou que, embora a participação dos negros em alguns cargos das empresas tenha melhorado entre 2001 e 2010, caso se mantenha o ritmo de mudança verificado, que ainda é lento frente à baixa adesão de empresas a ações afirmativas para inclusão e desenvolvimento de profissionais negros, a expectativa do Instituto Ethos é que sejam necessários pelo menos 150 anos[5] para combater as desigualdades raciais no mercado de trabalho.

Quando o Instituto Ethos chegou a esse resultado, o Censo Demográfico de 2010 (IBGE, 2018, tabela 3175) indicava que 50,74% da população se declarava negra (preta ou parda). Entretanto, na PNAD de 2015 (IBGE, 2018, tabela 262), essa proporção tinha aumentado para 53,92%. Se continuarmos trabalhando com a proporção de 5,3% de executivos negros encontrada pelo Ethos em 2010, vamos chegar a um tempo um pouco maior para que a composição dos quadros funcionais das empresas reflitam a composição da população geral, como mostra o Gráfico 1. O resultado da pesquisa do Ethos de 2015 não foi levado em conta porque não permitia trabalhar com o mesmo intervalo de tempo dos dados das pesquisas anteriores.

---

5 Esta informação expressa o contexto em que o Instituto Ethos, com outras instituições, criou a Coalizão Empresarial para Equidade Racial e de Gênero. Mais detalhes podem ser obtidos em <https://www3.ethos.org.br/conteudo/projetos/direitos-humanos/33221-2/#.W6NtoHtKjIU> (acesso em 19 set. 2018).

Gráfico 1: Projeção do tempo necessário para que a proporção de profissionais negros em cargos executivos nas empresas brasileiras iguale a proporção de negros na população geral do Brasil

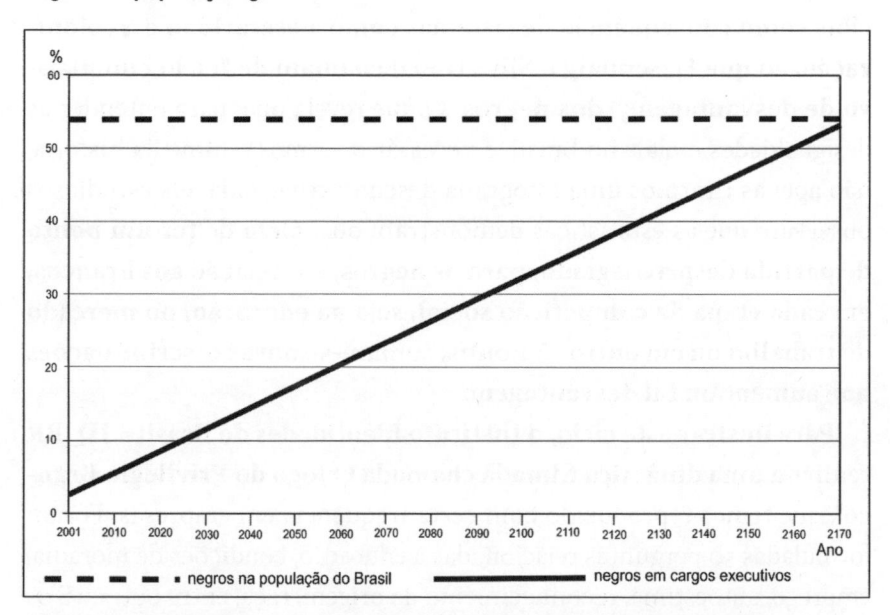

[Gráfico com eixo Y em % (0 a 60) e eixo X em anos (2001 a 2170). Linha tracejada horizontal em aproximadamente 54% representando "negros na população do Brasil"; linha contínua ascendente representando "negros em cargos executivos", partindo de cerca de 2% em 2001 e atingindo ~54% em 2170.]

A estimativa, que é aproximada, foi feita adicionando, à proporção de executivos negros calculada para o fim de cada decênio, o acréscimo, em pontos percentuais, encontrado pelo Instituto Ethos para o decênio 2001-2010 (ETHOS; IBOPE, 2018). A proporção de negros na população geral do país é a encontrada na PNAD de 2015 (IBGE, 2018, tabela 262).

Ao recorrermos novamente ao Estatuto da Igualdade Racial (BRASIL, 2016), notamos que desigualdade racial é definida como "toda situação injustificada de diferenciação de acesso e fruição de bens, serviços e oportunidades, nas esferas pública e privada, em virtude de raça, cor, descendência ou origem nacional ou étnica". Para estudiosos das ciências sociais e das relações étnico-raciais no Brasil, como Guimarães (2003), **dados desagregados associados às identidades étnico-raciais e condições de vida não são somente uma necessidade política para organizar a resistência ao racismo no Brasil, construir ações afirmativas em prol do desenvolvimento socioeconômico da população negra, mas, sim, indispensáveis para revelar que as discriminações e desigualdades** que a noção brasileira de "cor" enseja são efetivamente raciais e não apenas de "classe" (GUIMARÃES, 1999).

É possível, também, associar esta via contínua de **desigualdades raciais como consequência de sistemas como a escravidão e a colonização, ao que Hasenbalg e Silva (1992) chamam de "ciclo cumulativo de desvantagens" dos negros**. O que revela que, para entender as desigualdades raciais no Brasil, é necessário vermos o filme da história, não apenas tirarmos uma fotografia descontextualizada. Os estudiosos observam que as estatísticas demonstram que, **além de ter um ponto de partida desprivilegiado, para os negros, em relação aos brancos, em cada etapa da competição social, seja na educação, no mercado de trabalho ou em outros âmbitos, somam-se novas discriminações que aumentam tal desvantagem**.

Para ilustrar este ciclo, o Instituto Identidades do Brasil – ID_BR realizou uma dinâmica filmada chamada O Jogo do Privilégio Branco[6], que temos reproduzido com certa frequência em empresas. Foram formuladas 50 perguntas relacionadas a educação, condições de moradia, emprego, autoestima, reconhecimento da origem, raça, entre outras. E os participantes dão passos para a frente ou para trás, de acordo com os comandos do mediador a partir de uma autoanálise. Nota-se que, sobretudo nas questões sobre raça e racismo, pessoas negras apresentam elementos comuns; independentemente de suas posições sociais, geralmente dão passos para trás, reforçando, assim, a percepção repetida do racismo como impeditivo para o alcance de oportunidades ao longo da vida do indivíduo. Uma análise mais aprofundada do jogo, em continuação a um artigo publicado na *Folha de São Paulo*,[7] deverá ser estendida em um próximo trabalho.

---

6 Este jogo pode ser visto em <https://www.youtube.com/watch?v=MuOE3IJZoZU> (acessado em 19 set. 2018).

7 O artigo pode ser lido na página <http://www1.folha.uol.com.br/empreendedorsocial/colunas/2017/02/1854857-igualdade-racial-uma-causa-de-todos.shtml> (acessado em 19 set. 2018).

Quadro 3: Diferenças de renda segundo gênero e cor: dados da PNAD-2014 para o Brasil

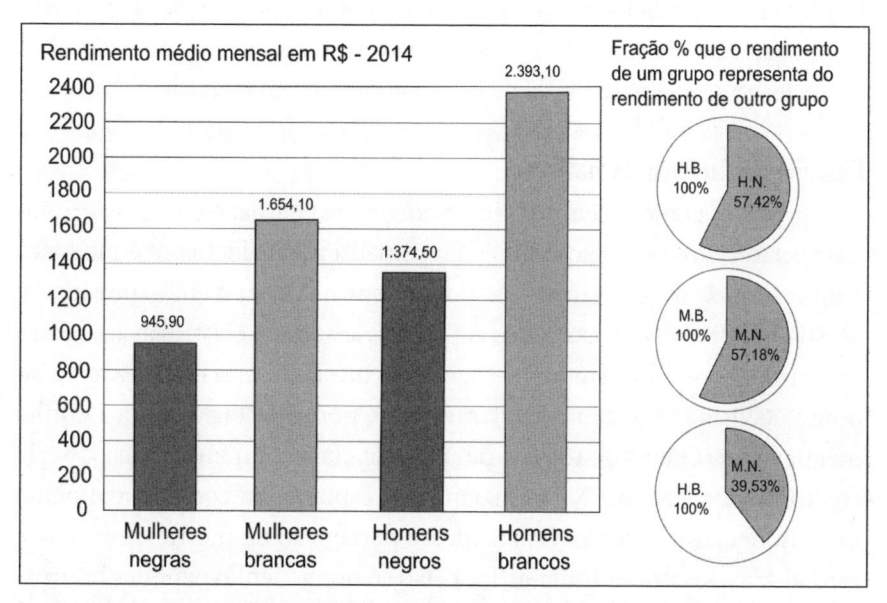

Rendimento médio mensal em R$ - 2014

- Mulheres negras: 945,90
- Mulheres brancas: 1.654,10
- Homens negros: 1.374,50
- Homens brancos: 2.393,10

Fração % que o rendimento de um grupo representa do rendimento de outro grupo

- H.B. 100% / H.N. 57,42%
- M.B. 100% / M.N. 57,18%
- H.B. 100% / M.N. 39,53%

I Fonte: Natalia Fontoura, Antonio T. Lima Jr. e Carolina O. Cherfem (2015, p. 33).

De volta ao Estatuto, no tocante ao seu papel no combate às desigualdades raciais, para entusiastas do instrumento, ele teria estabelecido princípios e inspirou iniciativas importantes, como as leis que criaram cotas nas universidades federais, em 2012, e no funcionalismo público federal, em 2014. Por outro lado, faltariam punições para o descumprimento das diretrizes estabelecidas, como vemos na matéria divulgada pela *Carta Capital*.[8] Pessoalmente, defendo que falta ao Estatuto da Igualdade Racial diretrizes semelhantes ao Estatuto da Pessoa com Deficiência. Este último estabelece, via Ministério do Trabalho, cotas e a sistemática de fiscalização, bem como a geração de dados desagregados, isto é, detalhados por empresas, com categoria racial, de gênero, entre outras, e estatísticas sobre o número de empregados e as vagas preenchidas por pessoas com deficiência, fornecendo-os, quando solicitados, aos sindicatos, às entidades representativas dos empregados ou aos cidadãos

---

[8] O artigo pode ser lido em <http://www.cartacapital.com.br/sociedade/cinco-anos-depois-avancos-do-estatuto-da-igualdade-racial-sao-controversos-7252.html> (acessado em 19 set. 2018).

interessados. Assim, a implementação do Estatuto da Igualdade Racial, com estas mesmas frentes, poderia servir como uma entre tantas importantes frentes para o estabelecimento metódico e mandatório de ações afirmativas e emergenciais, no combate às desigualdades raciais históricas e em prol da conexão, atração e retenção de profissionais negros no mercado de trabalho.

Fala Flávia Oliveira, jornalista

Empreteci com o tempo. Me autodeclarava parda. No censo de 2000 me declarei parda e em 2010 preta. Eu comecei a trabalhar com estatísticas e indicadores sociais, e uma vez, numa conversa com o então presidente do IBGE, perto do Censo 2000, ele me disse sobre a classificação e esses critérios. Ele me confirmou que, sendo eu mestiça, seria mais honesto do ponto de vista literal eu me declarar parda, porque estaria nítida a minha mestiçagem. O fato de ter um pai de pele clara e uma mãe negra seria traduzido dessa forma. No Censo que eu respondi em 2000 eu realmente me autodeclarei parda em razão dessa percepção da mestiçagem, que é verdadeira. De fato, eu sou mestiça e não só preta. Tenho parentes brancos por parte de pai. **A partir do desenvolvimento do meu pensamento racial e da própria percepção do que as pessoas têm de mim e da minha percepção, essa questão do tornar-se negra ficou mais forte.** Por isso, eu resolvi assumir a minha identidade negra plenamente e não mais incorporar elementos da mestiçagem. Achei que era relevante do ponto de vista ideológico, sociológico e fenotípico.

No Brasil, cada vez mais me vejo preta, embora saiba que há sutilezas de tratamentos. Ter a pele mais clara faz toda a diferença inclusive entre os negros. **Eu me considero uma mulher preta e não uma brasileira mestiça. É uma convicção ideológica.**

Minha mãe tinha apenas cinco anos de estudo, completou só o primário. Era datilógrafa, secretária, auxiliar de escritório. Já meu pai era pintor, não sei o quanto estudou. Foi embora eu tinha oito anos, por isso, não sei muito sobre ele. Ambas são profissões relacionadas a baixa escolaridade. Na minha família, de modo geral, não tinha ninguém com nível superior. Na parte materna somente temos eu e uma prima que completamos a faculdade. Ela se formou em Letras. É um pouco mais velha que eu e entrou primeiro na faculdade. Do "meu clã" eu sou a primeira. Dessa linhagem, eu sou a primeira da família com nível superior. Agora eu tenho uma filha recém-formada, ela é a segunda geração.

Atualmente estou comentarista, colunista, mas jornalista eu sou. Trabalho como colunista do jornal O Globo e da rádio CBN, e comentarista da Globo News. Já fui apresentadora no Canal Futura, no Canal Brasil, comentarista do TV Mulher na edição especial de 2016 no Canal Viva. Integro vários conselhos consultivos de movimentos sociais, o principal é a Anistia Internacional Brasil, a ONG Uma Gota no Oceano, do Instituto Coca-Cola Brasil, e recentemente o CEERT da Cida Bento, o Centro de Estudos das Relações de Trabalho e Desigualdade, que tem o viés do RH e do recrutamento. Todas essas funções de conselheiro que eu citei são não remuneradas, são trabalhos voluntários.

Como sou uma jornalista que trabalha em vários lugares, às vezes é difícil as pessoas entenderem a estrutura rígida de horário. Quando eu tinha trabalho fixo era muito mais fácil. Eu ficava dentro de uma redação confinada. Hoje, como não tenho mais esse lugar fixo de trabalho porque ele é itinerante, eu vou dar uma aula aqui, uma palestra lá, viajo. Isso exige que eu tenha uma capacidade de gestão do meu tempo muito maior. É exatamente esse o dilema, falta tempo pra tanta demanda. Tive que criar uma relação muito objetiva com a agenda para viabilizar a minha vida sem emprego formal. O uso do tempo e o autocuidado são as primeiras coisas que um empreendedor, um profissional independente, precisa fazer. Senão a gente se desespera e acaba adoecendo. O tempo é limitado e a forma que você se movimenta nessa roda é o que vai determinar se você tem sustento ou não.

Minha escolha profissional como jornalista tem mais a ver com o ensino médio técnico em estatística na Escola Nacional de Ciências e Estatísticas (ENCE) que eu fiz. Lá tive a convivência com colegas, em sua maioria brancos, de classe média e filhos de profissionais de alta qualificação. Eu tinha vários amigos filhos de advogados, estatísticos, engenheiros. Quando você tem nível superior, é natural que seus filhos tenham. O primeiro salto é difícil quando sua família é de baixa escolaridade. A convivência com amigos de classe média abriu pra mim a perspectiva de fazer faculdade.

Eu já era uma leitora de jornal por conta de hábitos de família. Eu li muito jornal por causa do fanatismo pelo Flamengo. Lembro de ler bastante sessões de esporte, o Última Hora, e depois a minha mãe comprava O

Globo e o Jornal da Família, revistas. Eu também assistia muita televisão, tipo o Sem Censura e O Povo na TV. Esse interesse sempre existiu em mim, o que não existia era fazer disso o meu ofício.

Eu escolhi essa profissão muito por causa de uma amiga minha de classe média que um dia me viu falando de uma entrevista do Ferreira Gullar no Fantástico e me disse que eu me expressava bem e conhecia todo mundo e, por isso, deveria ser jornalista. Por incrível que pareça, aquilo foi a minha epifania. O comentário dela abriu minha mente. A partir daí, eu escolhi ser jornalista. Recebi apoio da minha mãe, que apoiaria qualquer profissão que eu escolhesse. A minha mãe era muito comprometida e me pressionava para estudar porque ela não pôde. Ela sempre foi muito rígida nas cobranças.

Por outro lado, eu recebi um desestímulo por parte de um vizinho chamado Moisés em Irajá. Ele era professor de matemática, me chamou para conversar e disse que eu não deveria fazer faculdade de jornalismo porque era pra moças ricas e bonitas. Quanto mais tempo passa mais nítido fica pra mim o racismo e o preconceito, de raça e de classe. **Ele falou que como eu era uma jovem negra não poderia estar no jornalismo e deveria fazer ciências contábeis ou administração para ter um emprego de secretária.** Naquela época eu estava pouco aparelhada para o debate racial com ele. Nos anos 1980, não se falava tanto nestas questões raciais. Eu lembro que aquilo me doeu profundamente, mas felizmente não me limou o sonho.

Eu fiz o primeiro vestibular e passei para uma faculdade particular e obviamente minha mãe não podia pagar, mas ela me deu a chance de estudar por mais um ano para tentar passar para uma universidade pública. No meu segundo vestibular, de 1987 para 1988, eu consegui e acabei fazendo jornalismo na UFF. **No ponto de vista familiar eu tive um apoio e uma pressão muito forte para o desempenho escolar, mas não por carreira.**

Eu me considero uma pessoa de muita sorte por ter feito uma escolha de carreira súbita com 17 anos. Tudo o que tenho devo a minha carreira. Não foi casamento, não foi herança, não foi loteria. Tudo o que conquistei tem a ver com o meu trabalho no jornalismo. Eu praticamente não tive outra profissão. Só no ensino médio que fiz estatística. Desde a faculdade vim estagiando com comunicação.

No ENCE, todos os amigos eram brancos. Um deles, inclusive, virou meu marido, o pai da minha filha, que é branco, de Vila Valqueire (bairro nobre do subúrbio do Rio de Janeiro), filho de funcionário da Telerj, uma classe média suburbana. Inclusive era um flagrante contraste em relação aos meus amigos de Irajá, que tinha muitos negros. Os amigos de Irajá nem terminaram o ensino médio ou só terminaram o ensino médio. Eram famílias de negros. Eu morava em Irajá num conjunto habitacional e os amigos do ENCE moravam num edifício. Eles moravam em casas ou apartamento que tinham o seu próprio quarto ou no máximo dividiam com o irmão e eu morava com minha mãe num "cabiquarto". Então era outro nível de vida. Muitas famílias tinham carros.

Tem umas questões, como por exemplo: eu não era uma das alunas tidas como bonitas com quem os meninos queriam ficar e namorar. Eu lembro da Taís Araújo falando isso, eles queriam só ser meus amigos. Eu não pensava que eles eram racistas. Eu achava que eu era feia, que é o que a gente acaba achando quando é preta. Sabia que existia um padrão e era natural que os meninos achassem bonitas meninas brancas. Essa coisa da beleza, sensualidade e despertar desejo em mim chegou muito tarde.

A minha mãe era uma mulher negra, mas com práticas muito racistas. Desde muito pequena ela alisava meu cabelo. Eu passei por todo "tratamento" como henê, pasta e chapinha. Naquela época era uma chapa na beira do fogão, não era essas pranchas elétricas de hoje. Passei por toda essa tortura. Outra coisa é não falar muito sobre essa questão racial. A minha mãe repetia várias expressões da minha avó, por exemplo, "ter barriga limpa", que queria dizer gerar filhos mais claros. Assim como a Isabela, minha filha, que tem a pele mais clara que a minha.

É uma decepção, uma autoestima muito baixa esta de chegar a disfarçar a negritude, que é uma ideologia muito bem aplicada no país. É duro. Às vezes a gente até fala porque minha filha tem a pele mais clara que a minha e tem uma superconsciência racial que minha avó está dando voltas no túmulo. A bisneta, que poderia ser um ícone de embranquecimento da família, empreteceu-se, no ponto de vista ideológico e de identidade racial.

Comecei a minha carreira no jornalismo impresso em 1992 e entrei na televisão em 2008. Inclusive tem uma história que eu fui fazer uma inscrição, logo no início da carreira, para um programa na época da TV... Esporte por Esporte. Eles pediam jovens bonitas. Eu já namorava com o pai da minha filha e, quando a gente chegou na fila, só tinha modelo.

Não era para jornalismo a vaga. Eu não lembro nem se eu cheguei a me inscrever porque nunca me chamaram e nunca chamariam. Eu só era uma estudante de jornalismo. Eu poderia ter conteúdo, mas não tinha a forma. Comecei a trabalhar no Jornal do Commercio a convite de um chefe de reportagem que tinha sido meu professor na faculdade. Digamos que ali eu conheci as minhas qualidades de texto. Quando eu entrei nas redações nos anos 1990, existia uma percepção em relação à minha beleza que eu fiquei surpresa. Não sei se era porque eles me exotizavam porque tinham pouquíssimos negros, até hoje são poucos. Meu primeiro espanto foi esse, aquelas pessoas me achando bonita.

A televisão me convidou quando eu já era um nome consolidado no jornalismo impresso. Eu tinha feito alguns testes uns anos antes, em 2001, e não rolou. Em 2008 eu já era colunista do jornal e já tinha consolidado uma imagem com a experiência em economia. À medida que o tempo vai passando, você vai agregando umas especificidades que acabam virando vantagens competitivas. Eu já passei a ser uma jornalista muito preparada no ponto de vista de conhecimento em economia, com uma capacidade de expressão, de falar didaticamente, e isso interessa à televisão e ao rádio. Além disso, **esse biotipo que destoa quando a gente fala de jornalismo em economia, vira um produto interessante para TV. Ainda mais nos tempos de um jornalismo mais autoral com uma pitada de diversidade, em que você não tem mais uma padronização visual** de todos os profissionais com o mesmo corte de cabelo e tipo de roupa.

O jornalismo mudou um pouquinho na escolha de perfis um pouco mais diferentes. Por isso eles me encontram. **Eu sou peça única. Quem é jornalista, negra, que fala bem no vídeo, articulada, experiente e fala de economia? Este é um conjunto de questões que não estão postas para todo mundo. O meu caso é muito particular, eu me vejo ainda como exceção. Mas não me uso como caso para dizer que existem oportunidades, pelo contrário.** Ainda falta muita diversidade no jornalismo televisivo, na economia, no impresso e no jornalismo de forma geral. **A minha excessiva representatividade é prova dessa assimetria. Eu não teria muita visibilidade se fôssemos muitos negros no jornalismo de TV, rádio ou qualquer outro meio.**

Eu sou muito grata à minha trajetória profissional. As oportunidades que tive, não desperdicei nenhuma. Olhando o meu ponto de partida, eu cheguei bastante longe, olhando de onde eu vim. Ser mulher, preta e suburbana não me atrapalhou porque eu tenho uma carreira extremante bem-sucedida, comparada a vários colegas jornalistas negros que eu conheço. Eu não posso dizer que isso tenha me atrapalhado, mas **se eu fosse uma mulher branca ou principalmente um homem branco , nascido na Zona Sul do Rio de Janeiro, talvez seria diretora de jornalismo em uma das principais empresas de comunicação do país.** É difícil a gente fazer esse exercício, mas eu penso nisso.

Muitas questões giram em torno da igualdade: o acesso à informação, as distâncias visíveis e as não visíveis, as redes de relacionamento, tudo isso são camadas de desigualdade que a gente tem que superar. É por isso que acredito que, para o tamanho da desigualdade e da distância que tive que enfrentar, eu não poderia estar melhor. Essa foi a melhor carreira que alguém com minhas características poderia ter.

Certa vez, conversando com um amigo negro, ele mencionou que, independente se você tenha oportunidades e saiba aproveitá-las, tem algumas coisas que, quando você vem de determinado nível social carregando uma história, você nem cobiça pra não se expor. No caso de gênero, mulheres que não disputam vagas para chefia porque acham que não vão conseguir. **Será que a minha decisão de nunca ter desejado ser chefe e trabalhar sempre com conteúdo tem a ver com uma instância de alta proteção para eu não me decepcionar com um não? Eu não sei te responder isso. Tem algumas coisas que você não faz porque já bloqueia, existem alguns paradigmas. Se pensar como uma mulher negra e a chefe nas redações, é muito mais assustador. Será que em alguma medida eu me autossabotei na direção profissional porque seria doloroso demais almejar postos de maior projeção no ponto de vista hierárquico?** Não sei te responder isso.

De fato, pela minha experiência, eu poderia ter um programa, mas ninguém me convidou e eu não propus nada pra ninguém. Já apresentei alguns programas do Lázaro e tive um programa no Canal Futura. Já comecei a quebrar essa barreira. Eu também não ofereci nenhum programa meu pra nenhuma emissora. Posso devolver pra mim a história. Eu estou confortável na vida que tô levando, sou dona do meu tempo. A resposta vai ficar incompleta porque eu não fui provocada, mas também não tomei nenhuma iniciativa.

Em um futuro próximo, posso escrever livro. Esta é uma questão que estou tentando resolver na minha vida, porque também é uma outra barreira. **Para o povo negro, para uma mulher negra, não é trivial as escrituras. Embora eu seja uma jornalista de escrita, minha formação foi essa. O universo do livro é grande e predominantemente masculino, há estudos que falam isso. 70% dos romances escritos no Brasil são de homens. Certamente nos próximos cinco anos eu terei escrito pelo menos um livro**. É algo no qual estou me preparando. Eu gosto de escrever. A minha relação com o jornalismo escrito não é algo que eu queira interromper, seja no jornal ou em blogue, isso talvez explique o fato de eu não ter me entregado completamente para a televisão. Muitos colegas meus largaram completamente o jornalismo escrito. Os espectadores podem esperar que eu continue na TV, mas com o meu exercício de liberdade e falando o que eu quero. O que eu não me vejo é aprisionada numa função que escolheram pra mim. Eu quero continuar sendo eu onde quer que eu trabalhe.

Quando você é jovem profissional, tem muita ilusão de que vai mudar o mundo. Eu posso escrever o que eu quero, mas não tenho cinco anos de profissão. Eu não comecei fazendo tudo o que eu queria, já teve muitas coisas que eu tive que fazer que não eram importantes. Tenho uma trajetória longa para estar onde estou hoje.

Hoje cargo burocrático não me interessa e não me empolga. Pode ser que eu tenha um programa, pode ser que eu continue como comentarista, pode ser que eu faça reportagens, pois tenho sentido falta de contar histórias. Isso é uma coisa que está no meu repertório. Ser diretora não. Mandar em gente, ter que me estressar com a equipe. Eu estou feliz com essa vida de me autogerir. Eu já fiz coisa demais. Estou na segunda metade da carreira. Nunca tive a ambição de poder e agora menos ainda. Poder traz dinheiro. Quando a gente está muito jovem e precisa se sustentar e criar filho, a gente se enreda no poder. Minha filha já está criada e não vou ter outra. Minha casa está *okay*. Não preciso alimentar essa ambição de poder, de cargos. Eu gosto que meu trabalho tenha relevância.

Quando penso em referências profissionais que me inspiraram, dentre as mais relevantes no ponto de vista de consciência racial, Júlio Tavares foi uma figura fundamental. Ele é um antropólogo e tive contato nos primeiros períodos de faculdade. Dele eu ouvi coisas positivas em relação a negritude. Ele é uma figura muito importante por isso, de falar do corpo negro, de sua beleza e de naturalizar o ser negro. Na minha casa em Irajá não se tocava no assunto do racismo e nas desigualdades. O Júlio teve um papel importante na construção da minha autoestima.

Na referência profissional em jornalismo econômico, e até em oportunidades que me foram dadas, Miriam Leitão é sem dúvida alguma uma figura importantíssima no jornalismo para mim. Ela não é uma mulher negra, mas me deu grandes oportunidades na minha carreira. Tenho outras amigas e pessoas relevantes, mas a Miriam me fez interina da coluna dela. Eu me tornei colunista e esse primeiro passo foi dado a partir de um voto de confiança que ela deu para o meu trabalho. Miriam também me convidou para editar com ela o primeiro caderno que o Globo fez sobre racismo, chamado "A Cor do Brasil".

Outra que posso mencionar é Sueli Carneiro, sem dúvida alguma. É uma figura que admiro, respeito, leio e ouço. Embora não seja jornalista, ela escreve, está à frente de um trabalho de altíssima qualidade jornalística que é o *site* Geledés. Tem várias outras mulheres negras que me comovem e representam em outros sentidos. A grande referência que pude conhecer é a Sueli Carneiro, mas posso citar a Jurema Werneck, Ruth de Souza, Zezé Motta, Mãe Beata de Yemanjá e Mãe Stella de Oxóssi, duas das maiores líderes religiosas que o Brasil já teve.

Para inspirar a nova geração, especialmente jovens negras e negros em termos de carreira, eu tento espalhar o meu capital humano. Já fazem muitos anos, desde 2004, que eu faço trabalhos voluntários, seja dando aulas eventuais em cursos na unidade da Educafro para falar sobre desigualdade racial ou da educação e existência do racismo, porque não é *mimimi*, não é *chororô* e nem coisa da nossa cabeça. Existe e é real. Eu já fiz trabalho voluntário em jornal comunitário na Maré e, eventualmente, ainda faço no Voz das Comunidades no Alemão. Vou em faculdades sempre que sou convidada, públicas e particulares, falar com alunos. **Nos últimos anos com muita alegria venho sendo convidada por Coletivos**

Negros universitários, o que mostra uma evolução de escala maior da presença negra na universidade. O que eu não tenho conseguido muito é transformar essa convivência em inserção profissional. Muita gente envia currículo, mas não são muitos os casos de gente que foi aproveitada e acabou fazendo carreira. Ainda tem uma dificuldade de acesso no mercado de trabalho. Às vezes eu até me ressinto de montar uma empresa para dar emprego, mas não tenho essa vocação e não tem essa quantidade de trabalho que justifique. No ponto de vista de falar, instrumentalizar, construir discurso, levantar a autoestima e incentivar a persistência, é a minha posição mais frequente do que transformar isso em vaga, porque não tenho cargo de chefia.

Quadro 4: Perfil ocupacional da população com 10 anos ou mais, segundo raça (Brasil, 2010)

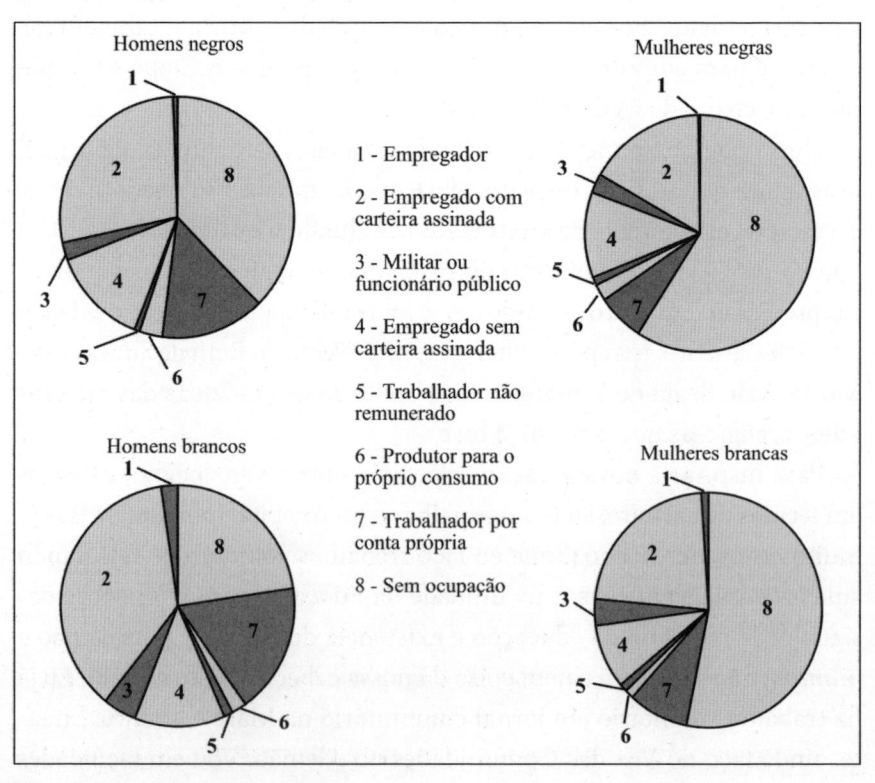

1 - Empregador
2 - Empregado com carteira assinada
3 - Militar ou funcionário público
4 - Empregado sem carteira assinada
5 - Trabalhador não remunerado
6 - Produtor para o próprio consumo
7 - Trabalhador por conta própria
8 - Sem ocupação

Fonte: IBGE (2018, tabelas 3461, 2093)

1.2 PARA ALÉM DO CONTEXTO BRASILEIRO

As castas estão para a Índia como uma categoria analítica usada para referir-se aos grupos semifechados, hereditários e endogâmicos das sociedades ocidentais; "raças" seriam o modo particular como os negros norte-americanos são classificados socialmente, ao contrário dos negros ou pretos e pardos brasileiros, que se baseiam em uma classificação política ou de cor, respectivamente. Segundo Guimarães (2003), esta é uma forma sumária para notar que os fenômenos sociais supracitados são construídos de acordo com seu contexto e estão sujeitos às modificações do tempo e do espaço. O autor defende, ao analisar o uso do termo "raça" nos Estados Unidos, na atualidade, que seu uso, neste caso, é como conceito nativo:

> Não se pode viver nos Estados Unidos sem ter uma raça, mesmo que se tenha que inventar uma denominação – como latino – que designa uma uniformidade cultural e biológica de outro modo inexistente, mas imprescindível para possibilitar o diálogo com pessoas que se designam "negras", "brancas", "judias", etc. Todos os grupos étnicos viram raça nos Estados Unidos, porque raça é um conceito nativo classificatório, central para a sociedade americana (GUIMARÃES, 2003, p. 97).

Cabe lembrar que o conceito não nasce por acaso, e, por isso, faremos aqui um breve panorama sobre o uso do conceito "raça" ao longo da história, com referências que vão além do contexto brasileiro.

A partir das observações de Munanga (2004), sem a pretensão de categorizar como nativos ou analíticos, notamos que o termo já foi usado como um conceito classificatório na história das ciências naturais. Assim, foi empregado na Zoologia e na Botânica, notadamente pelo naturalista sueco Carl Von Linné (1707-1778), para categorizar as plantas em 24 raças ou classes, categorização que não é mais utilizada. Nos séculos XVI e XVII, o conceito de raças "puras" foi transportado da Botânica e da Zoologia para legitimar as distinções entre indivíduos e as relações de dominação e de sujeição na sociedade francesa. Nesse contexto, o termo começa a ser empregado para categorizar a diversidade humana em grupos fisicamente distintos, como no caso do médico e antropólogo francês François Bernier. Há indícios de que o conceito foi usado para designar a linhagem, a ancestralidade dos indivíduos. Neste sentido, a raça também foi empregada para distinguir as relações entre classes sociais: no topo, os nobres, que se consideravam puros, de origem germânica, e com direito de dominância, os quais se identificavam como francos. Na base, os gauleses, população local identificada como a plebe. De acordo com Munanga (2004), neste caso, não havia diferenças morfo-biológicas notáveis entre os indivíduos pertencentes a ambas as classes. O antropólogo aponta que, em sua origem etimológica, o conceito de raça veio do italiano *razza*, derivado do latim *ratio*, com o significado de categoria, espécie.

O sociólogo Stuart Hall (2013), renomado na área de estudos culturais, também defende que **o conceito de raça, desde seu surgimento, tem sido utilizado para organizar os grandes sistemas classificatórios da diferença. Assim, tal como diferenciamos maçãs de bananas, tendemos a diferenciar indivíduos pelas suas características físicas.** Cabe ressaltar que, com a preocupação de facilitar a busca e a assimilação do mundo à nossa volta, parece que o ser humano, desde que começou a observar, desenvolveu a aptidão cognitiva de classificação. Munanga (2004) menciona que, em qualquer operação de classificação, é preciso, primeiramente, estabelecer alguns critérios objetivos com base na diferença e na semelhança. Hall (2013) e Munanga (2004) apontam que há indícios de que a utilização da cor da pele como marcador das diferenças entre humanos começou mais nitidamente a partir do século XV, na Península Ibérica, no período das grandes viagens marítimas em busca de novas rotas, mercados e produtos comerciais. Navegadores europeus começaram a ter contato com povos fisicamente diferentes deles, advindos da América, África e Oceania. A raça teria sido "uma tentativa de explicar a existência de seres humanos que ficavam à margem da compreensão dos europeus, e cujas formas e feições de tal forma assustavam e humilhavam os homens brancos, imigrantes ou conquistadores, que eles não desejavam mais pertencer à mesma comum espécie humana" (ARENDT, 1989, p. 215).

Munanga (2004) explica que a Teologia e as Escrituras teriam servido de base, na época, para explicar a origem da Humanidade, bem como as diferenças entre os povos até o fim do século XVII. Seriam, esses "recém-descobertos", bestas pagãs ou seres humanos descendentes de Adão, como os europeus? Desse modo, para aceitar a humanidade dos "outros", era necessário comprovar que também eram descendentes de

Adão, prova parcialmente fornecida pela associação das diferenças entre os homens, utilizando por base a história dos Reis Magos. Segundo uma das interpretações do mito, os personagens seriam representantes das três raças. Baltazar, o de pele mais escura, representaria a raça negra. Neste enquadramento, apenas faltava ao índio também "ganhar humanidade", pois não estava incluído entre os três personagens (semitas, brancos e negros), até que os teólogos encontraram argumentos derivados da própria *Bíblia* para demonstrar que ele também era descendente de Adão. Com a descendência adâmica comprovada, seria necessária a conversão destes povos de natureza pecaminosa (negros e índios) ao cristianismo (MUNANGA, 2004).

Além desse mito, de acordo com Guimarães (2003), para justificar a escravidão foi construída uma explicação em termos teológicos de que os negros eram descendentes de Cã, da tribo amaldiçoada de Canaã. Deste modo, "muitos escravocratas e fazendeiros achavam que tinham uma missão civilizadora, que estavam redimindo os filhos de Cã, descendentes daquela tribo perdida e pagã, trazendo-os para a civilização cristã, agora, para aprender o valor do trabalho" (GUIMARÃES, 2003, p. 100). De toda forma, concordo que o mito de Cã merece ser mais bem investigado, com o intuito de entender melhor se a área geográfica apontada para onde os descendentes de Cã foram coincide, de fato, com a atual localização do continente africano ou se houve manipulação dos textos bíblicos para a construção deste argumento, apontamentos que não são aprofundados neste trabalho.

Há, inclusive, **um famoso quadro do século XIX, do artista espanhol Modesto Brocos, chamado** Redenção de Cã**, que mostra quatro pessoas, mais detalhadamente uma senhora preta, uma jovem parda, um bebê branco e um homem branco, que representariam gerações diferentes. Uma das interpretações da obra é que o quadro mostraria o processo de branqueamento da sociedade brasileira** (LOTIERZO; SCHWARCZ, 2013). A partir desta leitura, a redenção estaria ligada ao processo de reversão da maldição de ser descendente de Cã, escravizado e de pele escura.

Até onde foi possível pesquisar, não existe outro quadro que expresse a intenção consciente do pintor de representar a cor negra da pele como marca de maldição a ser "purificada" pelo embranquecimento. Apenas foi encontrado um tipo de imagem onde a cor negra aparece como sinal de impureza que pode ser "lavada": em anúncios de sabões britânicos e estadunidenses do século XIX, que trocam o cunho religioso pelo satírico.

O que se sabe é que estas justificativas teológicas foram uma das razões apontadas pela Igreja Católica para abençoar a escravidão, forma até então vista como um caminho para a conversão e salvação desses povos ao cristianismo. Mais tarde, no século XVIII, o conhecimento com base nas Escrituras e a concentração de poder nas mãos do clero e da nobreza foram contestados pelos filósofos iluministas, em nome de um conhecimento baseado na razão e mais transparente.

Ao interpretar a leitura sobre a mudança na base do pensamento religioso sobre a maneira de ver a raça, percebe-se que a busca pela diferença não se extinguiu, apenas foi alterada. "O Iluminismo diz que todos [os seres humanos] são de uma mesma espécie; foi preciso encontrar uma maneira de marcar a diferença dentro dessa espécie [...] uma parte é diferente: mais bárbara, atrasada ou civilizada do que a outra parte" (HALL, 2013, p. 10). Desta forma, entendo que a visão de raça construída a partir da Igreja e das ciências naturais é abandonada, e os "outros" povos são nomeados, com base científica, como diferentes tipos de raças humanas. Neste período, a cor da pele começa, então, a ser um critério fundamental na classificação científica da Humanidade, passando a dividi-la em quatro raças, que ainda embasam o imaginário coletivo atual, as experiências sociais e os estudos contemporâneos sobre a diversidade humana no mundo e no Brasil: raças negra, branca, amarela e indígena.

Fala Theo van der Loo, ex-CEO da Bayer (esta entrevista foi feita antes da sua aposentaria)

Eu sou filho de pais holandeses, nascido na cidade de São Paulo.

Meu pai tinha 24 anos e morava na Indonésia quando estourou a Segunda Guerra Mundial, ele passou um período muito difícil, foi prisioneiro na Tailândia, fazia trabalho forçado na Ferrovia da Morte, ou seja, foi escravizado durante três anos. Minha mãe morava em Roterdã, na Holanda, e em 1940 vivenciou um bombardeamento que fez o centro da cidade desaparecer em 20 minutos. Ela tinha 16 anos. A guerra durou cinco anos.

Meus pais se conheceram depois da guerra, se casaram e vieram para o Brasil em 1947, em busca de novas oportunidades. Eles tiveram seis filhos, eu sou o quarto dos seis, todos nascidos no Brasil.

Quando era pequeno, minha mãe, que sempre foi uma pessoa muito carismática e atuante, era muito boa com as pessoas. Ela dava roupa para as pessoas mais carentes. Ao lado de casa havia uma obra e minha mãe oferecia comida para o vigia que passava a noite lá. Ela sempre ajudou as pessoas. Eu nunca ouvi comentários pejorativos em relação às pessoas menos privilegiadas. Estes exemplos foram bons para a minha formação. Quando as pessoas passam pela guerra, os valores mudam bastante.

Havia uma empregada na minha casa, não me lembro mais o nome. Ela era negra. Um dia disse que queria dormir na casa dela e meus pais deixaram. Ela morava numa favela e naquela época não era tão perigoso. Eu me lembro vagamente de uma cena: os barracos não eram de alvenaria, o piso era de terra batida e tudo era muito limpo e organizado. Acredito que isso tenha sido no começo dos anos 1960. Acredito que esta experiência tenha deixado um impacto no meu subconsciente. Era pequeno e não tinha uma noção clara das coisas.

Em 1967 toda a família mudou para a Holanda. Para os meus pais era um retorno, mas para meus irmãos e eu isso era uma mudança radical nas nossas vidas, pois éramos 100% brasileiros, principalmente no ponto de vista cultural.

Na época, eu tinha 12 anos e, um ano após minha experiência holandesa, eu disse que iria voltar para o Brasil quando me formasse. Fiquei fora do país entre os 12 e os 24 anos. Na realidade, quando fui para a Holanda, nunca me adaptei bem ao sistema holandês e, como não era totalmente fluente em holandês, era penalizado. No final acabei migrando para uma escola americana na Holanda e faculdade na Suíça. De lá fui direto para os Estados Unidos, onde obtive meu MBA.

Durante os meus estudos eu sempre trabalhei nos finais de semanas e períodos de férias. Já fiz de tudo. Lavei pratos em restaurantes, fui garçom, frentista de posto, lavei carros, fazia serviço de jardinagem e muito mais. Nas faculdades eu conseguia uma redução nas mensalidades fazendo trabalhos diversos no centro de computação.

Quando me formei nos Estados Unidos, tinha quase 25 anos. Em seguida consegui um emprego para voltar ao Brasil. Que era tudo que eu queria. Comecei como *trainee* da Schering-Plough, uma empresa farmacêutica sediada no Rio de Janeiro. O programa de *trainees* era algo novo na época. A ideia era atrair novos talentos para apoiar os executivos, como se fosse um treinamento, e com isso se desenvolverem para cargos futuros. Comecei então como assistente do presidente. Um suíço.

A empresa me recrutou nos Estados Unidos. Lá é muito comum as empresas irem para o *campus* das universidades recrutar estudantes.

Uma das minhas maiores motivações era entrar em uma empresa que pudesse me mandar para o Brasil. Eu tive algumas propostas de empresas de vários setores. A Schering-Plough me ofereceu uma vaga no Brasil, foi uma boa oferta e aceitei. E voltei para o país, Rio de Janeiro, em março de 1980.

Quando cheguei ao Brasil fui visitar a empresa, que estava localizada em Jacarepaguá. Me lembro até hoje a sensação que tive quando saí do Túnel Dois Irmãos. Vi a Rocinha e me choquei com aquele cenário, que não havia visto durante toda a minha adolescência. Após ter passado um tempo fora do Brasil, tinha esquecido que isso existia. Chega um momento que isso é considerado normal e você segue sua vida sem se preocupar com aquela situação de desigualdade, que na realidade é crônica. Eu refleti: "como é possível que a população de um país aceite viver desse jeito e não faça nada a respeito?"

Desde aquele momento eu me conscientizei de que era importante ajudar e tratar bem as pessoas menos privilegiadas. Começando com as mais próximas a mim, como a empregada doméstica, por exemplo. Cada um de nós pode fazer a sua parte, fazer uma diferença nas vidas das pessoas. Este pensamento me acompanhou a vida toda, dentro e fora do ambiente de trabalho.

Aquela época era outra! Não havia computadores pessoais. Tudo eu escrevia à mão. Os cálculos eram feitos com calculadoras. Não existia Excel. Levava horas. Comparando com os dias de hoje, não era tão eficiente porque se perdia muito tempo em coisas que não eram tão importantes.

As minhas apresentações, por exemplo, eu fazia com aquelas transparências que coloca no retroprojetor. Quando comecei a trabalhar me dei conta do quanto não sabia, uma vez que não havia cursos específicos de *marketing* farmacêutico, por exemplo. Existe a teoria, as coisas que nos ensinam na faculdade, mas a prática é uma nova experiência.

Minha primeira posição de *trainee* foi como assessor do presidente. Não era uma posição de poder, mas tinha que pedir para os diretores me passarem informações para eu repassar para meu chefe. Nem sempre era tão simples. Vi que havia intrigas ente eles.

Comecei a desenvolver a habilidade de me relacionar de forma adequada com meus colegas, se não tivesse uma postura flexível e construtiva seria difícil cumprir as tarefas que recebia do meu chefe. Foi muito oportuno ter tido esta experiência no início da minha carreira. É uma característica minha que tenho até hoje. Desenvolver a minha inteligência emocional foi algo muito importante no meu trajeto profissional. Mas naquela época não existia este termo.

Fiquei como assistente do presidente por um ano e meio e depois ingressei no *marketing*, fiz um estágio na área de vendas intercalado com a função de gerente de produtos júnior.

Neste período eu aprendi que meu público alvo era a força de vendas, pois eram eles que faziam tudo acontecer, transformando estratégias em ações. Estes colegas me muniam também com *feedback*, permitindo que eu fosse mais assertivo como gerente de produtos. Além disso eram uma fonte de inspiração e motivação para mim. Sempre tive muito respeito por estes profissionais. Isso segue até hoje, é claro.

Casei-me neste período e em seguida nasceu o Theo, meu primeiro filho.

Em 1983 fui transferido para Miami, nos Estados Unidos, onde eu fiquei por dois anos atuando na área de *Marketing*, da Schering-Plough, para a América Latina. Em 1985 a empresa acabou mudando o escritório regional para a matriz em New Jersey. Por motivos pessoais decidi regressar ao Brasil.

Tinha 29 anos. Desta vez fui para São Paulo, onde eu assumi o cargo de Gerente de Planejamento de *Marketing* na Labofarma, na época era a divisão farmacêutica da Degussa, um conglomerado alemão, que hoje se transformou em Evonik. A Labofarma foi vendida nos anos 90, já após a minha saída.

O Philipe, meu segundo filho nasceu neste período (1986).

Minha passagem pela Labofarma foi uma experiência repleta de novos aprendizados, tinha um chefe que me dava liberdade e autonomia.

Este período era também o início da era de computadores pessoais, *desktop*. Porém muita coisa ainda era feita na mão. Havia poucos *softwares* prontos. Alguns produtos pioneiros foram o Lotus 123, WordPerfect e Harvard Graphics, usando o ambiente DOS. Comecei a escrever programas em Basic específicos para o planejamento de *marketing* farmacêutico. A programação era uma atividade que eu dominava bem, em virtude da minha atividade extracurricular na faculdade. Algumas tarefas do planejamento de *marketing* consegui automatizar bem, principalmente aquilo que era repetitivo. Foi uma mão na roda, pois podia me focar mais na parte estratégica de *marketing* e menos na operacional. O mercado era muito diferente do que é hoje. Neste período eu mantive também um excelente relacionamento com a força de vendas, me ajudando a desenvolver novas competências.

Fiquei na Labofarma por três anos e meio. Em outubro de 1988 fui contratado pela Berlimed, outra empresa farmacêutica alemã, filial da Schering AG (Berlim). Naquela época, tinha 33 anos e assumi a posição de Diretor de *Marketing*, responsável por vendas e *marketing*. Em 1990 a Berlimed assume o seu nome original de Schering do Brasil SA. Sem algum vínculo com a Schering-Plough.

Neste momento minha vida pessoal também passa por uma transformação. Pois a mãe dos meus filhos e eu nos divorciamos. Embora a empresa desejasse, expliquei que não poderia assumir posições fora do Brasil durante alguns anos. Meus filhos eram pequenos e não queria me distanciar deles. Foi uma das melhores decisões da minha vida. Por consequência permaneci no Brasil por mais sete anos.

Em janeiro de 1995, quando meus filhos estavam já um pouco maiores, eu saí do país novamente. Fui transferido para a matriz da Schering, em Berlim. Fiquei um ano fazendo uma imersão avançada, conhecendo vários setores da empresa. Em março de 1996 fui transferido para a Cidade do México, onde assumi a posição de Diretor de *Marketing* para a América Latina e Canadá, da Schering. Fiquei no México durante seis anos. Além da experiência profissional, pude conhecer e interagir com uma nova cultura e aprendi espanhol.

Em 2002 voltei ao Brasil para assumir a presidência da Schering do Brasil. Fui o primeiro presidente brasileiro na história da Schering no Brasil. Fiquei quatro anos nessa posição.

Em abril de 2006, fui parar na Espanha como presidente da Schering España. Mas cheguei lá literalmente "vendido". Pois a Bayer estava no processo de fechar a compra da Schering AG, que aconteceu alguns meses depois.

Fui escolhido para liderar a integração das duas empresas e assumir a área da saúde na Bayer na Espanha. Foi outra grande experiência pessoal e profissional. Eu não conhecia a cultura espanhola e ninguém me conhecia na empresa. Além disso não tinha muito conhecimento sobre o mercado espanhol. Mas no final deu tudo certo. A resiliência e trabalho em equipe foi fundamental. foi também um bom momento para refletir sobre os aprendizados.

Em meados de 2010 fiquei sabendo que o presidente da Bayer no Brasil iria se aposentar. Me informei e soube que eu não estava na lista de candidatos. Mandei meu CV por conta própria e incluíram meu nome, passei por uma série de entrevistas na Alemanha e no final fui escolhido. Pois é, "quem não chora não mama".

Retornei ao Brasil no final de 2010 para assumir a presidência da Bayer Brasil SA em janeiro de 2011. Fui o primeiro brasileiro nato a assumir a presidência de todo o Grupo Bayer no Brasil. Além do meu histórico profissional e os resultados na Espanha, acredito que o outro motivo de ser escolhido para o cargo tenha sido o fato de ser brasileiro, conhecer a cultura e falar bem o idioma. Um presidente que não fala o idioma não consegue se comunicar e também não consegue "sentir o ambiente". Existem momentos nas empresas onde isto é mais ou menos importante para a organização.

Além disso, acredito que o fato de ser um executivo também focado em pessoas e ambiente de trabalho contou muito no processo.

O que me ajudou muito na minha carreira foi a forma de exercer a liderança e me comunicar com as pessoas. No geral, as condições que tive de trabalho foram positivas e sempre fui muito feliz em todas as etapas da minha carreira. Até hoje, o grande motivador são as pessoas que estão comigo no dia a dia. O dinheiro é importante, o chefe também, mas o que me motiva de fato são meus colegas de trabalho.

Mas tive também "chefes tóxicos". Com eles se aprende como não ser líder! Nos damos conta sobre o impacto negativo que podemos deixar nas vidas das pessoas.

Trilhei toda a minha trajetória profissional na indústria farmacêutica. Nos últimos três anos, inclusive, eu cuidava diretamente da divisão farmacêutica no Brasil, hoje eu não cuido mais. Como presidente da Bayer, não tenho mais envolvimento operacional com as divisões.

A Bayer é uma empresa matricial e a cada ano em que estive no comando aqui no Brasil a estrutura foi se consolidando. Atividades foram transferidas das divisões para uma plataforma única, que se reportava à minha estrutura. O planejamento estratégico e a execução operacional, principalmente de *marketing* e vendas, de cada divisão é independente e elaborado entre o país e a Divisão Global.

A gestão no Brasil é feita por um comitê executivo, presidido por mim. Nele participam os VPs da Divisão e outros diretores, inclusive os responsáveis pelas fábricas.

Algumas das áreas que se reportam a mim hoje são finanças, recursos humanos, relações com o governo, comunicação coorporativa e jurídico. Todos fazem parte do comitê executivo. Além disso sou responsável também pelas funções de segurança patrimonial e de pessoas, qualidade coorporativa e HSE (saúde dos empregados, segurança no trabalho e meio ambiente). Aqui você tem que ter habilidades com as pessoas para poder funcionar bem.

A minha carreira, por si só, foi experiência interessante. Sempre aprendi coisas novas porque nenhum mercado e país são iguais. Cada país tem um mercado diferente, as culturas são diferentes dentro e fora da empresa. As causas também. Isso é fascinante.

Tive o privilégio de trazer a experiência de um país para outro e isso ajuda bastante. Acabei percebendo que se você está mudando de país, de cargo, sempre tem um belo desafio pela frente. Dentro da Bayer, por ser uma empresa matricial, fui exposto a coisas novas e interagi com diferentes áreas.

Estou de saída, tenho 63 anos e vou me aposentar em meados deste ano (2018).

Agora, tenho que dizer que tive alguns chefes muito bons. O meu primeiro chefe suíço era muito exigente. Aprendi muita coisa com ele e algunss hábitos tenho até hoje. Naquela época o presidente estava lá em cima e a importância da hierarquia era muito diferente da que é hoje. Antes, a distância entre a alta liderança e os empregados era muito grande e mais formal.

Instintivamente, fui aprendendo e tirando minhas conclusões na minha carreira. Concluí que as pessoas são o ativo mais importante. São elas que fazem a diferença e fazem as coisas acontecerem. Quando estão felizes, motivadas e engajadas, se preocupam genuinamente com a empresa e estão dispostas a fazer sacrifícios.

Tudo isso você só consegue se tiver uma liderança que seja inspiradora e possa transmitir confiança. Não é qualquer um que consegue isso. Existem muitos altos executivos que estão focados somente na carreira, alguns que só se preocupam do nível deles para cima, com a política. A minha tendência foi me preocupar mais com as pessoas que estavam comigo, no dia a dia. O que fortalece um executivo é a entrega de resultados junto com seu time. É algo mais sólido.

Apesar de críticas, eu aprendi a não mudar minha postura. Às vezes a gente sofre pressão de cima. Sempre defendi as pessoas, quando achava que estava havendo algo injusto.

A questão da inclusão e diversidade

Colocar o lado social e a inclusão da diversidade racial e de gênero em pauta é algo que eu faço há muito tempo. Foi em 1988, na Schering do Brasil que comecei a me engajar na questão da diversidade. A linha principal de produtos era para a saúde da mulher, porém não havia nenhuma mulher na força de vendas. Na época isso era praxe em toda a indústria farmacêutica. Comecei a questionar: por que era assim? Houve uma resistência inicial dos gerentes de vendas, todos homens. Isso era esperado. Mas pouco a pouco se deram conta de que ideia fazia sentido. A primeira mulher a ser contratada para a área de vendas foi em Belo Horizonte. Após o primeiro passo, deu bons resultados. Rompemos uma barreira. Mas para isso foi necessário coragem para mudar e o apoio dos gestores, aqueles que contratam. Atualmente quase a metade da força de vendas em toda a indústria são mulheres. Aprendi que, quando uma coletiva apoia uma ideia, que é justa e óbvia, somos capazes de gerar grandes mudanças. Por isso que sou muito confiante que vamos conseguir aumentar o número de pessoas negras em cargos importantes, nas empresas.

Em 2002, quando voltei do México para o Brasil pela Schering, demos um novo passo rumo a maior diversidade. Conheci uma colega negra, que atuava na área de atenção a clientes (SAC), para assumir uma posição em vendas. Ela passou por um processo de seleção, não foi nenhum favor que fizemos por ela ser afrodescendente, porque se ela não tivesse o nível necessário, não teria passado na seleção. Ela assumiu a posição por mérito e obviamente quem fez a seleção se identificava com os meus valores pela promoção da diversidade. Foi uma via de mão dupla.

É o exemplo que estou usando nas palestras para mostrar que a gente pode influenciar as coisas. A dificuldade que existe nas empresas é que os gestores que promovem e contratam precisam estar comprometidos com a causa. Achar que é legal é uma coisa, implementar é uma outra história. As barreiras são muito maiores que se imagina. Se fosse fácil eu não estaria aqui escrevendo sobre isso. Estaríamos todos fazendo acontecer. O racismo, preconceito ou viés inconsciente existe no mundo inteiro, ao meu ver aqui no Brasil é mais velado.

O caso do Brasil é diferente, porque a maioria da população é de origem negra. Deveria ser natural ter a mesma representatividade na empresa. Nos Estados Unidos existe um sistema de cotas para incluir a minoria, e no Brasil os negros são maioria e continuam excluídos? A gente vê que tem uma coisa errada no Brasil. Na prática existe uma falta de consideração e preocupação com essa causa.

Para mulher também é difícil, existem muitas coisas a serem feitas para avançar. No caso do LGBT é um pouco diferente, porque uma pessoa pode ser *gay* e guardar isto para si. É importante criar um ambiente de trabalho de respeito onde ela possa ser como ela é. No caso dos PCDs não é muito diferente. O sistema de cotas é bom, porém não é perfeito. Os colegas que são PCDs também querem fazer carreira e não apenas cumprir cotas.

Em 2011, quando assumi a presidência na Bayer no Brasil, comecei a me perguntar: onde estavam os negros? Tanto meus colegas de RH como eu não sabíamos bem como avançar. Isto ficou rolando na minha cabeça e decidi por conta própria tomar um café com dois colegas negros que conhecia do passado. Ambos da força de vendas da divisão Pharma.

Me explicaram que estavam muito felizes na Bayer. Mas o sentimento era que um negro precisa ser muito melhor que um não negro para ser promovido ou ser contratado. Também não queriam favores, somente oportunidades para poder mostrar seus méritos.

Com isso, pensei que a gente tinha que fazer alguma coisa. Nessa época, os únicos temas de diversidade que estavam no radar eram gênero e LGBT, dois temas globais para a Bayer. A questão dos PCDs é legislada de forma diferente em cada país, por isso muitas vezes não existe uma política global.

De forma geral nas empresas, a questão racial é algo muito local, um desafio brasileiro. Muitas organizações não têm uma política global para isso. Nos Estados Unidos existem programas locais também.

Após o café com meus colegas negros fui conversar com o pessoal de RH que, como eu, não sabia bem como avançar. Decidimos fazer uma segunda reunião convidando mais negros para uma conversa. O diagnóstico foi o mesmo. Ficou claro que era preciso avançar com o tema. Em seguida conhecemos o Mauricio Pestana, na época ele era secretário da igualdade racial na prefeitura de São Paulo. Foi a primeira vez que falamos com pessoas fora da empresa sobre a questão racial. Encontramos um grande aliado que nos ajudou a avançar com o tema, oferecendo ajuda em muitos *insights* novos. Comecei a conhecer muita gente nova, entre elas a Luana, que tinha acabado de iniciar seu projeto de vida, o ID_BR.

Na empresa você foca em negócios, nos resultados, e frequentemente é necessário cortar despesas para atingir as metas anuais. E quando aparece o assunto da diversidade se comenta que não é prioridade.

Se não focar, sempre vai existir um assunto mais importante. O tema de diversidade e inclusão tem que ter prioridade sempre. Se não tratarmos dessa forma a tendência será postergar e não avançar. Na minha opinião, isso ficou muito claro. A partir deste direcionamento, começamos a avançar com a diversidade na Bayer.

Fazer o certo na empresa, o certo na sociedade e o certo como cidadão, isso me move muito nessa batalha. Foi assim que a coisa começou a ganhar corpo. O RH da Bayer e todas áreas foram abrindo mais a temática da diversidade. Fizemos *workshops* com o Comitê Executivo. Criamos um Comitê de Diversidade que reúne várias áreas da empresa. Criamos grupos de afinidade, grupos de mulheres, LGBT, PCDs, negros e a partir de 2018 o grupo de gerações. Cada grupo tem um nome e logomarca. Hoje, esses grupos têm sua vida própria e alimentam o comitê de diversidade com projetos e iniciativas e vice-versa. Também desenvolveram um *network* fora da Bayer. São convidados para palestras e *workshops* com pares em outras empresas e organizações.

Como sei que não vou ficar muito tempo nesse cargo, o meu legado não é resolver a questão da inclusão e diversidade, como por exemplo aumentar o número de negros na empresa, inclusive em cargos altos. Não será possível em tão pouco tempo. O meu legado é ajudar a criar um mecanismo para que a médio e longo prazo isso, a promoção da igualdade racial, se torne irreversível e que nenhuma pessoa possa reverter isso. Hoje sinto que a Bayer está fazendo um bom trabalho perante a sociedade. Temos que concretizar isso e mostrar os números.

Por exemplo, já se nota mais colegas negros circulando pela empresa. Estou esperançoso em fazer a temática da igualdade prosseguir e ser cada vez mais sistemática. Não tenho dúvidas de que me sucessor dará continuidade ao trabalho que foi feito até agora. O legado é o sistema ser automático. Os grupos de afinidades da empresa têm que assumir esse papel de forma natural. Mas se em algum dia atingirmos a perfeição tudo isso não será mais necessário, a inclusão e diversidade será algo natural.

Através do E-Social, plataforma de coleta de informações do governo, podemos ter muito mais informação. Todos os empregados da Bayer precisam preencher o E-Social e lá é preciso colocar a raça. Em 2014 a Fundação Dom Cabral nos ajudou a fazer um censo e se constatou que havia 10% de LGBT e 16% de afrodescendentes. Agora com a leitura pelo E-Social, o número de negros indica 21%.

Além de promover e procurar candidatos negros para vagas que estão em aberto, inclusive a nível gerencial e executivo, focamos muito nos estagiários. Pois muitos jovens negros estão se formado nas faculdades e a oferta de novos talentos é bem maior que antes.

Nosso RH tem diversas pessoas que pertencem ao grupo de afinidade. Isso é importante para assegurar a transparência e evitar o víeis inconsciente. Estamos conseguindo atrair candidatos negros para atuarem em área importantes da Bayer.

Existem gestores que deixam a vaga em aberto até acharmos um candidato do grupo de afinidade. O importante é ter mais gestores com esta mesma conduta. Não tenho dúvidas que vamos conseguir.

Nenhuma empresa é um "mundo perfeito" e a Bayer não é exceção. Devemos ter racistas, machistas e pessoas que não gostam de LGBT, temos de tudo. O mínimo que esperamos dos colegas é o respeito. Não vamos misturar as coisas, somos uma empresa e não podemos deixar que opiniões pessoais se misturem com o trabalho.

É muito importante que CEOs se posicionem em relação a causas prioritárias em nosso país. A igualdade racial é uma delas. Eu falo sempre. Temos que ser patriotas. Esse país é nosso, vivemos nele e queremos um Brasil melhor. Hoje estou num cargo de liderança em que tenho certo destaque. Se eu fizer alguma coisa, vai chamar muito mais atenção do que outra pessoa que esteja num cargo inferior. O fato de eu não ser negro nesse caso ajuda. Existem coisas que é melhor uma pessoa não negra falar, pois se fosse um negro poderia ser rotulado como *mimimi*, agindo por causa própria.

Se você como um CEO não se envolver e comprometer pessoalmente, de forma genuína, a transformação será muito mais lenta. O engajamento da alta liderança é fundamental. Não é apenas um tema de RH e de comunicação corporativa. Não é só sair na foto. É preciso ajudar fazer o filme.

Quando um CEO que aparece com maior evidência, engaja a empresa de forma genuína, as pessoas notam que isso vem da zona do coração e não é uma jogada de *marketing*. O motivo principal não pode ser melhorar os resultados. Porém mal não vai fazer com certeza. Pois trazer a diversidade para a empresa torna a empresa mais real em relação ao que acontece fora dela. Haverá mais inovação na forma de pensar e de ver as oportunidades, portanto as decisões serão mais assertivas. Os resultados melhores serão uma consequência. Como ouvi uma vez, "se não for por causa do coração, que seja pela inteligência".

O meu papel, além de engajar a empresa, é compartilhar nossa experiência com outras empresas. Eu tive coragem pelo fato de ser um dos poucos CEOs a terem este posicionamento publicamente. Mas por sorte não sou o único. Cada dia vejo mais empresas e CEOs se comprometerem com a causa pessoalmente.

Mas o fato é que a maioria das empresas faz pouco ou praticamente nada. Noventa por cento dos CEOs vão concordar com o que eu estou falando, mas se todo mundo concorda, por que estamos fazendo eventos, e falando e escrevendo tanto sobre o assunto? Precisamos falar menos e fazer mais.

O papel de um CEO é também colocar a empresa em evidência e atrair talentos. Esse é o lado positivo, quando você está em evidência, acaba atraindo talentos de diversas áreas. Depois, fora da Bayer, é influenciar cada vez mais empresas a se engajarem.

Já estou há quatro anos no CEO *Legacy*, que é uma iniciativa da Fundação Dom Cabral que reúne líderes empresariais. Temos nos focado em temas que possam ter um impacto social. Este é o melhor legado que um CEO pode deixar na sociedade. A questão da inclusão e diversidade é um tema que está em pauta para todos.

Independente da Bayer, eu imagino ajudar empresas a abordarem esse tema da igualdade racial. Às vezes fico um pouco incomodado quando tenho que falar sozinho em uma palestra sobre a minha visão e experiência como branco. Não posso falar pelos negros. Posso relatar histórias. Mas não sou o protagonista. Um palestrante negro tem uma história com muito mais conteúdo, está falando de experiência própria.

Precisamos estar conscientes de que, em virtude da desigualdade, falta de oportunidade e discriminação, a metade do talento humano brasileiro não está sendo aproveitada. Minha vida mudou muito nestes últimos dois a três anos. Conheci gente maravilhosa, com muita garra e potencial que está apenas procurando uma oportunidade para poder mostrar seus méritos.

O mais importante é que estejamos todos juntos, pessoas negras e brancas falando e agindo em relação ao tema. Afinal é uma causa de todos. É uma dívida moral e histórica que temos com os brasileiros negros, que ajudaram a erguer nosso país até os dias hoje e a maior parte do tempo escravizados. Precisamos acabar com este "abismo social" que está sendo criando. Se não resolvermos isto o Brasil jamais será uma grande nação.

O fato de inclusão racial ser um tema delicado e sensível para a grande maioria das empresas, não significa que seja menos urgente. Deixar tudo como está, no "modo avião", já não é mais uma opção.

Se você quiser fazer algo, mas não sabe como, comece a conversar com os negros da sua empresa. Um novo mundo vai se abrir. Com certeza seu entusiasmo irá aumentar. Use a sua intuição e a zona do coração.

1.3 DA GENÉTICA À LINGUAGEM

Sabe-se que, geneticamente, a cor da pele é definida pela concentração de melanina, sendo esta uma característica hereditária. É justamente o grau dessa concentração que define a cor da pele, dos olhos e dos cabelos. **A chamada "raça branca" é classificada, no Brasil, como geralmente associada a ancestralidade europeia por ter menos concentração de melanina, o que define a sua cor branca, e geralmente maior incidência de olhos e cabelos mais claros, visível no fenótipo, na aparência física do indivíduo. A raça negra, no contexto brasileiro, é associada a uma ancestralidade ligada ao continente africano, aparentemente tende a concentrar mais melanina, e, por isso, os negros apresentam visivelmente pele, cabelos e olhos geralmente mais escuros. A raça amarela estaria numa posição intermediária, que se define por sua cor de pele, a qual, por aproximação, é dita amarela; no contexto brasileiro é associada à ancestralidade oriental, assim como os indígenas são geralmente relacionados a pessoas que afirmam ter a ancestralidade majoritariamente ligada a povos indígenas e aparentam em seus fenótipos pele e olhos mais escuros.** Segundo o que sabemos hoje sobre a herança genética da cor da pele, menos de 1% dos genes que constituem o patrimônio genético de um indivíduo é implicado na transmissão da cor da pele, dos olhos e cabelos, sendo este, portanto, um critério de classificação humana literalmente superficial. Os conceitos e as classificações servem para operacionalizar o pensamento (MUNANGA, 2004). É neste sentido que o conceito de raça e a classificação da diversidade humana em raças teriam servido como base para a operação da hierarquização da espécie humana, o que facilitou o caminho do racialismo. A partir da interpretação de Hall (2013) sobre o emprego científico do conceito "raça", entendemos que o termo legitima a classificação das diferenças entre povos, e atua na construção de "verdades" que vão servir como mantenedoras das relações de poder em uma cultura:

> O que importa não é que contenham a verdade científica sobre a diferença, mas que funcionem como fundamento do discurso sobre a diferença racial. Fixam e estabilizam o que de outra maneira não haveria como ser fixado ou estabilizado. [...] garantem a verdade das diferenças discursivamente construídas (HALL, 2013, p. 10).

Quando observamos o emprego do termo no século XIX, percebemos o acréscimo de outros critérios morfológicos, como a forma do nariz, dos lábios, do queixo, do crânio e do ângulo facial, por exemplo, para aperfeiçoar a classificação da cor. Já no século XX, estudiosos da genética humana descobriram que havia no sangue o que chamaram de marcadores genéticos: grupos de sangue, algumas doenças hereditárias e outros fatores na hemoglobina eram encontrados com mais frequência em algumas raças, fator determinante para consagrar definitivamente a divisão da Humanidade em diferentes raças. No entanto, com os progressos realizados em diferentes campos da ciência biológica (genética humana, biologia molecular, bioquímica), pesquisadores concluíram que a raça não é uma realidade biológica, mas, sim, apenas um conceito, cientificamente inoperante, para explicar a diversidade humana e para dividi-la em raças. Isto é, a classificação da variabilidade humana em raças se mostrava sem fundamento, uma vez que não podia ser obtida pela simples consideração dos critérios morfológicos, nem pela simples comparação dos patrimônios genéticos das populações. Parte daí a ideia defendida por esses cientistas, incluindo o Nobel de Biologia, o francês François Jacob, negando biologicamente a existência de raças humanas com respaldo na genética.

Assim, o mais adequado, segundo esta visão, seria dizer que somos a espécie humana, ou *Homo sapiens* (homem sábio), na terminologia científico-biológica, constituída, neste início do século XXI, por cerca de sete bilhões de indivíduos, que formam um conjunto de seres capazes de procriar. A não validação genética do conceito de raça não quer dizer necessariamente que todos os indivíduos ou populações sejam geneticamente semelhantes. Seus patrimônios podem até ser diferentes, mas insuficientes para subdividir a espécie em raças. Esse discurso, coerente com o pressuposto biológico que nega a existência das raças, e cujo uso seria ideal na atualidade, por sua vez, ainda se mostra insuficiente para coibir os efeitos anteriores do uso do termo para hierarquizar as chamadas raças. Esta divisão da Humanidade em raças hierarquizadas desembocou na raciologia, uma teoria que ganhou muito espaço no início do século XX.

Segundo a ótica de Munanga (2004), apesar da máscara científica, a raciologia teve um papel mais doutrinário do que científico, pois seu discurso serviu mais para justificar e legitimar os sistemas de dominação racial do que como explicação da variabilidade humana. Se no século XV a diferença, explicada pela Igreja Católica, era usada para legitimar a escravidão dos povos "recém-descobertos", como mencionado anteriormente, no século XX, o conceito de raça, corroborado pela biologia, foi recuperado pelos tecidos sociais das populações ocidentais dominantes e, posteriormente, usados como base fundamental para os regimes nacionalistas nascentes, como o nazismo, legitimando as exterminações durante a Segunda Guerra Mundial. Como semelhança entre ambos os períodos, vimos, portanto, que a aplicação do termo "raça", seja em seu uso teológico, biológico ou ideológico, serviu para reforçar a relação de poder e dominação em diversas sociedades, em diferentes épocas. É com esta visão sobre a variabilidade da aplicação do termo que Hall (2013) vai chamar "raça" de significante flutuante. Cabe aqui lembrar que também falamos sobre raça e linguagem no capítulo 3.

O termo "significante" foi recuperado da linguística estrutural, cuja criação é atribuída ao linguista e filósofo suíço Ferdinand Saussure. Saussure usa o termo "signo linguístico" para designar a entidade global composta de significante (forma) e significado (ideia). Para Saussure, segundo Hall (2013), o signo é arbitrário, propriedade que permite afirmar que um significante não está "colado" a um significado correspondente, e isso possibilita que uma língua se transforme, passando por variação nos sons e sentidos. Partindo deste princípio e dialogando com uma perspectiva mais discursiva, Hall (2013) explica:

> A raça funciona como uma linguagem. E os significantes se referem a sistemas e conceitos da classificação de uma cultura, a suas práticas de produção de sentido. E essas coisas ganham sentido não por causa do que contêm em suas essências, mas por causa das relações mutáveis de diferença que estabelecem com outros conceitos e ideias num campo de significação. Esse sentido, por ser relacional e não essencial, nunca pode ser fixado definitivamente, mas está sujeito a um processo constante de redefinição e apropriação. Está sujeito a um processo de perda de velhos sentidos, apropriação, acúmulo e contração de novos sentidos; a um processo infindável de constante ressignificação, no propósito de sinalizar

coisas diferentes em diferentes culturas, formações históricas e momentos (HALL, 2013, p. 7).

Sob esta perspectiva, Munanga (2004) também nos convida a uma reflexão sobre a construção discursiva do termo "raça", no contexto global, como forma de enxergarmos as mais diversas formas interpretativas do seu emprego como um significante deslizante. Segundo o autor, críticos e teóricos nem sempre querem dizer a mesma coisa, nem tiram as mesmas conclusões quando estão falando sobre raça. O campo semântico de um termo pode mudar de uma língua ou de uma cultura para outra:

> O que é raça na cabeça de um antissemita?
> O que é raça na cabeça de um norte-americano, quando se sabe que uma pessoa loira daquele país que tem uma única gota de sangue africano é considerada como negra?
> O que é raça na cabeça de uma pessoa brasileira, quando o mesmo loiro americano que tem uma única gota de sangue africano é considerado como branco?
> O que é raça para uma pessoa mestiça brasileira, descendente de negros e brancos, que se assume como negra ou como branca?
> O que é raça para os indianos considerados como negros na Inglaterra e na África do Sul durante o regime de apartheid? (MUNANGA, 2010, p. 190).

Os conceitos de negro, branco e mestiço não significam a mesma coisa nos Estados Unidos, no Brasil, na África do Sul, na Inglaterra. Munanga (2010), como vimos anteriormente, classifica o conteúdo dessas palavras como etno-semântico, político-ideológico e não biológico. No entanto, devemos observar que, se para um geneticista contemporâneo ou um biólogo molecular, a raça não existe, apenas no imaginário e nas representações coletivas de diversas populações contemporâneas existem ainda raças fictícias e outras construídas a partir das diferenças fenotípicas, como a cor da pele e outros critérios morfológicos. O antropólogo salienta que "é a partir dessas raças fictícias ou 'raças sociais' que se reproduzem e se mantêm os racismos populares" (MUNANGA, 2004, p. 4). Além disso, a função de raça como significante, como lembra Hall

(2013), é constituir um sistema de equivalências entre natureza e cultura. Um exemplo concreto sobre esta associação, segundo Munanga (2004), é a raça ariana, cujos indivíduos a ela pertencentes estariam situados em algum lugar no norte da Europa, os chamados nórdicos. No entanto, os nórdicos como sinônimos de arianos não existem historicamente. É uma invenção que se tornou verdade, pois muitos acreditam em sua existência. Munanga (2004) ressalta que a raça ariana foi uma criação decorrente de especulação a partir das pesquisas comparativas no campo da linguística e da filologia, no século XVIII.

A história da "raça ariana" começa em 1788, com a pesquisa do filólogo inglês William Jones, quando descobre uma grande semelhança entre as línguas da Ásia e da Europa: o sânscrito, o inglês, o alemão, o celta, o grego e o latim. A partir dessa descoberta, os filólogos teriam classificado essas línguas numa única família linguística, que batizaram família "indo-germânica" ou "indo-europeia". Sucessivamente, alguns autores começaram a falar de raças indo-europeias, partindo das descobertas que, na época, colocavam na Ásia Central o berço dos povos que falavam essas línguas. Mais tarde, o filólogo Max Müller propôs a substituição dos compostos "indo-europeu" e "indo-germânico", que julgava pesados, pelo termo "ariano", mais "leve". Em seus próprios escritos, Max Müller começou a falar de "raça ariana", em vez de línguas arianas, e o conceito se espalhou, acompanhado de uma inferiorização das raças não "arianas" (MUNANGA, 2004).

A questão é que, como mencionamos anteriormente, já que aprendemos a classificar e agrupar as coisas no mundo à nossa volta, somos leitores das diferenças sociais. No entanto, a classificação das pessoas em nosso imaginário coletivo em uma sociedade racista é, na maioria das vezes, acompanhada de uma dose de hierarquização, como Munanga (2010) destaca em um trecho de uma conversa que teve com alunos na sala de aula sobre o fato de muitos negros não gostarem de ser chamados de negros:

> Conversando desse assunto na sala de aula com meus alunos e alunas, uma delas argumentou: "Mas, professor, os próprios negros não querem ser chamados de negros." Perguntei para ela como gostaria de ser chamada: pelo nome próprio ou pelo nome coletivo de "branca". Imaginem

a resposta! Por isso, chamo a atenção sobre uma confusão que devemos evitar entre a identificação de uma pessoa pela descrição de suas características físicas e a classificação dessa pessoa numa raça que define seu comportamento individual (MUNANGA, 2010, p. 190).

Sobretudo depois dos genocídios com base nas diferenças étnico--raciais da Segunda Guerra, houve um esforço de todos os cientistas de diversas áreas, como biólogos, sociólogos, antropólogos, "para sepultar a ideia de raça, desautorizando o seu uso como categoria científica" (GUIMARÃES, 2003, p. 95). No entanto, Munanga observa que o uso popular do conceito e também nas ciências sociais persiste ainda com esta iniciativa. Segundo Guimarães (2003), muitos cientistas sociais, embora concordem com as conclusões da atual biologia humana sobre a inexistência científica da raça e a inoperacionalidade do próprio conceito, justificam as "raças" como efeitos de discursos, isto é, como "construções sociais", e que devem ser estudadas por um ramo próprio da sociologia ou das ciências sociais, que trata das identidades sociais associadas aos discursos sobre origem e "sobre a transmissão de essências entre gerações" (GUIMARÃES, 2003, p. 95), além de uma categoria social de dominação e de exclusão, que, por sua vez, respalda a prática do racismo, conceito que veremos a seguir.

Fala Josélio Raymundo, diretor executivo da Aegea

Nasci no Rio de Janeiro, em São Gonçalo, fui muito novo para o Espírito Santo, com seis anos. **Meu pai era semianalfabeto, minha mãe também. Praticamente não tiveram condições de estudar.** Com 12 para 13 anos, lembro de ter sentido a necessidade de já escolher uma profissão, porque gostaria de ir um pouco além. Naquela época, no Espírito Santo, tinha **uma escola técnica federal, a única do Estado, e naquela idade pensava que era meu único caminho**. Isso porque, como criança pobre, não teria condições de estudar em colégio particular.

Me autodeclaro racialmente como negro. Isso foi durante bastante tempo complicado, sobretudo na minha adolescência. Era algo que não se falava. Basicamente sentia-se na pele. Eu evitava falar sobre o tema na família e na escola.

Meus pais são negros. O meu pai é preto com uma cor mais acentuada, e minha mãe, negra com uma cor menos acentuada. Minha família é bastante miscigenada. Meu pai casou três vezes e minha mãe, duas. Ao todo são sete irmãos, quatro por parte de mãe e três por parte de pai. Eu sou o mais novo. Do meu pai com minha mãe eu sou o único filho, mas tenho irmãos por parte de pai e mãe. **Tem uma questão de colorismo bem forte na família. São todos negros, mas um ou outro a nossa sociedade não vê como negro, porque isso está muito atrelado à cor da pele infelizmente.** Quando criança isso gerava muito desconforto.

Me faltaram referências profissionais negras. Lembro que as principais inspirações iniciais que tive vieram dos professores de matemática e português no ensino fundamental. Como a gente não tinha condições de bancar um preparatório para a escola técnica, esses professores ficavam até mais tarde para passar mais conteúdo e nos preparar. Eles foram referências.

Eu tenho um irmão mais velho por parte de mãe, 16 anos mais velho, que também me serviu como fonte inspiracional. Ele fez eletrotécnica e entrou na Petrobrás, que há 30 anos atrás era um sonho. Como engenheiro, hoje, dentro do meu segmento não me faltam referências.

É importante falar também do meu pai, porque, embora seja semianalfabeto, ele tinha uma visão de vida muito prática. **Eu não tive essa pressão para trabalhar porque ele me incentivava a estudar. Isso é uma coisa pouco comum entre meus amigos da época, cujo pai pressionava depois do curso técnico a ir imediatamente para o trabalho para complementar a renda da família.** O meu pai era uma pessoa muito simples na sua essência, mas sabia onde ele podia botar a sua mão. Sabia o que cabia ou não dentro do orçamento. Já havia essa pressão de ter que ir para a escola técnica, embora na época não sabia qual curso exatamente. Havia seis na época, divididos em duas áreas. De um lado eletrotécnica, mecânica e metalurgia. Do outro lado edificações, estradas e agrimensura. Minha escolha foi bem inusitada: tinha simpatia pelas duas áreas, mas no momento do concurso, peguei uma folha e pensei: "Deus, é com o senhor quiser!"

Poderia ir tanto para uma área quanto para a outra, então fiz um sorteio, coloquei os papeizinhos e saiu Edificações. Foi assim que escolhi minha profissão aos 13 anos.

Depois tive certeza de que queria fazer engenharia e tudo começou aí. Depois que eu entrei na escola técnica, vi que era a minoria. Normalmente, numa classe de 40 alunos, tinham dois ou três negros.

Como a escola técnica era respeitada, os alunos eram convidados pelos cursinhos a fazer pré-vestibulares. Fiz o pré-vestibular junto com o quarto ano. Em 1995, ingressei numa universidade federal, em Viçosa, e fui fazer engenharia civil.

Na universidade eu me tornei o único no curso de engenharia civil. Isso era algo que me incomodava bastante. Sei que fui premiado por um esforço pessoal, mas era um incômodo por não ver outras pessoas iguais a mim.

Passei cinco anos lá e foi uma separação da família. Por outro lado, tive um desenvolvimento pessoal muito forte, conheci pessoas do Brasil inteiro. Eu tinha bolsa de alimentação e bolsa de moradia. Meus pais não tinham como enviar e nem precisavam enviar dinheiro, porque eu conseguia me manter através das bolsas.

No primeiro ano, comecei a procurar estágio. Fui monitor de física para alunos de outros cursos, depois fiz dois anos de iniciação científica em geotécnica.

No último ano, uma empresa do interior de São Paulo estava recrutando 10 *trainees* para atuar na área de saneamento. Éramos 22 formandos, eu fui selecionado. Comecei a trabalhar perto de Ribeirão Preto, numa cidade chamada Serrana. Depois fui para Martinópolis, uma cidade próxima a Presidente Prudente.

A partir daí começou minha peregrinação por alguns locais do Brasil. **Eu tinha como objetivo pessoal ser um bom técnico, da área técnica mesmo. Não me via ainda como gestor.**

Oportunidade de curso de linguas, eu tive depois de ingressar na empresa. Hoje estou fazendo inglês. Antes de ingressar na Aegea, fiz uma especialização em engenharia sanitária na UFRJ. Eu senti a necessidade de buscar mais complementações nessa questão de saneamento básico. Quase fui pra Israel por causa de um fornecedor, mas por opção própria não fui. Depois iniciei um mestrado, mas tive que trancar por conta da companhia onde trabalhava.

No final de 2007, oito anos depois que me formei, surgiu um convite para ir a Campo Grande, no Mato Grosso do Sul. Cheguei lá como responsável pela distribuição, coordenador de operações para a distribuição de água na cidade. Dez meses depois houve uma mudança e fui chamado para ocupar um cargo gerencial, a gerência de operações da Águas de Guariroba. Eu vi aquilo com muito receio porque era um salto muito grande e eu não me imaginava preparado, não me via ainda naquela posição. Mas graças a Deus as coisas começaram a acontecer.

Fiquei nessa posição mais três anos e meio, até ser chamado para ser diretor executivo da primeira parceria público-privada, em Piracicaba, no interior paulista. Fui com um time de pessoas de Campo Grande para ajudar a montar essa empresa em Piracicaba. O escopo era universalizar o esgoto na cidade. Fiquei na região por três anos e depois retornei para Campo Grande como diretor executivo, em julho de 2017. O grupo decidiu criar uma regional Centro-Oeste e fui convidado para ser o diretor de operações responsável por 30 municípios.

Confesso que minha trajetória na Aegea de certa maneira me assustou. Eu vim de sete anos em uma empresa em que tive algumas promoções, mas não nesse nível de ir para uma gerência e depois para uma diretoria executiva. Foi algo que eu não estava preparado, no sentido de esperar por isso. Esse convite veio da liderança. Tanto o Hamilton, quanto o Radamés e o JJ foram pessoas que acreditaram e **viram em mim um potencial que nem eu enxergava. Eu não me via como um executivo, longe disso. Quando eles me chamaram foi um baque muito grande e um conflito interno.** Hoje eu teria que creditar a esses três a minha ascensão.

Eu fui submetido a uma mentoria com um profissional da área em Piracicaba, a Renata Passos que foi uma *coaching*. A Aegea é uma empresa simples e todo mundo tem acesso a todo mundo. Mesmo antes de assumir um cargo da diretoria, quando era gerente, eu tinha acesso ao Radamés que era o diretor de operações. O processo de *coaching* me ajudou bastante. Algumas perguntas e provocações fizeram com que eu buscasse os valores da empresa e isso me ajudava a chegar nos resultados.

Dentro da função que exerço quero inspirar e sensibilizar outros líderes a fazerem a diferença. Este é um dos meus próximos desafios profissionais como diretor e gestor de pessoas.

Se me perguntassem isso algum tempo atrás, eu não ia dizer a mesma coisa. A experiência na Aegea me ajudou a provar o contrário. **Eu não tenho como meta ser CEO, assim como nunca tive de ser gerente nem diretor, mas de ser um profissional melhor e dar resultado pra empresa. Isso é muito mais leve.**

Em alguns momentos da minha trajetória profissional, deixei de acreditar no meu potencial por ser negro. A trajetória do negro no Brasil tem a ausência de grandes referenciais. No meu caso eu tive professores e meu irmão, como mencionei. Mas, na minha época, não via médico, advogado ou diretor de empresa negro. O máximo que eu tinha como objetivo, a partir das minhas referências, era ser um bom técnico. **Ser um bom engenheiro era algo que não passava na minha cabeça. Quando trabalhei na empresa anterior também tive uma ascensão, mas não via uma liderança negra. Tenho certeza que por falta de referências você acaba não se imaginando naquela posição.**

Já me senti estagnado em outras oportunidades de trabalho que tive antes da Aegea. Na época eu nem tinha essa consciência racial, porque isso veio agora. Eu me via como um respeitado profissional de operações, mas hoje vejo que naquela época algumas promoções não aconteceram por causa da raça. Lembro também de um processo seletivo de um multinacional em que havia seis candidatos. O rapaz que estava disputando a vaga comigo era branco. Eu tenho certeza que naquela época fui cerceado pela cor da minha pele.

Hoje muitos paradigmas foram quebrados na minha cabeça. O relutar em aceitar um cargo de diretor executivo dentro da Aegea é um exemplo. **Talvez se fosse delegado para uma pessoa branca, teria havido menos resistência. Ela sempre almejou aquilo e eu não.** Eu tive esta oportunidade de ir para cargos de responsabilidade e exposição mesmo sem me sentir preparado. Essas coisas sempre mexiam na minha cabeça. Fazendo essa reflexão de 10 anos, vejo que a empresa acreditou em mim até mais que eu mesmo.

Quando penso em outras pessoas negras trabalhando comigo, vejo que a luta é para tirá-las das posições de exceção. Uma boa parte da minha vida foi sendo esta exceção. Na escola técnica éramos dois negros, na universidade, no trabalho, no corpo diretivo sou muitas vezes um dos únicos.

Uma criança negra de favela às vezes quer ser um segurança quando crescer. Isso não tem nenhum demérito, mas essa criança é vítima de falta de referências. Queremos estar próximos das pessoas e mostrar que é possível. A gente busca estar próximo dos potenciais através de conversas e da nossa experiência pessoal. Temos dado passos, mas não acontece da noite pro dia. Em breve esperamos ter outros Josélios.

Mais do que ligado à posição, eu quero e vou continuar me empenhando para que de alguma forma eu me torne uma referência para uma criança negra e alguém que esteja no chão de fábrica. Hoje em dia eu participo toda semana de reuniões com o CEO. Espero poder inspirar e incentivar pessoas a enxergar os desafios de outra ótica.

Na empresa, atualmente, o programa "Respeito dá o Tom na Aegea" tem a missão de trazer essa temática racial pra dentro da empresa. As pessoas que têm privilégio às vezes não se dão conta e elas não são culpadas por não serem submetidas a alguns questionamentos. É comum as pessoas falarem que não existe racismo e que isso é coisa da cabeça do negro e é um processo de vitimização. A gente espera que esse programa ganhe força por si próprio e não dependa do CEO Hamilton e nem do Josélio. Dessa forma podemos estruturar com parceiros como o ID_BR para que eles consigam nos ajudar com suas experiências. Ficamos sensibilizados com o *case* da Bayer. Uma vez que a gente consiga fazer com que essa engrenagem gire sozinha, nosso papel vai ter sido cumprido independente de quem esteja na frente.

Nosso programa tem três pilares: um de empregabilidade, um de desenvolvimento e outro de relacionamento. Desenvolvimento de quem já está dentro e das comunidades onde estamos inseridos, relacionamento com essas comunidades e os colaboradores fazendo o exercício de colocar os óculos do companheiro, e um de empregabilidade que na prática faz sensibilizar os gestores e o RH. **Não é uma corrida de cem metros, a gente está falando de uma maratona. Poder fazer outros negros poderem se ver na posição que estou hoje é um processo.**

Quando vamos na comunidade recrutar e esperamos um pouco mais no processo seletivo para selecionar negros, vemos que demos largos passos no pilar de empregabilidade. **No Brasil temos 55% de negros, entre**

pretos e pardos, que dia a gente vai estar satisfeito? Quando tivermos essa proporção representada na Aegea, não só no chão de fábrica, mas nos cargos de liderança, diretoria e gestão. Esse é o nosso foco principal, ter representatividade da população na empresa.

Ainda enfrento muitos preconceitos mesmo tendo um cargo de diretor executivo. **Eu moro em um condomínio e é comum a gente conversar com as pessoas e se apresentar. Inúmeras vezes as pessoas perguntam se eu sou militar. Nada contra ser militar, mas por que as pessoas não perguntam se sou médico, advogado ou engenheiro?** O racismo vem na cabeça delas de forma institucionalizada, sistematizada. Elas não veem a possibilidade do negro ser diretor executivo.

A gente vai em algumas reuniões com pessoas brancas, mas quando elas são apresentadas a mim não esperam que eu seja o diretor executivo. Às vezes só o negro se dá conta de que o racismo acontece porque é o olhar, às vezes é algo singelo, que necessariamente as pessoas não vão cometer uma injúria racial. O olhar já comete um crime todos os dias e o tempo todo.

Tem um caso na minha infância que me marcou muito. Eu lembro que quando tinha 10 anos e morava na Serra no Espírito Santo, minha tia morava em um bairro e minha mãe em outro. Minha tia comprou uma grade e uma pessoa foi levar na casa dela, e minha mãe pediu pra que eu fosse pra mostrar o caminho até a casa desta tia. Acompanhei o motorista, um homem branco, e nós passamos por outro caminho. Aquele dia foi um dos piores da minha vida. **O motorista foi altamente ofensivo, arrogante. O tempo todo me chamava de negro burro por eu não saber o caminho. Isso ainda é muito claro na minha mente. Várias pessoas rindo de mim enquanto ele me ofendia. Essa foi uma situação que me marcou muito como pessoa. Essa pessoa me carimbou e por muito tempo acreditei que não sabia das coisas.** Eu lembro que tinha um colega junto comigo no carro e fiquei extremamente envergonhado. Quando a gente parava pra perguntar, as pessoas que estavam nas casas riam porque ele falava: "tem esse negrinho burro aqui que não sabe onde é." Isso ficou forte na minha mente durante muito tempo. Como eu poderia saber com 10 anos a direção de um caminho em que nunca tinha ido de carro?

1.4 RACISMO NA MODERNIDADE

O racismo é teoricamente uma "ideologia essencialista" que se fundamenta na divisão sociológica da Humanidade em grandes grupos chamados raças, que têm características físicas hereditárias comuns e são hierarquizadas com base na relação intrínseca entre o físico e o moral, o físico e o intelecto, o físico e o cultural (MUNANGA, 2004). A produção ideológica de diferenças imaginárias entre as raças é que adquire importância explicativa de diversos fenômenos, incluindo o racismo (VIANA, 2009). O racista, nesta interpretação do termo, portanto, leria a raça no seu sentido sociológico, isto é, no seu imaginário, além de estar associada aos traços físicos visíveis de um grupo e relacionada a sua cultura, língua ou ainda religião, entre outros que ele considera naturalmente inferiores ao grupo ao qual pertence. No Brasil, por exemplo, segundo Viana (2009), o racismo surge num momento histórico da ascensão e desenvolvimento do capitalismo moderno: "A escravidão negra fornecia o elemento necessário para a emergência da ideologia racista e seu fundamento foi, no início, religioso e, posteriormente, racionalista com pretensões científicas e respaldava a inferioridade dos escravos e sua não humanidade."

No tocante a formas de justificar a submissão de indivíduos a sistemas como a escravidão, Munanga (2004) destaca que a origem do racismo científico é também relacionada à classificação, dita científica, derivada da observação dos caracteres físicos (cor da pele, traços morfológicos) associados a sua influência sobre os comportamentos dos povos. Carl Von Linné, também conhecido como Lineu, o mesmo naturalista sueco que fez a primeira classificação racial das plantas, como destacado anteriormente, teria feito, também, no século XVIII, a classificação racial humana, acompanhada de uma escala de valores para hierarquizar indivíduos de diferentes raças em superiores e inferiores, criando, assim, uma relação intrínseca entre as qualidades psicológicas, morais, intelectuais e culturais e seus traços morfológicos. Com efeito, na sua classificação da diversidade humana, Linné divide – de maneira tendenciosa, porquanto coloca os europeus como superiores – a espécie *Homo sapiens* em quatro raças: americano, africano, asiático e europeu, cujas variantes ainda sobrevivem no imaginário coletivo nos dias atuais:

Americano, que o próprio classificador descreve como moreno, colérico, cabeçudo, amante da liberdade, governado pelo hábito, tem corpo pintado. Asiático: amarelo, melancólico, governado pela opinião e pelos preconceitos, usa roupas largas. Africano: negro, fleugmático, astucioso, preguiçoso, negligente, governado pela vontade de seus chefes (despotismo), unta o corpo com óleo ou gordura, sua mulher tem vulva pendente e quando amamenta seus seios se tornam moles e alongados. Europeu: branco, sanguíneo, musculoso, engenhoso, inventivo, governado pelas leis, usa roupas apertadas (MUNANGA, 2004, p. 7).

Linné já fazia uso de um discurso que Munanga (2004) chama de racismo contemporâneo, ou sociológico. Esta forma de racismo é apontada por alguns historiadores e tem seu surgimento por volta de 1920. Este período, de acordo com Munanga (2004), foi marcado, nos Estados Unidos, por fortes tensões raciais, por causa da vigência da Lei Jim Crow, no Sul do país, separando os espaços que poderiam ser frequentados exclusivamente por brancos e os que poderiam ser frequentados por negros, e também pela reemergência da Ku Klux Klan, também conhecida como KKK, organização apoiadora da supremacia branca protestante sobre os negros. Cabe ressaltar que a ruptura do racismo baseado na vertente biológica, mencionada anteriormente, começa a se dar mais intensamente a partir de 1970, sobretudo graças aos progressos realizados nas ciências biológicas (genética humana, bioquímica, biologia molecular), que fizeram desacreditar na realidade científica da raça: não foi geneticamente comprovada a relação entre uma variável biológica e um caráter psicológico, aptidões intelectuais ou culturais.

Este período também é marcado pelo deslocamento semântico do racismo, que começava, então, a ser usado para nomear as novas formas de discriminação contra grupos sociais marginalizados, como mulheres, jovens, homossexuais, pobres, entre outros; ou seja, as construções sociais que levaram à construção da normatividade voltada aos homens, reforçando sua superioridade em relação às mulheres, às quais atribuem dons intelectuais e psicológicos inferiores. Isso tudo levou ao preconceito de sexo ou de gênero e resultou na ideologia machista, pauta de reivindicação dos movimentos feministas. Ou, ainda, no cerne do mesmo sexo, a leitura heteronormativa, isto é, que considera heterossexuais melhores e superiores aos homossexuais e que passaram a ser lidas como variantes do racismo, o qual, até então, possuía como foco a discriminação relacionada à cor da pele, de brancos (normativos) para negros, ou não brancos (não normativos), por exemplo.

Cabe lembrar que, ao longo da história, ficaram evidentes tentativas de deslocamento do eixo central do termo "racismo". Munanga (2004) observa que, a partir de 1948, com a implantação do *apartheid* na África do Sul, este foi oficialmente definido como um projeto político de desenvolvimento segregado, baseado no respeito das diferenças étnicas ou culturais dos povos sul-africanos. Observa-se, neste caso, a fundamentação do racismo, em nome do respeito às diferenças e da identidade cultural de cada povo. E ressalte-se sua semelhança com as políticas nos países da Europa Ocidental contra os imigrantes dos países árabes, africanos e outros, sobretudo aqueles oriundos das ex-colônias, a partir dos anos 1980. Esta nova abordagem relacionada ao racismo, pós-supressão das leis do *apartheid*, não é mais institucionalizada e explícita como aconteceu nos Estados Unidos, na África do Sul e nos países da Europa Ocidental. O racismo, em ambos os casos, pode ser interpretado como construído com base nas diferenças culturais e identitárias entre os povos. Munanga aponta que, neste novo cenário, racistas e antirracistas carregam a mesma bandeira, baseada no respeito das diferenças culturais e na construção de uma política multiculturalista, porém com propósitos distintos:

> Se, por um lado, [muitos grupos derivados do] movimento negro exige[m] o reconhecimento público de sua identidade para a construção de uma nova imagem positiva que possa lhes devolver, entre outros, a sua autoestima rasgada pela alienação racial, os partidos e movimentos de extrema direita, na Europa, reivindicam o mesmo respeito à cultura "ocidental" local como pretexto para viver separados dos imigrantes árabes, africanos e outros dos países não ocidentais (MUNANGA, 2004, p. 9).

A consciência política reivindicativa das vítimas do racismo, seja por grupos que interpretam o termo no seu sentido clássico, associado aos negros, ou mais abrangente, relacionados a grupos não dominantes nas sociedades contemporâneas, está cada vez mais crescente. Isto pode servir, segundo Munanga (2004), para argumentar que as práticas racistas ainda não recuaram, sobretudo quando levamos em conta o saldo acumulado e negativo de um racismo elaborado do fim do século XVIII aos meados do século XIX.

No entanto, Munanga (2010) reforça que **o uso popular e irrestrito do conceito de racismo, como qualquer atitude ou comportamento de rejeição, como vimos no tópico anterior, pode, por um lado, ajudar na denúncia de uma injustiça social ou, por outro, banalizá-lo, uma vez que é usado para explicar tudo.** Além disso, para o autor, enquanto o racismo clássico se alimenta na noção de raça, o racismo novo se alimentaria na noção de etnia, conceito que analisaremos a seguir. O que teria mudado, segundo Munanga (2004), na realidade, seriam os termos ou conceitos, mas o esquema ideológico que subentende a dominação e a exclusão teria permanecido intacto. Assim, **pouco adianta extinguir o uso do conceito de raça. Seria como deixar de falar de uma doença acreditando-se curá-la. Afinal, as vítimas de hoje são as mesmas de ontem e as raças de ontem são as etnias de hoje**, como veremos na seção 1.9.

Fala Thula Pires, professora da PUC-Rio

Sou preta. Minha mãe é negra de pele clara (avó materna negra de pele clara e avô materno negro de pele escura) e meu pai, de pele clara e cabelo crespo (avó paterna de pele clara e cabelo crespo e avô paterno branco). Tenho um irmão com mesma ascendência, um companheiro preto e uma filha preta. **Conheço pouco das histórias dos bisavôs e bisavós. Em termos raciais, no meu tronco materno a presença preta é mais marcante. No tronco paterno, a ascendência do meu avô foi branca e no de minha avó, o pai era branco, mas a mãe era negra.**

Estudei em escola privada a vida toda. Do jardim à universidade. Minha mãe é pedagoga e a educação formal sempre foi a prioridade em termos de gastos no orçamento da família, que foi de classe média baixa. Estudei em escolas privadas (Instituto Abel e PUC-Rio), embora a condição econômica fosse sempre muito distinta da dos colegas de classe. Fiz apenas um ano no CEFET-RJ, mas não concluí o curso técnico em mecânica.

Fiz curso de inglês ao longo do ensino fundamental/médio e francês durante a graduação, mas não tenho fluência em nenhuma das duas línguas. Nunca fiz intercâmbio, mas fiz um curso de curta duração (duas semanas) na UCLA [Universidade da Califórnia em Los Angeles] quando era aluna do doutorado, fruto de um programa entre a PUC-Rio e o *African American Policy Forum*.

Na época do vestibular queria ter feito Relações Internacionais (RI), mas não havia muitas opções no Rio (na época, só tinha esse curso no RJ na Estácio de Sá). Tentei vestibular para RI na UnB – Universidade de Brasília (a única pública na área naquele momento) e não passei. **No Rio, tentei os cursos que achava que poderiam ajudar para a prova do Instituto Rio Branco[9], de todos os cursos possíveis, o Direito me agradava mais. Passei para a PUC-Rio e comecei a cursar.** Antes da metade do curso já tinha desistido de RI e passei a me interessar pelas atividades de pesquisa no Direito. A escolha pela carreira acadêmica veio por isso. **No mais, a discrepância entre as normas escritas e as aplicações seletivas (pelo racismo, sexismo e heteronormatividade compulsória) na área me desanimavam muito a seguir o caminho da advocacia ou outro caminho corporativo. Ao final da graduação emendei no mestrado, comecei a dar aula, voltei para o doutorado e sigo nesse caminho.**

O meu engajamento com a questão racial foi tardio. **Não passa pela participação em um grupo específico, mas na atuação antirracista nos diversos espaços onde atuo. Dentro de sala de aula, nas pesquisas desenvolvidas, nas disputas curriculares, nos procedimentos administrativos, em todas as relações intersubjetivas e institucionais.** Não venho de uma história familiar de militância. O desconforto sempre esteve presente, mas só consegui nomeá-lo quando escrevi o projeto para a seleção do doutorado (ou seja, em 2008). Olhando retrospectivamente, vejo que muita coisa que já tinha feito/pensado passou a ganhar nomes novos, outras coisas realmente só foram compreendidas mais recentemente (nos últimos 10/15 anos).

---

9 Órgão do Ministério das Relações Exteriores responsável pelo curso de preparação à carreira de diplomata e pelos cursos de aperfeiçoamento de diplomatas no Brasil.

Hoje trabalho na PUC-Rio, instituição em que fiz graduação, mestrado e doutorado. Comecei a dar aula em outras Instituições de Ensino Superior (em 2003), fui professora substituta na UFRJ (2006/2007) e comecei a dar aula na PUC no ano de 2009. Internamente na PUC, depois de assumir gradativamente turmas a partir de 2009, comecei a exercer funções administrativas na coordenação de graduação a partir de 2011 e ingressei no quadro de professores efetivos no ano de 2013.

No corpo docente do curso de Direito, na graduação, só há um outro professor negro. No quadro de professores efetivos do Direito e que estão na pós-graduação, só eu. Na secretaria do Departamento de Direito há outr@s[10] funcionári@s negr@s, além d@s terceirizad@s que trabalham na limpeza.

Certamente enfrentei e enfronto preconceitos e situações nas quais meus marcadores identitários (de raça, gênero, classe, religião, etc.) definem os limites e possibilidades das relações que estabeleço. Mas, em todas essas ocasiões, os códigos de operação do racismo se deram de maneira evidente, mas não verbalizada oralmente através de um impedimento/restrição/ofensa. Isso dificulta a descrição dos exemplos para quem não sofre o racismo, mas oferece respostas satisfatórias para quem se forjou socialmente nesses mesmos termos.

Atualmente, no Departamento de Direito da PUC-Rio, **nunca tive dificuldade de ser colocada em cargo de maior exposição ao público, sendo uma das coordenadoras de graduação e representando o Departamento em diversas ocasiões, desde 2011. Isso não me impede de perceber a reação de muitas pessoas quando a representação do Departamento é feita por mim: no atendimento a alun@s e alguns responsáveis, nas formaturas, em Seminários, Congressos, etc.**

Não me sinto estagnada. Os procedimentos de progressão na carreira têm ocorrido. Há um ambiente de liberdade para trabalhar e de apoio institucional para os projetos apresentados. No entanto, fico ressentida de não ter tido ao longo da minha formação referências profissionais negras.

---

10 O caractere @ (latim *ad*, para, ou grego *ana*, por), indicativo de preço na escrita comercial medieval, símbolo da antiga medida de peso portuguesa "arroba", e usado em inglês moderno com o sentido de *at* (em, neste lugar), vem sendo usado em materiais antissexistas significando "o/a", "es/as" etc., ou seja, aglutinando as formas masculina e feminina na mesma palavra.

A instituição em que me formei e atuo teve a Lélia Gonzalez nos seus quadros, mas infelizmente o seu falecimento se deu antes de meu ingresso na graduação. Mas ela poderia ter sido essa referência se a Instituição tivesse conferido a ela a importância que ela tem para nós. Eu só fui saber que ela tinha sido professora e diretora do Departamento de Ciências Sociais da PUC-Rio quando eu estava no doutorado, e a valorização dela na PUC tem sido mobilizada pelos coletivos negros de alun@s e outros trabalhos pontuais. As referências negras na área do Direito têm sido construídas por um trabalho de ressignificação das ausências e do dever de apresentar às novas gerações os passos d@s que nos antecederam.

Me vejo auxiliando na retenção e desenvolvimento de outros profissionais negros atuando na pós-graduação estrito senso na área do Direito. Tenho um espaço privilegiado no acompanhamento da formação de nov@s professor@s negr@s, não só com @s que estão aqui diretamente, mas em bancas de defesa de dissertações e teses. A luta tem sido pela implementação de ações afirmativas na pós-graduação, no ingresso no magistério superior e nos concursos públicos nas áreas jurídicas.

Nos próximos anos, espero que não percamos tanto tempo "disputando premissas" e que a imbricação entre raça, gênero, classe e sexualidade possa atravessar a formação jurídica. Para isso, é fundamental que um número expressivo de pesquisador@s negr@s passe a disputar a agenda do Direito e que o Sistema de Justiça possa contar também com mais operador@s negr@s.

É preciso interferir na presença de corpos negros onde esses não costumam ser vistos e recentrar os pontos de partida de construção da própria área. Vou tentar fazer isso pela lente da *amefricanidade*[11], de Lélia Gonzalez, mas espero que outras possibilidades se juntem a essa. A diáspora negra tem muito a oferecer para os processos de repactuação dos termos de nossa democracia, para o funcionamento de nossas instituições e relações intersubjetivas antirracistas, antissexistas, anticlassistas, na qual a heteronormatividade não seja compulsória. E a acessibilidade, algo concreto e para que haja ruptura efetiva com a herança colonial.

---

11 Um processo histórico de intensa dinâmica cultural (resistência, acomodação, reinterpretação, criação de novas formas).

1.5 AUTO E HETEROIDENTIFICAÇÃO RACIAL

Apesar de ser uma questão que não será aprofundada neste livro, entendo que os termos "hetero" e "autoidentificação" necessitam de uma breve explicação, que pode servir para nortear e contextualizar a discussão sobre raça e etnia. Em minha pesquisa de mestrado e também no livro, o processo adotado foi o da **autoidentificação, isto é, o individuo define como deve se descrever racialmente. Este processo é semelhante aos executados pelo Censo do IBGE. Cabe destacar que, nos processos de seleção em algumas universidades atualmente, também é possível a heteroidentificação (identificação racial descrita por terceiros), combinada com a autoidentificação, para ajudar a evitar fraudes e garantir que recursos como reserva de vagas via cotas raciais sejam assegurados a quem tenha o fenótipo negro e não somente a ancestralidade, isto é, que seja afrodescendente**, como aponta Ikawa (2008):

> A identificação deve ocorrer primariamente pelo próprio indivíduo, no intuito de evitar identificações externas voltadas à discriminação negativa e de fortalecer o reconhecimento da diferença. Contudo, tendo em vista o grau mediano de mestiçagem (por fenótipo) e as incertezas por ela geradas — há um grau de consistência entre autoidentificação e identificação por terceiros no patamar de 79% —, essa identificação não precisa ser feita exclusivamente pelo próprio indivíduo. Para se coibir possíveis fraudes na identificação no que se refere à obtenção de benefícios e no intuito de delinear o direito à redistribuição da forma mais estreita possível [...], alguns mecanismos adicionais podem ser utilizados como: (1) a elaboração de formulários com múltiplas questões sobre a raça (para se averiguar a coerência da autoclassificação); (2) o requerimento de declarações assinadas; (3) o uso de entrevistas [...]; (4) a exigência de fotos; e (5) a formação de comitês posteriores à autoidentificação pelo candidato (IKAWA, 2008, p. 129-130).

Ricardo Lewandowski, como ministro do Superior Tribunal Federal, posicionou-se favorável à política de cotas étnico-raciais para seleção de estudantes da Universidade de Brasília (UnB)[12], caso ocorrido em 2012. Lewandowski defendeu que tanto a autoidentificação quanto a heteroidentificação, ou ainda ambos os sistemas de seleção combinados, desde que não deixem de respeitar a dignidade pessoal dos candidatos, são plenamente aceitáveis, do ponto de vista constitucional, para o reconhecimento e abertura de oportunidade para estudantes negros, visando à reparação de desigualdades históricas.

---

12 O parecer citado trata de um questionamento feito, através de Arguição de Descumprimento de Preceito Fundamental (ADPF 186 / DF), à constitucionalidade dos programas de ação afirmativa que estabelecem um sistema de reserva de vagas, com base em critério étnico-racial, para acesso ao ensino superior. O documento pode ser lido na íntegra em <http://www.stf.jus.br/arquivo/cms/noticianoticiastf/anexo/adpf186rl.pdf> (acessado em 20 set. 2018).

1.6 AÇÕES AFIRMATIVAS, RACISMO INSTITUCIONAL, INJÚRIA E DISCRIMINAÇÃO RACIAL

A definição de discriminação racial ou étnico-racial no Estatuto da Igualdade Racial (BRASIL, 2016) é "toda distinção, exclusão, restrição ou preferência baseada em raça, cor, descendência ou origem nacional ou étnica que tenha por objeto anular ou restringir o reconhecimento, gozo ou exercício, em igualdade de condições, de direitos humanos." Vale lembrar que a discriminação no âmbito deste documento governamental é negativa, pois é associada à exclusão dos indivíduos negros; no entanto, há também a chamada discriminação positiva, que se refere às ações afirmativas. Segundo o artigo 1º da Convenção para a Eliminação de todas as Formas de Discriminação Racial, da Organização das Nações Unidas, ações afirmativas são medidas especiais e concretas para assegurar como convier o desenvolvimento ou a "proteção de certos grupos raciais de indivíduos pertencentes a estes grupos, com o objetivo de garantir-lhes, em condições de igualdade, o pleno exercício dos direitos do homem e das liberdades fundamentais" (ONU, 1968).

No contexto brasileiro, **as ações afirmativas representariam a exigência de que o Estado, para além de garantir leis antissegregacionistas, viesse também a assumir uma postura ativa, intencional, através destas medidas transitórias e temporárias para a melhoria e equiparação das condições da população negra**.

A diferenciação dos conceitos também pode ser vista como uma forma de postura ativa no combate a práticas relacionadas ao racismo, e nos faz lembrar, mais uma vez, a importância de especificar as situações de uso do termo, ainda que a interpretação esteja aberta à subjetividade de quem sofre, testemunha e de quem julga.

De acordo com o Conselho Nacional de Justiça (CNJ)[13], os termos e aplicações para injúria racial e racismo são juridicamente distintos. **A injúria racial é referenciada no Código Penal brasileiro, e consiste em "ofender a honra do indivíduo a partir de elementos referentes à raça, cor, etnia, religião ou origem". Já o racismo, previsto na Lei nº 7.716/1989, abrange uma "coletividade indeterminada de indivíduos, trata-se da discriminação integral de uma raça", e é um crime inafiançável e imprescritível.**

---

13 A matéria pode ser lida em <http://www.cnj.jus.br/noticias/cnj/79571-conheca-a-diferenca-entre-racismo-e-injuria-racial> e a lei citada adiante está em <http://www.planalto.gov.br/ccivil_03/leis/L7716.htm> (acessadas em 20 set. 2018).

No caso do **racismo institucional**[14] **ou sistêmico, segundo Santos (2013), fica evidenciado quando mecanismos e estratégias presentes nas instituições públicas ou privadas, explícitos ou não, dificultam a presença dos negros nesses espaços, sem que se reconheçam as implicações raciais do processo.** Além disso, segundo o autor, "o racismo institucional gera hierarquias através de práticas profissionais rotineiras, ditas 'neutras' e universalistas, dentro de instituições públicas ou privadas que controlam espaços públicos, serviços ou imagens (lojas, bancos, supermercados, *shoppings*, empresas de segurança privada)". Neste aspecto, o acesso é dificultado, não somente por normas e regras escritas e visíveis, mas por obstáculos formais, presentes nas relações sociais que se reproduzem nos espaços institucionais privados e públicos. Na prática, são criados mecanismos seletivos, de maneira a privilegiar ou excluir massiva e sistematicamente, como, por exemplo: linguagens, procedimentos, documentos necessários, distâncias, custos, atitudes, entre outros que dificultam ou impedem a plena realização do direito e o atendimento às necessidades expressas (SANTOS, 2013).

De acordo com a cartilha *Racismo institucional: uma abordagem conceitual* (WERNECK, 2012), é possível visualizar a forma como o racismo estrutural provoca a desigualdade da renda e da riqueza, a partir do privilégio, especialmente dos homens brancos, em detrimento da população negra.

É necessário lembrar que existem, no contexto brasileiro, políticas e mecanismos de proteção social e órgãos governamentais correlatos que visam combater as desigualdades estruturais, tais como as políticas de promoção da igualdade racial para as mulheres, para a juventude, para os povos indígenas, de promoção de direitos humanos, de acesso à terra e de regularização fundiária, que não são aprofundados neste trabalho. Além disso, a própria cartilha mencionada acima aponta medidas e indicadores que podem ser usados no combate ao racismo sistêmico e seus desdobramentos intersecionais como, por exemplo, o treinamento de equipes para abordagem singularizada e enfrentamento ao racismo nas organizações.

---

14   O conceito de racismo institucional refere-se a políticas institucionais que, mesmo sem o suporte da teoria racista de intenção, produzem consequências desiguais para os membros das diferentes categorias raciais (REX, 1987, p. 185). Segundo Souza (2011), essa noção explica a operação pela qual uma dada sociedade internaliza a produção das desigualdades em suas instituições.

Quadro 5: Principais marcos legais, políticos e sociais da luta contra o racismo no Brasil

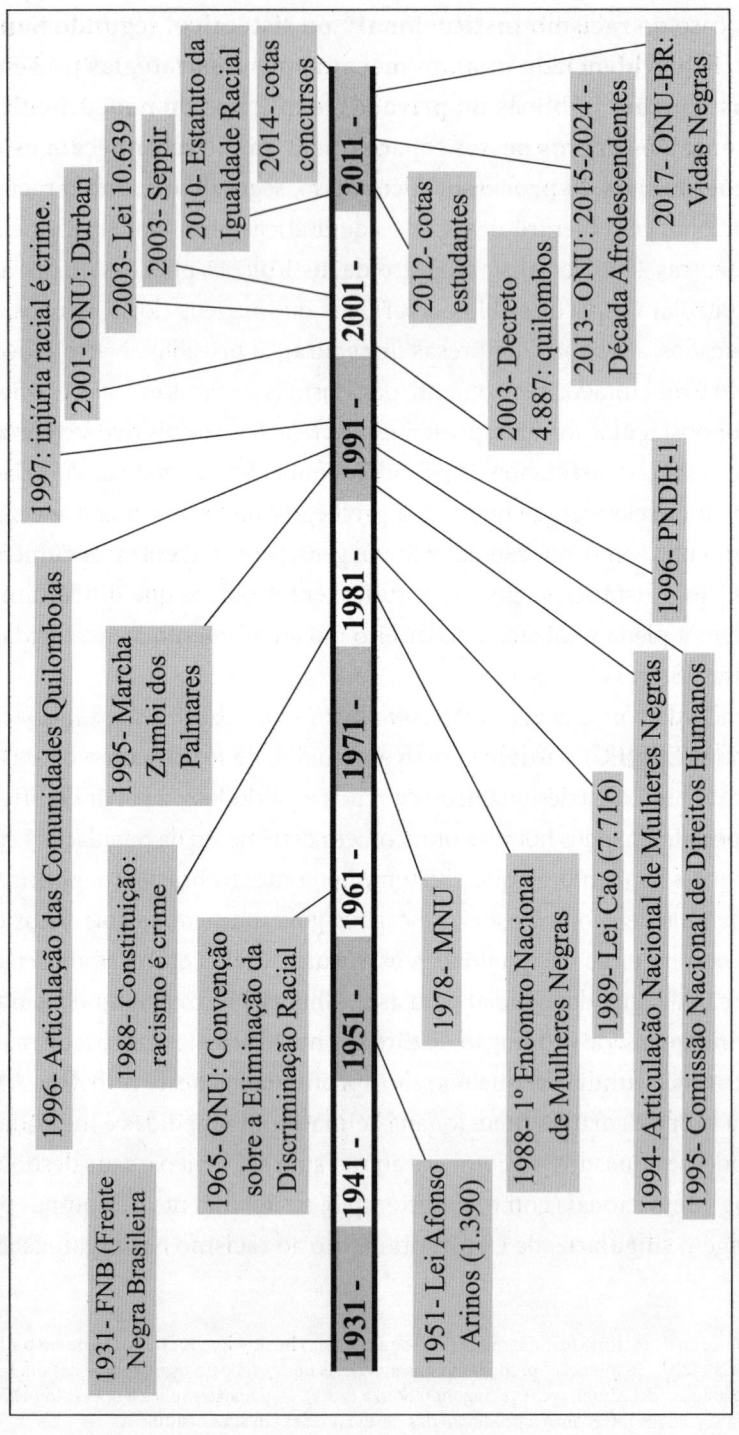

1931	FNB (Frente Negra Brasileira)
1951	Lei Afonso Arinos (1.390)
1965	ONU: Convenção sobre a Eliminação da Discriminação Racial
1978	MNU
1988	1º Encontro Nacional de Mulheres Negras
1988	Constituição: racismo é crime
1989	Lei Caó (7.716)
1994	Articulação Nacional de Mulheres Negras
1995	Marcha Zumbi dos Palmares
1995	Comissão Nacional de Direitos Humanos
1996	Articulação das Comunidades Quilombolas
1996	PNDH-1
1997	injúria racial é crime
2001	ONU: Durban
2003	Lei 10.639
2003	Seppir
2003	Decreto 4.887: quilombos
2010	Estatuto da Igualdade Racial
2012	cotas estudantes
2013	ONU: 2015-2024 - Década Afrodescendentes
2014	cotas concursos
2017	ONU-BR: Vidas Negras

Detalhes sobre leis, documentos e eventos podem ser obtidos em: <http://www2.camara.leg.br/>, <http://www.planalto.gov.br/ccivil_03>, <https://nacoesunidas.org/>, <http://www.seppir.gov.br/> e <https://www.geledes.org.br/>.

Fala Brawner Ramos, especialista da Aegea

Me autodeclaro preto, tenho 30 anos. Sou filho de pai e mãe pretos. Pai nascido de pais pretos, no Rio de Janeiro, e mãe preta, com pais pretos, natural de Abaeté em Minas Gerais. **Meu pai se formou no ensino médio com 23 anos. Pra ter uma ideia, com essa idade eu estava me formando na faculdade.** Ele se formou em Adminstração com 31 anos, já casado e pai de dois filhos. Minha mãe terminou o ensino médio com 45 anos, com muito esforço.

Eu escolhi Ciências Econômicas por acaso, tive uma boa base de ensino fundamental e médio. Com muito esforço financeiro e emocional de meus pais, me formei em Economia na PUC-Rio, para onde entrei através do Prouni. Iniciei minha trajetória na atual empresa em que estou, fui contratado como *trainee* no Rio de Janeiro. Passei assim por diversas áreas, cargo esse em que fiquei por dois anos, e me mudei pra São Paulo onde atualmente sou Especialista de Planejamento Financeiro, na mesma empresa de saneamento básico, e estou alocado há quase quatro anos. **Se cheguei onde cheguei hoje é graças aos meus pais.**

Sou formado em Economia. Estudei meu ensino médio no Colégio Estadual Professor Daltro Santos. Meu ensino superior foi na PUC-Rio. Nos últimos cinco anos, realizei um curso de Educação Executiva pela Saint Paul e não realizei cursos extras. Venho aprimorando meu **inglês** por conta própria e a muito custo pessoal. Possuo hoje um nivel satisfatório com espaço para melhora.

Sempre fui engajado e incomodado com o racismo, mas sem externalizar minha opinião por não ter o ambiente para isso. Hoje eu percebo que tudo o que falo não é absurdo.

Não existem outras pessoas negras trabalhando comigo. Sou o único negro (pelo **teste do pescoço**[15]) onde estou. Não posso afirmar com precisão onde eles estão, mas estruturalmente estão na base ou na direção (orgulhosamente temos dois diretores negros na empresa). Porém o maior *gap* está na **gerência média**, posição onde estou agora.

---

15 Teste relativo a contabilizar o numero de pessoas negras em um ambiente. O Instituto Geledés explica como é esse teste. Leia sobre ele em <https://www.geledes.org.br/existe-racismo-brasil-faca--o-teste-pescoco-e-descubra/>. Acesso em 6 out. 2018.

O negro tem o problema porque a cor dele chega primeiro. Não importa o que eu faça, eu tenho que ser duas vezes melhor com a metade das oportunidades.

Já sofri e sofro com preconceito racial inúmeras vezes, desde as **microagressões** diárias mascaradas de piadas. Por exemplo, já me disseram que, quando tomo café, estou fazendo uma reposição sanguínea. Ou ainda, quando estou de calça preta, que estou pelado; já me compararam a *memes* de *Whatsapp* ou, quando a tela do computador está preta ou apagada, que é minha foto. Tem também aqueles que categorizo como viés inconsciente ou assédio moral: quando dizem que sou um negro falso, exagerado, que é coisa da minha cabeça, dentre outras coisas.

Meu ex-chefe pratica aquilo que o professor Adilson Moreira chama de **racismo recreativo**. E ele, pela minha desenvoltura e por ameaçar a gerência média da empresa, me chamava de aprendiz dizendo que eu era um "gnu" e que eu tinha muito o que aprender ainda.

Então eu fui pesquisar na internet e não achei outra referência que não fosse o antílope africano.

E as feições do gnu, com seu rosto preto e afinado etc., podem lembrar as minhas feições estéticas. Não levei pra este lado. Ignorei. Porque, se a gente não ignorar, a gente não sobrevive né?! A gente não consegue crescer. Foi meio neste contexto. Então, pra todo mundo que eu falava ou se eu estava em uma rodinha, ele dizia que eu era um gnu. E isso não faz nem um ano. Por si só isso já é um absurdo e traz danos psíquicos enormes. Alguns diretores na empresa têm alguns tipo de vieses de grupo que proporcionam a perpetuação do racismo recreativo.

Este meu ex-chefe está mais contido por causa do programa de diversidade. Mas mesmo com o programa de diversidade há muita resistência.

Este ex-chefe criou muitos entraves para o início do programa de diversidade na empresa e, por conta disso, algumas áreas que respondiam para ele hoje não respondem mais. Mesmo assim, ele não quer participar do projeto, não vai em roda de conversa, não vai em nada.

Associado a estes episódios, já encontrei dificuldade de progressão; a avaliação de metas é o muro que impede a nós negros de crescer, sobretudo quando as metas são distorcidas, sem espaço para questionamento. Há um caso onde entreguei todas as minhas metas e o gestor avaliou como quis. Isso por si só não é uma analise isenta. O **viés estruturante** é sufocante demais.

Outra situação que me marcou muito foi quando eu trabalhava como *trainee* na Dominos Pizza do Flamengo, no Rio de Janeiro. Todos os dias eu saía tarde e pegava o ônibus 158, que faz o trajeto entre a Gávea e a Central, ou qualquer ônibus que fosse até a Central, para pegar a condução para Bangu, e em uma oportunidade o policiamento ostensivo ali na Zona Sul do Rio de Janeiro era sempre feito pelo mesmo carro por que era dividido por áreas. Então acaba tendo o mesmo policial passando várias vezes por onde você está. E comigo não foi diferente.

Eu já era *trainee* da loja por quase dois anos, então os policiais e tudo, que iam lá pedir pizza, já me conheciam e já tinham visto a minha cara; então, como um dos únicos negros ali naquela área, não tem como ser diferente. Eu estava saindo da loja uma vez às duas horas da manhã, aí o policial me abordou. Perguntou de onde eu estava vindo. Eu falei que estava voltando da loja, que eu era gerente da loja, aí ele me pediu o crachá. Expliquei que não tinha crachá e que lá na loja a identificação era ponto eletrônico. Até mostrei que estava com a chave da loja. Ai ele veio com um tipo de assédio moral, tirando a arma, mexendo na mochila, ou seja, se eu tenho algum tipo de postura inadequada ali, eu iria virar um **auto de resistência** porque eles estavam procurando um suspeito e eles revistaram meu funcionário que tinha saído um pouco antes de mim. Quando olhei pro portamalas do policial, tinha arma e drogas. Então você perde a referência. Não havia nenhuma testemunha ali.

Vira praxe, a gente é sempre o **suspeito**, e aquilo me deu um choque de realidade absurdo porque me mostrava que nada do que eu estudei, de onde eu me formei ou o meu cargo, não adiantavam, porque minha cor chega primeiro, inclusive até para falar de diversidade.

Além disso ainda tem a questão do **colorismo.** Vejo no ambiente de trabalho que quanto mais claro, maior o salário. Por quê? Trabalhamos com o que é parecido com a gente. Em um ambiente majoritariamente branco, mais brancos tendem a ser promovidos. E isso reproduz o viés de confiança e com isso a remuneração, independente da escolaridade ou trajetória. O que é diferente traz insegurança e medo. Logo, tende a ser mais difícil a promoção. Exceto em cargos públicos onde as regras estão claras (ou tentam parecer), as ascensões de negros e brancos tendem a ser correlacionadas, até os cargos onde não há indicação. Cargos com indicação tendem a sofrer com vieses, onde o que é parecido é promovido, o que não é, é o negro.

Posso citar como referência profissional a jornalista Flavia Oliveira, a qual eu lia na época de Negócios e Cia. do Globo. Me trazia uma gota de diversidade num oceano de **branquitude.**

Atualmente auxilio na retenção e desenvolvimento de outros profissionais negros através de conselhos e com uma **mentoria** informal. Só de não desistir e falar sempre sobre o tema já é uma forma de influenciar outros profissionais negros. Para que não haja apenas um negro formando dentre 50 outras pessoas. Para que haja cada vez mais negros e que eu não seja mais exceção.

Em um futuro próximo, me vejo bem sucedido, num mundo menos desigual. Me enxergo como alguém que tem mais responsabilidade, de não desistir e de ser um exemplo para os próximos.

1.7 RACISMO E INTERSECIONALIDADES

Ao analisar brevemente o conceito de intersecionalidade, é possível verificar o quanto ele auxilia um olhar aprofundado para a compreensão da amplitude dos desafios dos grupos raciais inferiorizados, vistos de forma integrada com outras manifestações de discriminação. Segundo a cartilha sobre racismo institucional mencionada anteriormente, na seção 1.5, a intersecionalidade "deve ser vista de dois modos complementares: como ideia ou conceito que traduz a interseção de racismo, sexismo e classismo, reconhecidos codeterminantes da subordinação; mas também como ideograma". **Interseção, de modo geral, me faz entender que há uma sobreposição de identidades.** O termo, neste sentido, reunirá as forças opressivas que limitam a vida das mulheres, no contexto brasileiro, sobretudo das negras em especial. A ilustração abaixo retrataria alguns destes eixos de subordinação atuantes na construção da inferiorização de algumas pessoas e do privilégio de outras.

Quadro 6: Diagrama da intersecionalidade entre campos de subordinação, segundo o modelo de Kimberlé Crenshaw

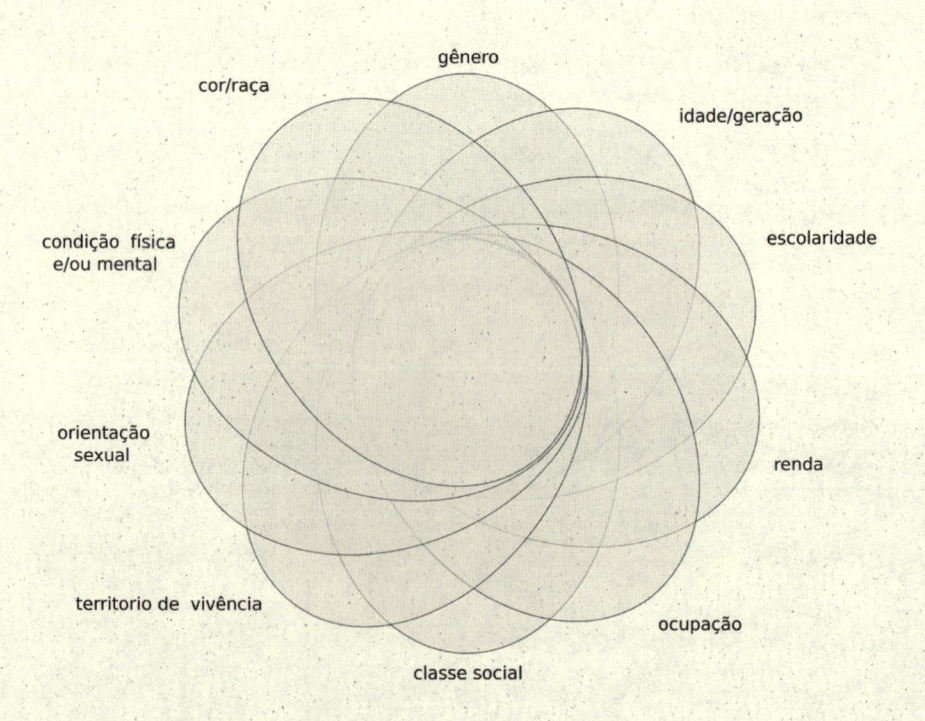

> Dividindo a população em vários conjuntos, cada um formado por todas as pessoas com uma determinada característica, o conjunto-interseção será formado pelas pessoas em que essas características se superpõem, somando seus efeitos de inferiorização ou privilégio.
> Fontes: Werneck (2012), Crenshaw (2018).

De acordo com o Quadro 6, baseado no modelo proposto por Kimberlé Crenshaw, para o **conceito de intersecionalidade, variáveis transversais de subordinação, além da racial, estão ativas em nossas sociedades, entre elas: de geração, dando a adultos melhores posições em relação a jovens e idosos; de condição física ou mental, em que pessoas com deficiências e pessoas com doenças crônicas enfrentam as maiores barreiras; ou ainda de situação territorial, que confere privilégios aos habitantes dos centros urbanos em detrimento das populações periféricas, rurais, ribeirinhas e da floresta**. Audre Lorde, feminista negra e lésbica, escreveu sobre sua visão a respeito das intersecionalidades, defendendo que não pode existir hierarquia de opressão, isto é, uma circunstância que se sobreponha à outra:

> Da minha participação em todos esses grupos, aprendi que opressão e intolerância de diferenças aparecem em todas as formas e sexos e cores e sexualidades — e que entre aquelas de nós que compartilham objetivos de libertação e um futuro viável para nossas crianças, não pode existir hierarquia de opressão. Eu aprendi que sexismo e heterossexismo surgem da mesma fonte do racismo (LORDE, 1983, p. 149).

Para Lorde (1983), é importante trazer sempre **a reflexão sobre as intersecionalidades quando estamos falando sobre racismo, para entender as nuances do fenômeno, e reforça que todos os tipos de opressão, apesar de suas particularidades, têm o mesmo peso negativo, em diferentes contextos.** Ainda sobre a opressão, Munanga (1990) aponta que a busca pelo fortalecimento identitário negro não está na divisão, mas, sim, na solidariedade:

> O negro tem problemas específicos que só ele sozinho pode resolver, embora possa contar com a solidariedade dos elementos conscientes da

sociedade. Entre seus problemas específicos, tem, entre outros, a sua alienação, seu complexo de inferioridade, falta de conscientização histórica e política etc. Graças à busca de sua identidade, que funcionaria como uma espécie de terapia de grupo, o negro poderá despojar-se do seu complexo de inferioridade e colocar-se em pé de igualdade com outros oprimidos, o que é uma condição preliminar para uma luta coletiva (MUNANGA, 1990, p. 7).

Neste aspecto, entendemos que, **apesar de não sentir na pele o racismo, cuja dor e consequências apenas podem ser sentidos pelos negros, a questão racial, em suas mais diversas interseções, pode contar com a empatia e solidariedade dos demais grupos, como aliados nesta discussão e em práticas para superação do racismo.**

1.8 ETNIA E O "POLITICAMENTE CORRETO"

Muitos de nós, ao ligarmos a TV ou vermos anúncios publicitários, percebemos que se fala, por exemplo, em moda étnica, objetos étnicos. Mas o que isto significaria? Lembro-me de estar em uma aula sobre Cultura de Moda, na pós-graduação, quando uma professora começou a falar sobre a tão famosa "moda étnica" e mencionou como exemplos a moda africana, a moda indiana, a moda peruana. Questionei o que ela entendia como moda étnica. Ela me disse que esta era uma pergunta muito difícil, mas que ela presume que é porque, nestas regiões que citou, haveria uma tradição engessada do uso de determinadas roupas, diferente de países ocidentais, sobretudo europeus, conhecidos por terem tornado as roupas objetos de desejo e consumo, introduzindo validade nas peças e feito das roupas a engrenagem de uma das maiores indústrias do mundo. Roupas como o sári indiano, por exemplo, teriam permanecido funcionais e não criam um ciclo de tendências que se modifique completamente num período determinado de tempo, diferente do sistema estabelecido pela moda ocidental. O curioso nesta observação é que muitos países da África têm semanas de moda, mas, segundo a professora, nem mesmo diante do fato de estarem alinhadas à indústria ocidental, estabelecendo ciclos para o uso de determinadas roupas, deixariam de ser tachadas como modas étnicas. Na continuação de nossa conversa, ela acrescentou que o étnico serviria para demarcar quem é o colonizador e quem é o colonizado. Colonizadores teriam, portanto, o direito de determinar quem é étnico a partir do seu olhar sobre o outro, o diferente, o colonizado.

Sei que esta pesquisa não é exatamente sobre moda, mas achei importante colocar um dos usos nativos da palavra "étnico", que fez parte da minha vida como modelo e estudante de Comunicação na época da graduação. É interessante notar seus mais diversos usos. Agora, com um olhar de pesquisadora no campo das relações étnico-raciais, vejo mais do que antes a necessidade de categorizar o uso do termo. É muito comum o uso de etnia associada à raça. Alguns pesquisadores são taxativos na diferenciação dos dois termos: **Se, de maneira geral, "a raça é constituída por semelhanças físicas, a etnia é constituída pela unidade cultural"** (VIANA, 2009, p. 19). No entanto, apesar de os autores salientarem que raça e etnia são "realidades distintas, conceitos distintos", é muito comum no Brasil a utilização do termo "etnia" em substituição a "raça", sobretudo por ser considerado mais politicamente correto na marcação da diferenciação entre pessoas, visto que o conceito de raça, como já foi dito, é refutado pelas ciências biológicas. Houve, ao longo da história, outros usos que associavam o termo "etnia" não somente à raça, mas também a outros tipos de categorizações coletivas distintas, como nação e classe, o que, segundo Viana (2009), esvazia o sentido histórico dos conceitos:

> Não se pode confundir etnia e classe, etnia e religião e com diversas outras coletividades. [No caso da relação] etnia e nação [...] só é possível [confundir] se o conceito de nação for esvaziado de seu conteúdo histórico (ela surge com o capitalismo e a formação dos estados-nações) e se deixarmos de lado que na maioria das nações não existe unidade cultural e sim pluralidade (de religião, línguas, tradições) e não existe homogeneidade e sim heterogeneidade (de valores, crenças, etc., que se vê, por exemplo, na divisão de classes) (VIANA, 2009, p. 19).

Por outro lado, esta colagem dos conceitos também pode ser justificável de certa forma, pois, em alguns casos, diversas etnias "africanas", por exemplo, eram compostas por apenas uma raça. Segundo Viana (2009), isto era possível, pois algumas etnias constituíam sociedades autossuficientes sem relações mercantis e, por conseguinte, sem grandes necessidades de contatos culturais, o que permitiu a reprodução da mesma herança fenotípica. Por conseguinte, toda etnia é composta por apenas uma raça. Porém, ao inverter a correlação, uma raça pode constituir uma diversidade de etnias, se considerarmos, por exemplo, raça como associada a cor de pele. O continente africano era habitado quase que exclusivamente por pessoas de raça negra, que, no entanto, se dividia em diversas etnias. Para evitar a banalização do conceito de etnia, Viana prefere trabalhar com a noção como "uma coletividade (sociedade ou comunidade) de indivíduos que são de um mesmo território e que possuem uma unidade e homogeneidade cultural (mesma língua, religião, valores etc.), e uma identidade coletiva de pertencimento a esta etnia" (VIANA, 2009, p.19).

Confesso que eu mesma, como pesquisadora, em um passado recente, ficava reticente quanto ao uso da palavra "raça", visto esta ser uma categoria invalidada por geneticistas; por isso, optava por etnias para descrever as divisões sociológicas da Humanidade. Hoje, uso raça alinhada à visão de Munanga (2004), que também defende a continuidade do uso e diferenciação do termo "etnia". Ele aponta que a maioria dos pesquisadores brasileiros atuantes na área das relações raciais e interétnicas recorrem, com mais frequência, ao conceito de raça, não mais para afirmar sua realidade biológica, mas sim para explicar o racismo, na medida em que este fenômeno sociológico continua a se basear em crença das raças hierarquizadas, raças fictícias, mas ainda resistentes nas representações mentais e no imaginário coletivo de todos os povos e sociedades contemporâneas (MUNANGA, 2004). Assim como Viana (2009), o antropólogo é categórico na diferenciação dos termos e suas aplicações, que servem de base para este estudo: o da raça é morfo-biológica e a da etnia é sociocultural, histórica e psicológica (MUNANGA, 2010). **Um conjunto populacional dito de raça "branca", "negra" ou "amarela" pode conter em seu seio diversas etnias. Uma etnia é, portanto, seguindo a visão do autor, um conjunto de indivíduos que, histórica ou mitologicamente, têm um ancestral ou língua em comum, uma mesma religião ou cosmovisão, uma mesma cultura, ou moram geograficamente num mesmo território.**

Enquanto eu morava nos Estados Unidos, observava classificações étnico-raciais dos indivíduos, sobretudo os não brancos: afro-americanos, ásio-americanos, americanos nativos, e minha interpretação era de que a cor da pele ou traços físicos eram diretamente relacionados com a origem continental dos indivíduos. Outra curiosidade que vi de perto era a regra de uma gota de sangue usada para avaliar quem era ou não negro. Isto é, independente do tom da pele, se o indivíduo tivesse ascendente afro--americano em sua família, assim ele seria considerado. O mais difícil, para mim, foi tentar aplicar o termo de maneira semelhante no Brasil. Quais seriam, então, as nossas etnias? Deveriam ser atreladas aos povos nativos, como os diversos povos indígenas que temos e imigrantes que chegaram ao Brasil como negros, europeus e asiáticos? Ou ainda por indivíduos pertencentes a diferentes regiões: nortistas, nordestinos, sudestinos e sulistas? Ou não teríamos etnias e seríamos todos brasileiros assimilados graças à ideologia de unificação nacional proposta durante o governo Vargas, nos anos 1930. É interessante que, ao observar brevemente práticas étnicas em distintos países, como Brasil e Estados Unidos, Colette Guillaumin (*apud* GUIMARÃES, 2003) afirma que a "etnia" e os conceitos de raça e racismo são produtos da modernidade, marcada pela expansão do sistema capitalista. A meu ver, observamos, nesta chamada "modernidade", sobretudo o processo de colonização, que intensificou o contato entre diferentes povos, o processo de trocas culturais e a imigração, hoje reforçados pela globalização e novas tecnologias. Na prática, resultou em diferentes formas de organização social e de sistemas de representação em diferentes espaços. Segundo Fanon (2008, p.170), para o negro, a colonização ajudou a sedimentar formas de organização, mas também traumas coletivos para povos colonizados, como menciona no caso dos antilhanos:

> Ora, acabamos de ver que o sentimento de inferioridade é antilhano. Não é um antilhano que apresenta a estrutura do neurótico, mas todos os antilhanos. A sociedade antilhana é uma sociedade neurótica, uma sociedade "comparação". Então passamos do indivíduo à estrutura social. Se há um vício, ele não está na "alma" do indivíduo e sim na "alma" do meio (FANON, 2008, p. 177).

Em relação às formas de organização em diferentes países no período pós-colonial, é possível dizer que, se a diversidade étnica do Brasil foi refutada pelo discurso assimilacionista e unificador que transformava os indivíduos de diferentes origens em brasileiros, como vimos anteriormente, a diversidade racial parece ter sido por muito tempo incentivada. Sabemos que o conceito de raça no Brasil também já teve diversas leituras e interpretações que, diferente dos Estados Unidos, passaram pelo tom de pele dos indivíduos, como ocorreu na Pesquisa Nacional por Amostra de Domicílios, a PNAD, de 1976. Esta pesquisa, ao compilar as respostas ao quesito de declaração livre, revelou 135 termos distintos de identificação racial (ROCHA, 2005), como vimos no item 1.1. Numa leitura crítica, é possível também ler esta falta de definição sobre qual das opções adotar oficial e consensualmente. Há várias definições e aplicações práticas e restritas aos termos "raça" e "etnia" como uma consequência direta do mito de democracia racial, que, na visão de muitos estudiosos das ciências humanas, ajuda a mascarar as desigualdades e segregações raciais existentes no país.

Ao analisarmos os empreendimentos coloniais portugueses e franceses, que opuseram práticas de "assimilação" e de "segregação", ou modelos de celebração das diferenças étnicas, de um lado e a universalidade da experiência humana, de outro, procura-se entender, ao mesmo tempo, a unidade do humano e a diversidade da linguagem, do significado e da identidade. O assimilacionismo no Brasil justificaria, por exemplo, a observação de Viana (2009), de que um negro brasileiro possui muito mais afinidade cultural com um branco e um "amarelo" brasileiros do que com um negro africano ou norte-americano, embora o racismo e a origem territorial comum criem certa identidade entre eles.

No entanto, cabe também ressaltar que Viana (2009) reforça que, **mesmo entre os negros brasileiros, existem diferenças culturais grandes, dependendo da região em que moram, abrindo margem para ratificar que, no Brasil, possivelmente, as etnias estejam mais relacionadas à localização geográfica dos indivíduos. Ainda sobre a etnia relacionada ao lugar, Guimarães (2003) observa que existem vários outros tipos de discursos que são também sobre lugares: "lugares geográficos de origem — 'a minha Bahia, o meu Amazonas, a minha Itália' —, aquele lugar de onde se veio e que permite a nossa identificação com um grupo enorme de pessoas"** (GUIMARÃES, 2003, p. 96).

Outros pontos importantes a serem analisados sobre etnia são os termos a ele correlatos, como o etnocentrismo, por exemplo, que está fundamentado no desenvolvimento de preconceitos étnicos ou culturais, que manifestam tendência em valorizar uma cultura, visão do mundo, religião, entre outras, e em menosprezar as de outras etnias consideradas inferiores. Ainda neste mesmo campo semântico, há o etnicismo, usado com sentido semelhante para descrever o mesmo fenômeno de hierarquização baseada em aspectos socioculturais que estão na base do que as mídias chamam de tribalismo (MUNANGA, 2010). Em relação à aplicabilidade do termo em relação às etnias do continente africano, Munanga lembra que os territórios geográficos da quase totalidade das etnias e nações africanas foram desfeitos e redistribuídos entre territórios coloniais durante a Conferência de Berlim (1884-1885). O antropólogo aponta esta como uma das razões pelas quais o mapa geopolítico da África atual difere totalmente do mapa geopolítico pré-colonial. Os antigos territórios étnicos são hoje divididos entre diversos países africanos herdados da colonização. Entre alguns dos exemplos que cita, estão o antigo território da etnia iorubá, que se encontra dividido, hoje, entre as Repúblicas de Nigéria, Togo e Benin; e o antigo território da etnia kongo, que é hoje dividido entre as Repúblicas de Angola, Congo-Kinshasa e Congo-Brazzaville.

Há ainda outros exemplos de divisões étnicas em países com mais de uma comunidade linguística e que falam mais de uma língua nacional, como o Canadá, a Bélgica, a Suíça, a Espanha e a grande maioria dos países africanos. Nestes países, já existiram ou ainda existem preconceitos linguísticos que já desencadearam conflitos etnolinguísticos e tentativas de separação, nos casos conhecidos da Espanha, da Bélgica e do Canadá. Na Espanha, os bascos ainda lutam pela separação e os catalães querem sua autonomia e o reconhecimento de sua língua como oficial regional. No Canadá, os quebequenses querem também sua autonomia política, com base na diferença linguística e cultural. As diferenças étnicas também aconteceram entre nações. Algumas se consideram superiores, em especial as nações ocidentais que colonizaram os países da África e da América. A discriminação étnica levada em um nível nacional pode ser apontada como uma das fomentadoras de ideologias, como o nazismo alemão, no século XX, que quis dominar as outras nações europeias à sua volta. Dessa forma, a lista das diferenças pode ser indefinidamente ampliada para mostrar os inúmeros preconceitos nas sociedades humanas. Munanga (2010) ressalta que "os preconceitos são universais, pois não existe sociedade sem preconceito e não há preconceito sem sociedade" (MUNANGA, 2010, p.176).

Apesar de serem construídos e vistos como necessários à sociedade como formas de assimilação do mundo, Munanga (2010) defende que os preconceitos não devem ser naturalizados, pois são fenômenos culturais produzidos pela sociedade na qual têm certa função de valorizar a cultura, a língua, a religião, a visão do mundo e outros valores de um grupo, de sua comunidade, de sua etnia, de sua nação, em detrimento de outro(s), bem como criar valores de pertencimento, adesão, unidade, solidariedade e identidade. Estes valores podem ser interpretados como valores positivos do etnocentrismo, conceito que, nas ciências sociais, pode ser visto como "a dificuldade de pensarmos a diferença; no plano afetivo, como sentimentos de estranheza, medo, hostilidade etc." (ROCHA, 1994, p. 7) e que garantem a sobrevivência de um grupo. Por outro lado, o fechamento radical em torno de "nós", os semelhantes, em relação aos "outros", os diferentes, pode levar à intolerância e aos mecanismos de discriminação, que resultam em desigualdades e conflitos sociais, como lembra Munanga:

> Os preconceitos de classe, religião, gênero, sexo, idade, nacionalidade, "raça", etnia, cultura, língua são apenas atitudes, às vezes afetivas, que existem na cabeça das pessoas ou grupos de pessoas, introduzidas por meio dos mecanismos educativos. Invisíveis e incomensuráveis, essas atitudes são traduzidas em opiniões verbalizadas. Podem levar indivíduos e grupos a evitar os "outros", porque não confiam neles ou têm medo deles. Vistos deste ângulo, os preconceitos possuem em germe as condições necessárias ao nascimento da discriminação (MUNANGA, 2010, p.177).

A questão que prevalece é se a discriminação resulta necessariamente da diferença. Ou, ainda, saber como ela nasce: pelo medo do que não é igual ou familiar, ou por uma educação refratária em relação ao outro. Munanga (2010) observa que, no caso de muitos imigrantes africanos e árabes na Europa, por exemplo, com a assimilação gradativa da cultura na qual decidiram se inserir, passam a falar o idioma local, e assemelhar-se socialmente com os nativos, tornando possível, assim, a competição no mercado de trabalho, bandeira esta usada por muitos partidos políticos, sobretudo de extrema direita, em alguns países europeus que fomentam preconceitos contra o "outro". Para ilustrar o exemplo de um julgamento preconceituoso a partir de uma escala de valores decorrente da hierarquização, o antropólogo usa a citação de Albert Jacquard e J. M. Poissenot, marcada pelo olhar de inferioridade e pela sensação de ameaça em relação ao outro:

> São todos negros, ou amarelos, ou brancos. Muito altos ou pequenos; seus cabelos crespos ou lisos cheiram mal; coisa nada surpreendente, em vista do que comem. Que alimento! Quase cru ou muito cozido, muito

apimentado ou sem gosto, intragável, enjoativo. E quanto ao comportamento? Definitivamente são insuportáveis. Como sou uma pessoa de natureza boa e tolerante, estarei pronto a tratá-los como iguais; todavia, sou também obrigado a desconfiar deles, já que são ameaçadores... Quando aparentam o contrário, são hipócritas (JACQUARD; POISSENOT, *apud* MUNANGA, 2010, p. 190).

Segundo Viana (2009), esta ideologia segregacionista se fortalece e se expande em momentos de crise; neste caso, poderia ser exemplificada pela maior competição na questão dos imigrantes ilegais na Europa, oriundos de ex-colônias, que vemos nos dias atuais, pois ainda, segundo os autores, neste momento, torna-se interessante para a classe dominante criar um "inimigo imaginário" (ou "bode expiatório", como dizem os psicólogos) para desviar a atenção das verdadeiras determinações da crise (VIANA, 2009, p.14). Para Munanga (2010), em função desse olhar, julgamos os indivíduos em nome do grupo a que pertence; uma pessoa pode sumariamente ser condenada ou promovida: "ele é inglês, logo é..."; "ele é marroquino, logo é..."; "ele é negro, logo é..."; "ela é mulher, logo é...". É a partir da passagem do pensamento preconceituoso, como o citado, a uma ação observável, e às vezes mensurável, que se constitui a ação discriminatória. As discriminações têm diversas maneiras de se expressar: evitação, rejeição verbal (piada, brincadeira e injúria), agressão ou violência física, segregação especial e tratamento desigual. O comportamento discriminatório, portanto, no sentido restrito do termo, "é a ação praticada quando a igualdade de tratamento é negada a uma pessoa ou grupo de pessoas em razão de sua origem econômica, sexual, religiosa, étnica, racial, linguística, nacional, entre outros" (MUNANGA, 2010, p. 178). Ainda segundo o antropólogo, as pessoas discriminadas se recusam a frequentar os espaços físicos frequentados pelas pessoas de mesma origem do discriminador.

Outro modo de a discriminação se expressar ou se materializar seria, sob esta ótica, quando homossexuais, mulheres, pessoas com deficiência ou pessoas idosas são impedidas de ocupar um posto numa empresa privada ou numa repartição pública; fala-se, então, do racismo institucional, diferente do que acontece nas relações interpessoais. Como no caso de eleitores que votam ou deixam de votar numa candidata com boa proposta política pelo fato de ela pertencer a uma religião, a uma classe operária, ao sexo feminino, à raça negra ou a todos os fatores juntos. Além disso, piadas ou brincadeiras de mau gosto em relação às pessoas dos grupos considerados "diferentes" são muitas vezes formas de discriminação, e acabam, geralmente, consideradas como normais e aceitas até pelas pessoas discriminadas.

Fala Adriana Barbosa, presidente do Instituto Feira Preta

Sou negra. Tenho 40 anos. Na minha família, minha mãe, pai, avó e bisavó são negros, no entanto a minha bisavó é descendente de indígenas.

Sempre estudei em escolas do governo, em âmbito municipal e estadual. Fiz curso de inglês na adolescência. Sou formada em gestão de eventos com especialização em gestão cultural pelo Centro de Estudos Latino--Americanos sobre Cultura e Comunicação (CELACC) da ECA – USP. Cursei anteriormente *marketing* e abandonei a faculdade por **não conseguir bancar os meus estudos**. Só depois de alguns anos eu decidi voltar a estudar para ter uma compreensão maior do meu trabalho na Feira Preta.

Atualmente estou como presidente do Instituto Feira Preta e sócia da produtora cultural Feira Preta. Idealizei a Feira Preta, que completou 15 anos em 2016.

Em 2012, por conta do empreendimento, fui uma das primeiras representantes da América Latina a participar do Fellow no Programa Global Women's Leadership Network (GWLN), Women Leader's for the World Program – Santa Clara University – San Francisco, e também participei do Fórum Social Mundial – Senegal – Dakar, Fevereiro /2011. Entre outros. Por conta das crescentes ações de mobilização internacional da Feira Preta, voltarei a fazer inglês e espanhol.

Minha atuação profissional começou em 1995, na área de Comunicação, com trabalhos nas emissoras de rádio Gazeta e Jovem Pan. No final da década de 90 surgiu em São Paulo a Gravadora Trama, que trazia como propósito dar voz a artistas da cena *underground*. Parte do *casting* eram artistas negros do cenário do Hip Hop, do Samba, do Soul. E eu, como uma apaixonada pela música negra, consegui realizar o meu primeiro sonho ao entrar para o time de divulgadores da Trama, depois de ficar ligando insistentemente durante alguns meses para o Tadeu, um amigo e na época diretor da gravadora. Foi o meu primeiro sonho realizado, por lá fiquei mais um tempo apresentando os trabalho dos artistas.

Na época, a minha referência era um diretor, um homem negro super-reconhecido pelo mercado de música. Um dos pouquíssimos negros que ocupou um cargo de liderança nas principais gravadoras do Brasil. Com ele aprendi muito sobre estratégias de divulgação. Outros profissionais que me inspiraram muito também foram os artistas Leci Brandão e Jairzão (dois artistas da gravadora), que mantinham uma firmeza nas estratégias de divulgação de suas obras e uma humildade ímpar no trato com as pessoas. Afinal, eu trabalhava em um ambiente de artistas, onde o deslumbre era presente. Depois que saí da Trama, eu atuei em produtora de TV, produzindo equipes de gravação.

Meu pai trabalhou na Rádio Jovem Pan durante uns 35 anos e a minha mãe passou pela TV Cultura e pela rádio Jovem Pan também, assim como a minha irmã, que também trabalhou nas Rádios Gazeta e Jovem Pan. Meu pai, minhas tias irmãs do meu pai e a minha irmã são sambistas.

De uma certa forma, essas experiências da minha família me influenciaram, mas não predeterminaram as minhas escolhas.

Há 16 anos, percebi que, enquanto a economia brasileira se desenvolvia, também se desenvolvia o poder do **"Black Money"** por aqui, que é o dinheiro produzido por negros e negras e que circula entre negros e negras. Apostei em uma ideia bastante óbvia, mas que ainda não tinha sido devidamente trabalhada: um empreendimento econômico-cultural com caráter **étnico**. Com pouco mais de 20 anos de idade, criei a maior feira de cultura negra da América Latina, a Feira Preta, que é o espelho vivo das tendências afro-contemporâneas do mercado e das artes, além de ser um espaço de valorização de iniciativas afro-empreendedoras de diversos segmentos.

Foi a necessidade que me levou a empreender. Em 2002, desempregada, me juntei a uma amiga e comecei a vender as minhas peças de roupas, e de conhecidos, que estavam encostadas no armário. A seleção foi tão boa que, em pouco tempo, vi o estoque crescer a ponto de virar um brechó itinerante. De feira em feira, vendi peças com uma pequena margem de lucro, que me permitia juntar um dinheirinho e ainda reinvestir na compra de outros produtos usados. Eu percorri todas as feiras alternativas de São Paulo, até o dia em que fui vítima de um arrastão que levou embora quase todo o meu estoque, e, com ele, grande parte do meu investimento. Em meio à angústia da perda, de modo inesperado, nasceu a ideia que mudaria para sempre a minha vida. O meu desejo era trazer nossa cultura e nossa personalidade para o espaço das feiras. **Produtos para pessoas negras, produzidos por pessoas negras**. Assim nasceu a Feira Preta, um evento criado para celebrar e divulgar os costumes e tradições da população afro-brasileira, e para fomentar negócios de empreendedores da comunidade negra. Além de acreditar na importância da representatividade, a feira também tem por objetivo suprir uma lacuna no fornecimento de produtos para um nicho de mercado muito grande e pouco explorado.

Negras e negros são mais da metade da população brasileira. Isso representa um potencial de mercado enorme, que não estava recebendo a atenção das marcas. Em 2013 a minha filha nasceu e eu decidi voltar para o corporativo depois de 13 anos empreendendo.

Nos anos de 2014 a 2016 atuei na gravadora Trama como coordenadora de investimento social privado, desenvolvendo e implementando a estratégia de doações e patrocínios para projetos sociais, culturais e esportivos da Fundação Via Varejo, braço de responsabilidade social da Casas Bahia e Ponto Frio. Foi uma experiência bastante enriquecedora, pois até então eu estive no mercado à procura de patrocínios para a Feira Preta e de repente eu estava na Via Varejo mapeando, ajudando na escolha dos projetos para serem patrocinados e apoiando a sua implementação.

Fui uma das poucas colaboradoras em uma empresa multinacional em cargo de liderança, e em muitas ocasiões me deparei com alguns olhares de surpresa, e em outras com olhares de admiração e inspiração. Nessa empresa, além de colocar a minha forma de trabalho, aportei o meu capital social que acumulei na Feira Preta.

Creio que pude também trazer um olhar de raça para a filantropia e patrocínios aos projetos. E tive a oportunidade de ajudar a viabilizar alguns projetos como o Museu do Samba do Centro Cultural Cartola[16],

---

16 O Centro Cultural Cartola fica no bairro da Mangueira, na cidade do Rio de Janeiro-RJ; Capão Redondo é um distrito do município de São Paulo-SP.

o Festival Quebrando a Banca com o *show* dos Racionais no Capão Redondo, com o patrocínio da marca Casas Bahia, além do Bloco Muzenza em Salvador-BA.

Enfrentei algumas dificuldades nos ambientes corporativos como colaboradora. Uma vez fui barrada na porta de entrada da minha sala, sendo que eu ia todos os dias para a empresa. **Naquele dia eu esqueci o meu cartão e o segurança me barrou,** mas percebi que fui a única a ser barrada frente aos outros colaboradores não negros que não precisaram nem apresentar o crachá, e na própria Feira Preta em processos de negociação de patrocínio. Já cheguei a entrar na sala e a pessoa da empresa perguntar onde estava Adriana. Já passei por situações constrangedoras por ser jovem, negra e mulher. Até hoje algumas pessoas me chamam de menina.

Mas não cheguei a me sentir estagnada em termos de **progressão da minha carreira**. Em todos os trabalhos recebi promoção; no último, na Via Varejo, se não tivesse pedido para sair, eu talvez hoje fosse a gerente da Fundação, cheguei a ser sondada pela minha antiga chefe. Seria a primeira gerente negra na história da Fundação. Entre as referências profissionais que penso estão: Guiné na Fundação Tide Setubal, Bel Santos, Jurema Werneck, psicóloga, Beatriz Ramos, entre outros.

Atualmente, participo de algumas redes de igualdade racial, também fora da Feira Preta. Fui criada em uma família só de mulheres, no bairro da Saúde, na Zona Sul de São Paulo, tive a construção da minha identidade pautada, principalmente, durante a infância, através dos ensinamentos da minha bisavó, avó e mãe. Mas foi na adolescência que percebi que era diferente de todas as crianças com quem estudava e, durante esse período de descobertas, diversos questionamentos pairaram sobre a minha cabeça. Todos esses questionamentos fizeram com que eu me fechasse em um mundo de militância política negra, a ponto de não me envolver com outras etnias. Eu ainda jovem queria mesmo era me tornar uma Black Panther brasileira.

A minha avó, quando veio para São Paulo, com 12 para 13 anos, foi trabalhar em uma casa de família como **empregada doméstica**, e foi nessa família que ela trabalhou e ficou durante toda a sua vida, mais de 70 anos. Ela e minha bisavó eram de Barretos, no interior de São Paulo.

Faz uns 10 anos que ela parou de trabalhar. O que significa que ela cresceu, ficou jovem, adulta e envelheceu nessa família. Eles nos ajudaram a nos desenvolver financeiramente e, por conta dessa relação, essa família ajudou a minha avó a comprar uma casa em uma região de classe média, classe média-alta. Então éramos pobres, mas em uma região boa, e como a única referência de família negra na rua. Isso foi o que deu o tom para o meu crescimento, porque nas escolas em que eu estudava, eu não estudava em escola particular, só em escola de ensino público. Mas, por ser em uma região mais central, então fui me descobrindo, fui formando a minha identidade, dentro desse ambiente, dentro desse cenário, criando formas de sobrevivência, para burlar um pouco a questão do preconceito racial que tinha.

Eu fui sacar a questão do preconceito racial, adolescente, mas eu sacava algumas coisas, alguns sinais **dos meninos não se interessarem em mim**, **de nas festinhas eu não ser puxada pra dançar.** Só que nisso, fui me destacando, eu era boa aluna, fui vice-presidente de grêmio, tudo quanto era coisa que a escola fazia eu estava presente, as festas juninas, enfim. E aí, quando descobri que eu era negra eu fiquei xiita. Então, eu só conseguia absorver a cultura afro-americana, através dos filmes do cinesta Spyke Lee e das músicas, estilo *black music*. Eu assistia Black Panthers, Malcom X, assistia aos filmes revolucionários da década de 70, 80 e absorvia muito essa cultura afro-americana, porque eu nasci em 77. E, aí, eu passei uma época muito dentro de um gueto, do gueto da negritude e da militância, então, eu ia para as reuniões dos movimentos negros que existiam na época, eu ficava mais dentro desse ambiente. Nisso eu tinha 16, 17, 18 anos. Eu vim de um começo no qual **eu não me enxergava como negra**, aí, eu me descobri negra quando eu vi que eu era diferente, sobretudo dentro daquele ambiente, estando inserida só dentro de um meio, de uma segmentação, e foi por isso, até, que eu acho que veio a Feira Preta.

A Feira Preta foi um empreendimento criado por mim e pela Deise Moyses, que é um dos primeiros negócios de impacto social no Brasil focado em raça e que deu o tom em minha vida. Através dele, desenvolvi a minha identidade e deu a chance de eu conhecer um mundo de possibilidades em que pudesse crescer e pudesse abrir um espaço para que a cultura negra fosse mostrada e preservada, dentro de um espaço de empreendedores, público, expositores e artistas.

Através da Feira pudemos criar inúmeras formas de empreendedorismo da cultura negra, assim como disseminou o conhecimento dessa cultura e me deu a oportunidade de mostrar para outros povos o resultado do meu trabalho e a importância da questão negra dentro de um país como o Brasil, que apesar de ser maioria, ainda enfrenta um racismo puramente enraizado em suas matrizes culturais, econômicas e sociais.

Com a Feira Preta, consigo também incluir negros em toda a cadeia de produção do evento. E desde 2016 criei junto com a Mozana uma metodologia para tratar de **diversidade de uma forma aprofundada e que possa ser transversal a diversos temas**. O evento tem um modelo de gestão diferenciado. Temos outras microempresas que colaboram na concepção e operação. *Designer*, jornalistas, produtoras, entre outras. E o modelo de gestão é participativo, colaborativo e em processo de cocriação. Todo mundo coloca as suas competências e habilidades no mesmo nível, com tomada de decisão e corresponsabilidade.

Já conseguimos levar a Feira Preta para o Leste Europeu, África, Estados Unidos, Colômbia, e ainda conseguimos capacitações para que o projeto fosse levado adiante, além de ter sido parte da formação do meu caráter e intelecto. Eu e a Feira Preta somos praticamente um só.

Meu plano no futuro é equilibrar a minha vida profissional com a pessoal, principalmente porque quero acompanhar o crescimento da minha filha. É preciso ter equilíbrio. Passei muitos anos sendo Adriana da Feira Preta. Com disciplina procuro cada vez mais ser Adriana Barbosa. Ter qualidade de vida enquanto empreendedora social. E profissionalmente eu desejo muito ver a Feira Preta em todo o Brasil e também fora do país, internacionalizada e se relacionando na diáspora. Nos próximos três anos o meu foco é o programa de aceleração da Feira Preta, que foca no desenvolvimento de **afro-empreendedores**.

1.9 O NEGRO E A SUA CONDIÇÃO HISTÓRICA NO BRASIL

De maneira correlata à discussão sobre etnia, cabe analisar, ainda, as expressões "cultura negra", "cultura branca" e "cultura amarela". Com alguns exemplos pessoais, ilustro aqui uma vivência pela qual passei por ser mulher negra. Quando fui modelo de passarela, recebi de um convidado um pedido no meio de um evento: "Samba aí, preta". Considero, pelo fato de desconhecer o indivíduo, que ele fez a associação entre a minha raça/cor da pele e minha habilidade de dançar samba. Também já ouvi de agentes que não iria muito longe na carreira, pois eu tinha um corpo de mulher negra, e que seria curvilíneo demais em relação às modelos "mais retas", com padrão europeu e de maior sucesso no meio. Ou ainda diziam que eu deveria ter tentado ser corredora, por ser semelhante a uma queniana, e afirmavam, veementemente, que a habilidade de correr estava no meu sangue. Estes são alguns exemplos que podem exemplificar a colagem, isto é, a relação intrínseca entre raça e biologia e raça e cultura. Nota-se que, neste relato, as pessoas que dialogaram comigo pareciam acreditar que a raça negra produzia culturas, hábitos e morfologias específicas, "da mesma maneira que as mangueiras produzem mangas, [...] os negros produzem cultura negra, os brancos, cultura branca, os amarelos, cultura amarela, e os índios produzem a cultura indígena" (MUNANGA, 2010, p. 196). Sob esta ótica, segundo Munanga, os negros teriam a musicalidade e o ritmo no sangue, enquanto os brancos teriam a ciência e a tecnologia no sangue. Estas teorias, sustentadas dentro e fora do meio acadêmico, continuam sendo um limitante de projeções dos indivíduos nas sociedades, ainda nos dias de hoje:

> Muitos cidadãos brancos e negros introjetaram e naturalizaram essas crenças que em muito influenciam suas atitudes e seus comportamentos. Imagine-se um brasileiro, uma brasileira de ascendência japonesa, dono ou dona de uma escola de música popular, de uma escola de samba! Imagine-se um negro ou uma negra, dono ou dona de uma oficina autoelétrica! Uns e outros poderiam ser excelentes profissionais naquilo que se propuseram a fazer, mas ambos poderiam ser vítimas de preconceitos raciais e, consequentemente, não receber a clientela esperada, porque os dois ramos de atividades foram biologizados ou racializados. Do negro não se espera um especialista no domínio da autoeletricidade, espera-se

um sambista! Do japonês, não se espera um sambista, espera-se um autoeletricista (MUNANGA, 2010, p. 197).

Neste mesmo sentido, Munanga (2010) aponta que a criminalidade foi racializada ou biologizada, apesar de, geneticamente, não ter sido comprovada a relação entre uma variável física e um caráter psicológico, ou seja, entre a "raça" ou morfologia dos corpos e o comportamento dos indivíduos. Alguns estudiosos da área da psiquiatria estabeleceram relações intrínsecas entre a criminalidade e certos tipos de pessoas que apresentam determinadas características morfológicas. O primeiro laboratório de identificação criminal com base nas medidas do corpo humano foi fundado pelo criminologista francês Alphonse Bertillon, em 1870, criando a antropometria judicial, conhecida como "sistema Bertillon", um método de identificação adotado rapidamente em toda a Europa e Estados Unidos, e utilizado até 1970. No Brasil, no século XIX, o médico psiquiatra Raimundo Nina Rodrigues sempre fez a correlação entre a criminalidade e a "raça" negra, não por motivo de ordem socioeconômica, mas por questões puramente somáticas. Nina Rodrigues correlacionou a frequência e a superioridade estatística do negro brasileiro na criminalidade com a sua herança genética, em vez de buscar a explicação na sua condição social e histórica.

Já no século XXI, no Rio de Janeiro, houve a implementação da Lei nº 6.717/2014,[17] também conhecida como a "Lei do Boné", que proíbe o uso do boné escondendo o rosto em lugares públicos. No comércio do Rio, essa lei tem sido discutida, devido à questão de alguns militantes enxergarem correlação entre criminalidade e perfil físico. A medida tem justificativa embasada na tentativa de facilitar a identificação de assaltantes, que fariam o uso frequente deste tipo de chapéu para esconder seus rostos das câmeras de segurança. Por outro lado, alguns líderes dos movimentos de *rap* e *hip-hop*, que defendem o uso do adereço, advogam que a lei é dis-

---

17 A lei do Estado do Rio de Janeiro que "Proíbe o ingresso ou permanência de pessoas utilizando capacete ou qualquer tipo de cobertura que oculte a face, nos estabelecimentos comerciais, públicos ou abertos ao público", pode ser lida na íntegra em <http://alerjln1.alerj.rj.gov.br/CONTLEI.NSF/e9589b9aabd9cac8032564fe0065abb4/2ab427269d1b1aa083257ca1005fd694?OpenDocument> (acessada em 20 set. 2018).

criminatória, alegando que a grande parte dos usuários de boné seriam negros e/ou moradores da periferia. Desta forma, a lei teria como alvo a cor dos usuários e não o boné em si. Munanga (2010) observa que, muitas vezes, na interpretação das estatísticas, cria-se uma relação de elação e causalidade por não levarem em consideração a condição social na qual vivem determinados grupos sociais:

> Se, estatisticamente, o número de negros presos nos Estados Unidos é proporcionalmente superior ao número de brancos presos, a correlação entre a cor e a criminalidade não é a causalidade [...] É compreensível que na sociedade brasileira haja mais judeus e árabes no comércio de tecidos, mais portugueses na padaria e mais negros na música. A explicação não está no "sangue" do judeu, do árabe, do português e do negro. Está na condição histórica e social de cada um deles, enquanto grupos. Visto desse ângulo, quando se fala da cultura negra no Brasil, não se deve fazer a correlação entre essa cultura e a herança genética do negro (MUNANGA, 2010, p. 202).

A condição social e histórica deve ser levada em consideração para justificar a produção das estatísticas, como observa Munanga (2010). O negro, como grupo, por sua condição social e não genética, produzir, por exemplo, um certo tipo de música, de culinária, ou de literatura ou mesmo na area da saúde, seria considerado natural; assim como, comparativamente, os eurodescendentes no sul do Brasil produzirem outros tipos de música, de culinária e de dança. Minha mãe afirma ter adquirido hipertensão pela condição social à qual foi submetida, e não por ser negra. Neste ponto, podemos pensar que até os dados que nos chegam prontos relativos à saúde da populacão negra podem ser questionados. Condições genéticas ou condições sociais? Alguns quenianos são corredores, por sua condição social e não genética. Sob esta ótica, se tivessem mais estruturas de piscinas, veríamos, por exemplo, mais nadadores entre os quenianos. Já DuBois (*apud* HALL, 2013, p. 7) chama esta experiência compartilhada e familiarizada entre as "raças" de ancestralidade em comum, porque, segundo o autor, **os negros "têm uma história em comum, sofreram um mesmo desastre e têm uma**

única e longa memória de desastre". Porque a cor, embora pouco significativa em si, seria um importante "distintivo da herança social da escravidão, da disseminação e do insulto dessa experiência".

Podemos perceber que **o que se sabe das experiências compartilhadas e construídas em função da condição social ou histórica dos grupos raciais é muito influenciado pela frequência e em quais contextos temos contato com elas, tornando-as mais familiares ou exóticas.** Estes dois termos são analisados pelo antropólogo Gilberto Velho (1981) como marcadores das relações de semelhança e diferença, respectivamente. Os meios de comunicação, segundo Velho, são apontados como executores de um forte papel na demarcação do que será conhecido ou desconhecido do público ao qual se direcionam, a partir da frequência na qual veiculam determinadas imagens e mensagens. Deste modo, **um público que é exposto, frequentemente, a determinadas imagens, por exemplo, teria mais probabilidade de encontrar relações de semelhança com este conteúdo, enquanto outras referências que forem veiculadas com menos frequência tenderiam a ser vistas com certo distanciamento, e com maior diferença,** uma vez que são menos conhecidas deste público, transpondo até mesmo barreiras geográficas:

> A comunicação de massa – jornal, revista, rádio, televisão, traz fatos, notícias de regiões e grupos espacialmente distantes, mas que podem se tornar familiares pela frequência e intensidade com que aparecem. Basta pensar, por exemplo, no jet-set internacional e nos artistas de Hollywood como grupos com que um gigantesco número de indivíduos desenvolve certa familiaridade, sabendo detalhes mais ou menos verdadeiros a respeito de suas vidas, famílias, roupas, preferências etc. Por outro lado, recebemos com maior ou menor frequência notícias e imagens de lugares tradicionalmente definidos como exóticos – Índia, África etc. Há, sem dúvida, cenários e grupos dentro do próprio país ou até dentro da própria cidade de que muitas vezes nem ouvimos falar, que não são temas dos órgãos de comunicação de massa, às vezes por censura, muitas vezes por simples desconhecimento (VELHO, 1981, p. 132).

Ainda no intuito de fazer dialogar a análise sobre ancestralidade racial de DuBois com o estudo de Gilberto Velho sobre repertórios humanos, familiaridade e exotismo, podemos ressaltar que, mesmo que as experiências sociais compartilhadas entre grupos raciais sejam semelhantes ou limitadas, "suas combinações são suficientemente variadas para criar surpresas e abrir abismos, por mais familiares que indivíduos e situações possam parecer" (VELHO, 1981, p. 129). Isto é, **as trajetórias individuais são únicas, ainda que a raça e/ou a etnia possam ser limitadores, filtros das experiências na sociedade.** Daí a importância, como ressalta Munanga (2010), e a urgência de um outro modelo de educação e modelo corporativo baseado na diversidade e uma pedagogia multiculturalista que enfatize o respeito e a convivência pacífica e igualitária das diferenças, salientando a pluralidade da sociedade, na qual gêneros, "raças", etnias, classes, religiões, sexos, apesar de se sobreporem nas relações sociais cotidianamente, não devem ser limitantes da experiência do indivíduo.

Fala Vera Espirito Santo, doméstica

Sou negra. Estudei até a terceira série primária. Eu morava na Zona Sul [do Rio de Janeiro] e nasci no Hospital Miguel Couto e cresci na Praia do Pinto. Essa época foi muito boa, não tenho o que reclamar. A gente se divertia com pouco.

Eu tinha treze anos de idade e tacaram fogo lá na Praia do Pinto. O prefeito não queria preto e pobre no meio do Leblon. Era de madrugada e subiu um fogo de gasolina. A gente teve que sair. O povo não queria sair dali... Acabamos tendo que ir morar na Cidade de Deus.

Na época, a família ficou triste porque ninguém queria sair da Praia do Pinto. O trabalho era perto, tinha praia, mercado, pracinha. As madames ficavam muito compadecidas com a gente, quando chovia enchia e elas davam as coisas. Nós estávamos amparados ali. Não tinha nem tanto negócio de assalto assim, quando eu era criança não ouvia falar disso.

Quando fomos jogados na Cidade de Deus, lembro, era uma luta chegar na Gávea de Jacarepaguá, mas a gente vinha. Minha mãe continuou trabalhando e minha avó ficou doente, depois eu vim trabalhar em Ipanema e Leblon.

Minha avó era carioca e era muito trabalhadeira e eu tenho muito dela. Aquela avó muito presente, animada e divertida. Ela também trabalhava em casa de família. Levava a gente pra estudar e a gente fazia as coisas pros patrões dela e ganhava um dinheirinho. Minha mãe também era doméstica.

Eu trabalho em casa de família com muito orgulho. Com nove anos de idade comecei a fazer umas coisas, levava um na escola, olhava o filho de um e o filho de outro, limpava a casa, areava uma panela. Já ajudava a comprar um arroz e feijão. Quando você vê tá fazendo tudo na casa e tá craque. Hoje você pede pros filhos fazerem alguma coisa e eles dizem que tá explorando. Explorando não! Tá aprendendo. Eu não tive a chance de estudar. Se eu não soubesse fazer isso ia viver de quê? É melhor do que estar fazendo coisa errada. Infelizmente a gente precisa de dinheiro pra sobreviver. A minha mãe me botava pra fazer mesmo. Eu não estudei, foi o que sobrou pra mim. Eu sei lavar, passar e cozinhar. As pessoas dizem que é fácil, mas não tem nada fácil.

Eu não tenho conta ainda, a minha patroa tá sempre falando que vai fazer, mas ela fica de férias e tem que viajar. Mas nós, domésticas, tivemos um salto muito bom. Tem até contracheque. Desde quando doméstica tem contracheque? Eu tenho faz cinco anos. Recebo décimo terceiro e tudo direitinho. Antigamente não tinha nada. Eu pagava tudo por fora como autônoma.

Comecei trabalhando em hotel-residência, muito bom também. Foi bom pra ganhar experiência. Quando fui trabalhar lá no hotel na Barra, ele tinha acabado de ser construído e nós arrumamos. Botamos ele impecável. Isso já tem um tempo. Lá eu era arrumadeira. Se eu estivesse até hoje lá, eu só não seria gerente porque não estudei, mas talvez uma governanta.

Na escola, eu só ficava repetindo de ano por falta de estrutura. Depois que minha mãe largou o meu pai a família ficou muito desestruturada. O meu padrasto, que Deus o tenha, era um irresponsável e não estava nem aí. Eu precisava de dinheiro porque sem ele a gente não dá um passo. Eu fui formar família cedo. Tive o primeiro filho cedo. Você pensa que vai melhorar, mas aí vê que não melhorou nada. Fui colocando os pés pelas mãos. Eu tinha que pagar aluguel... Eu falava que não podia ficar velha sem casa e ela me deu um dinheiro pra comprar uma casa em Niterói e eu comprei em Nilópolis. Era muito longe. Saí do hotel-residência e fui pra Cidade de Deus de novo. Saí desse emprego pra comprar uma casa. Eu voltei pra doméstica porque faxina ganha mais. O dinheiro vem na mão.

Sempre sofri preconceito. **Eu falo pros meus netos que eles podem fazer 10 faculdades e falar muitas línguas, mas eles são negros e ponto. É negro, acabou. Pode chegar num lugar impecável... a gente sente... O branco não trata o negro bem, acha que a gente só pode trabalhar pra ter cesta básica. Dão pra gente só cesta básica.**

Sinto que minhas filhas se esforçaram para estudar pra ter um trabalho melhor... Minhas netas não quiseram nada com o estudo, mas trabalham. Quem tá na luta sabe o sacrifício que é para ter as coisas. Pra quem tem estudo tá difícil, e pra quem não tem, mais difícil ainda. **Estamos na luta pra ver se conseguimos uma recompensa dignamente, sem matar, sem roubar e sem enganar ninguém.**

Se pudesse hoje ter outra profissão, seria professora. Mesmo se os professores não são respeitados pelos alunos, nem pelo governo e nem por ninguém. Mas é muito bom ensinar o pouco que a gente sabe. Eu gosto. Acho uma arte bonita. Eu seria. Eu já sou um pouco. Quando eu chego a sentar a mão é porque já passou do limite.

2
RAÇA NA MÍDIA: REPETIÇÕES E MUDANÇAS?

> **Zezé**: "[...] como a senhora falou bonito [...]"
> **Carminha**: "Gostou? [...] Então, repete [...]"
> [Zezé parece confusa e permanece calada]
> **Carminha**: "Você não entendeu nada! Criatura primitiva. [...]"
> [Carminha joga o celular no chão [..]]
> **Carminha**: "Pega! [...] Empregada de joelho para a patroa."[18]

O diálogo acima foi retirado do capítulo 150 da novela *Avenida Brasil* como forma de ilustrar a discussão sobre as relações étnico-raciais no Brasil que circula na mídia. O folhetim, escrito por João Emanuel Carneiro, um dos mais bem-sucedidos da Rede Globo nos últimos anos, registrou 51 pontos de audiência em seu último capítulo, de acordo com números prévios do Ibope para a Grande São Paulo[19]. Na trama, a atriz negra Anna Claudia Protásio Monteiro, mais conhecida como Cacau Protásio, vivia Zezé, a empregada da vilã Carminha, interpretada pela atriz branca Adriana Esteves. A partir de uma breve análise das falas de cada personagem, é possível entender que, para além da maldade de Carminha, uma personagem que funciona como uma vilã inescrupulosa, vemos a reprodução de uma hierarquia racial existente entre a patroa branca e a empregada negra. Zezé é chamada de "criatura primitiva" por Carminha e tem que se ajoelhar perante sua patroa branca, mesmo após tê-la elogiado. O uso do termo "criatura primitiva", por si só, já poderia servir de base para uma extensa análise do discurso, o que não é o nosso foco neste momento, mas ainda assim podemos questionar até que ponto o uso desta expressão estaria ligado à visão do negro como inferior, tal como proclamavam as teorias raciais do século XIX, discutidas no primeiro capítulo. **A partir do entendimento das reivindicações dos estudiosos de mídia e relações étnico-raciais, percebemos que esta cena é apenas**

---

18 Trecho de diálogo do capítulo 150 da telenovela Avenida Brasil, exibida pela TV Globo entre março e outubro de 2012. O vídeo está disponível para assinantes da plataforma Globoplay em <https://globoplay.globo.com/avenida-brasil/p/5727/> (acessado em 20 set. 2018).

19 A matéria pode ser lida na íntegra em <https://exame.abril.com.br/estilo-de-vida/final-de-avenida-brasil-quebra-recorde-de-audiencia/> (acessada em 20 set. 2018).

mais uma repetição do arquétipo[20] patroa branca/empregada negra, ou, mais amplamente, personagem branco dominador/personagem negro submisso, que tem se repetido ao longo da história da mídia, isto é, nos meios de comunicação[21] como um todo.

Ao pensarmos no papel da publicidade e da mídia como um todo, podemos entender que ela é parte integrante das nossas vidas, como defende Clotilde Perez (2010):

> É certo que a publicidade é, hoje, um fenômeno que nos envolve por completo. Engana-se quem pensa que ela só existe nos meios convencionais como a televisão, os jornais, as revistas e as rádios. Ela está na cenografia das cidades, nos muros e no mobiliário urbano, nas paredes das casas e edifícios, nos automóveis e ônibus, nas embalagens, nos cartazes, folhetos, adesivos, nos livros, nos rótulos, nas roupas, nos utensílios domésticos, nos sites, nas redes sociais... E, se nos ocuparmos em estudar a linguagem da propaganda com profundidade, verificaremos facilmente como sua maneira de expressão, seu linguajar peculiar e seu discurso hiperbólico e intenso extrapolam, em muito, o espaço sígnico que ocupam institucionalmente, qual seja, o dos meios de comunicação de massa [...] ela [a publicidade] já faz parte integrante da conversa rotineira das pessoas, infesta o discurso do burocrata, está na boca dos oradores, dos políticos, dos homens de negócio, dos intelectuais e, irremediavelmente, fixada em nossos pensamentos (PEREZ, 2010, p. 72).

A partir da interpretação do pensamento de Clotilde Perez podemos concluir que a publicidade está em todo lugar: abarca as redes sociais, a comunicação interna, campanhas e todo tipo de mídia que cada empresa divulga sobre si, interna ou externamente. Ora, sendo assim, como é possível construir o imaginário de uma empresa étnico-racialmente diversa

---

20 "Arque" significa início, origem, e "tipo" significa figura, imagem, retrato, modelo, o que sugere "estrutura primária" ou "imagem primordial" (SILVA, 2006).

21 Os meios de comunicação são formados pelos meios de comunicação de massa (rádio, televisão e imprensa), pela literatura e livros didáticos e pelas artes performáticas (FERREIRA, 1993).

sem imagens e, ainda pior, sem uma realidade que espelhe tal circunstância repetidamente? Isto ainda se agrava quando pensamos que vivemos em um país onde a maioria da população é negra, mas não se vê representada.

Toda esta relevância e influência pública indicam que é importante que se tenha uma regulamentação das representações para que haja uma maior diversidade étnico-racial nas propagandas. O discurso de uma sociedade mais diversa, aberta e compreensiva em relação às diferenças, deve ser respaldado pelos conteúdos apresentados nas mídias. No entanto, Silva (2010) reitera que, apesar do avanço dos movimentos reivindicatórios por mais diversidade na mídia, "ainda ocorre a manutenção de um imaginário negativo sobre o negro: estereótipo[22] em relação a mulata, atleta, artista, carente social. Os trabalhos de pesquisa mostram-nos que [...] perpetuam o mesmo tratamento marginalizante" (SILVA, 2010, p. 24). A autora também defende que:

> A visão difundida é unilateral, negando aos descendentes dos escravizados o direito de se verem, de se construírem enquanto autoestima, como se o elo entre senhores e escravizados ainda existisse. Continua visível apenas o grupo hegemônico, com sua estética branca, como modelo único, apesar da diversidade de nossas matrizes (SILVA, 2010, p. 24).

Já o estudioso das relações raciais no Brasil, Conceição (2005), divide a imagem do negro em três eixos temáticos, mostrados através de três Ls: lúgubre, lúdico, luxurioso. O primeiro diz respeito a fatos policiais: é o suspeito, o criminoso, o ameaçador da ordem. Podemos também citar aqui a cena clássica descrita por Fanon (2008) em *Peles negras, máscaras brancas*, na qual uma criança branca, ao olhar para um negro antilhano, tem pavor e exclama para a mãe: "Mamãe, um negro; ele vai me fazer mal." Ainda de acordo com Conceição (2005), o segundo L relaciona-se aos estereótipos das "alegres" festas nacionais e ritmos musicais populares: carnaval, samba, pagode. E o terceiro, à sexualidade, mostrando homens e mulheres com seus corpos expostos em atitudes lascivas. Alinhado a esta

---

22 O estereótipo é uma ideia preconcebida, resultante de expectativas, hábitos de julgamento e falsas generalizações, e que resulta na classificação *a priori* de pessoas ou coisas.

ótica, Ramos (2002) destaca que os meios de comunicação funcionariam como reprodutores e – por que não dizer? – produtores das relações raciais do Brasil. Para o autor, "discutir as dinâmicas da mídia frente às questões de raça e etnicidade é discutir as matrizes do racismo no Brasil" (RAMOS, 2002, p. 9). Nesta mesma linha, o filósofo estadunidense Douglas Kellner (2001) também destaca a mídia como "um terreno de disputa, no qual grupos sociais importantes e ideologias rivais lutam pelo domínio [...] por meio de imagens, discursos, mitos e espetáculos veiculados pela mídia" (KELLNER, 2001, p. 11). O autor ressalta ainda a importância de realizar um estudo cultural crítico da mídia para o fortalecimento frente à cultura dominante:

> Um estudo cultural crítico conceitua a sociedade como um terreno de dominação e resistência, fazendo uma crítica da dominação e dos modos como a cultura veiculada pela mídia se empenha em reiterar as relações de dominação e opressão (KELLNER, 2001, p. 12).

Esta necessidade de estudar criticamente a mídia, com um olhar mais apurado em relação às imagens repetidas, que nos interessam aqui, em relação ao negro, extrapola o fato de este ser um mercado importante na economia do país, e inclui o fato de ser ela um dos mais eficientes vetores de discursos e mensagens simbólicas. Numa análise sobre o papel da publicidade na formação da identidade dos indivíduos, Kellner observa que:

> [...] A propaganda "interpela" os indivíduos e convida-os a identificar-se com produtos, imagens e comportamentos. Apresenta uma imagem utópica de novidade, sedução, sucesso e prestígio mediante a compra de certos bens. [...] Por conseguinte, os indivíduos aprendem a identificar-se com valores, modelos e comportamentos sociais através da propaganda (KELLNER, 2001, p. 322).

Ainda no tocante à importância da mídia na construção de imaginários sociais, Barthes (1989), em seus estudos sobre o discurso, destaca que a ideologia nas mensagens de comunicação ajuda a legitimar, estabelecer e sustentar relações de poder assimétricas, ou seja, relações de dominação e exclusão. Desta maneira, a partir da leitura de Elias e Scotson (2000), podemos interpretar que este processo de exclusão gera relações de opressão que se utilizam de estigmas e estereótipos. Goffman (1988) define estigma como "sinais corporais com os quais se procurava evidenciar alguma coisa de extraordinário ou mau sobre o *status* moral de quem os apresentava" (GOFFMAN, 1988, p. 11). Para Tella (2006), os estigmas são criações sociais que nascem de atitudes e crenças preconceituosas de um grupo sobre o outro. Já os estereótipos seriam, segundo Oliveira Filho (2002), atos discursivos cujo objetivo é igualar os membros de um determinado grupo social atribuindo supostas qualidades a todos os indivíduos desse grupo ou a uma parte dele. A noção de estereótipo é analisada por Dyer (1997), que se baseia na definição usada pelo jornalista estadunidense Walter Lippmann para refletir sobre o termo. Para Lippmann (*apud* DYER, 1997) **o estereótipo estaria associado a: "a) um processo ordenador; b) um atalho; c) uma referência de mundo; d) nosso modo de ver o mundo de acordo com nossos próprios valores."** O autor destaca que a definição de Lippmann do termo não necessariamente o conotava como negativo, tal como é geralmente visto hoje na sociedade. Francisco Leite (2010), numa análise do que Bhabha observa sobre os estereótipos, destaca:

> Os estereótipos são estruturados por crenças que são construídas, transmitidas, apreendidas e modificadas ao longo do percurso de socialização e aprendizagem social dos indivíduos, principalmente por meio das interações com seus grupos de pertença e ou referência. É por meio do processo de transmissão e troca de experiências entre os indivíduos e seus agrupamentos de identificação que os conteúdos mentais dos estereótipos vão se moldando em relação aos outros agrupamentos em perspectivas positivas e negativas" (LEITE, 2010, p. 204).

A partir do entendimento de termos como "estigma" e "estereótipo", podemos pensar mais uma vez sobre sua aplicação prática na mídia brasileira. Araújo (2000), por exemplo, menciona a mãe negra, o serviçal bonzinho, o amigo do herói branco, o negro de alma branca, o malandro carioca como alguns dos estereótipos mais comuns associados aos personagens negros nos folhetins. Para Araújo (2000), as imagens difundidas na mídia, em especial a TV, têm alinhamento com a propagação e imposição do ideal de embranquecimento da população: as imagens dominantes no conjunto das telenovelas que foram ao ar no período de 1963 a 1997 revelam a cumplicidade da televisão com a persistência do ideal do branqueamento e com o desejo de euro-norte-americanização dos brasileiros (ARAÚJO, 2004, p. 305).

Ao analisar os papéis do negro na literatura do século XIX, Bastide e Brookshaw (*apud* MIRANDA; MARTINS, 2010) apontaram, também, os principais estereótipos sob os quais o negro é representado:

> O negro bom (estereótipo da submissão); o negro ruim (estereótipo da crueldade nativa e da sexualidade sem freios); o africano (estereótipo da feiúra física, da brutalidade rude e da feitiçaria ou da superstição); o crioulo (estereótipo da astúcia, da habilidade e do servilismo enganador); o mulato livre (estereótipo da vaidade pretenciosa [sic] e ridícula); a crioula ou a mulata (estereótipo da volúpia) [...]" (BASTIDE, *apud* MIRANDA; MARTINS, 1972, p. 22).

A opção que melhor definiria o estereótipo associado à personagem Zezé na ficção pode até variar de nome, dependendo do autor no qual nos respaldemos para responder e justificar a escolha; no entanto, independentemente do nome, a concordância acerca da repetição de um papel limitado e ainda ligado à submissão do negro na mídia é praticamente uma unanimidade entre os autores da academia. E quando observamos os desdobramentos dos estereótipos projetados pela mídia na "vida real", nos percursos profissionais de atores dentro e fora da indústria midiática, notamos que, numa vasta gama de possibilidades que poderiam ter, não fossem os estereótipos, em três dos seus últimos seis papéis na televisão, a atriz Cacau Protásio interpretou empregadas domésticas: a Fátima, de *Tititi* (2010), a Zezé, de *Avenida Brasil* (2012), e a Olímpia, de *Trair e Coçar é só Começar* (2014). Portanto, os estudos críticos da mídia em relação às relações étnico-raciais do país se fazem necessários (KELLNER, 2001; SANTAELLA, 2003), pois os meios de comunicação exercem papel essencial na construção e reafirmação das identidades individuais e na perpetuação do *statu quo* e oferecem modelos de pensamentos e comportamentos a serem seguidos.

Assim, **as imagens das mídias produzem o "efeito do real", ou seja, fazem crer no que elas fazem ver** (SANTAELLA, 2003). Sob esta ótica, podemos observar que, por exemplo, quanto mais Cacau Protásio e outras atrizes negras interpretam empregadas, mais reafirmam a associação deste papel com os negros na ficção e na realidade.

Deve-se levar em consideração que pode não ser nítido para todos o quanto esta atual conjuntura das relações étnico-raciais é resultado de um processo histórico que se mantém também através da mídia. Quando olhamos para trás, constatamos, a partir da ótica apresentada por Silva (2010): a Lei Áurea, assinada em 1888, deu liberdade formal aos escravizados, mas não significou rupturas efetivas na condição social dos(as) negros(as), que, "desprovidos(as) de profissão, escolaridade, terras ou qualquer outra forma de compensação pelos séculos de cativeiro, ficaram à margem da estrutura social brasileira" (SILVA, 2010, p. 19). Novas formas de dominação surgiram baseadas no trabalho informal, braçal e temporário, e aqueles que não se submetiam a elas eram classificados como vadios. Segundo Silva (2010), a vadiagem, na época, foi categorizada como delito: todos aqueles que não tivessem emprego fixo estariam sujeitos à punição policial.

A prática dos cultos afro-brasileiros, a capoeira e a música "africana" também eram classificados como delitos e os que fossem pegos em uma destas ações poderiam ser presos pela polícia. As gravuras e imagens da época também nutriam e retratavam as desigualdades, as marcações sociais de superioridade e inferioridade entre brancos e negros, respectivamente, e a separação entre eles. Ainda segundo Silva (2010), estas figuras causavam o retraimento social dos negros, que deve ser entendido como produto da insegurança, da hostilidade, do temor e do sofrimento originários das relações sociais com os brancos.

Além disso, de acordo com a autora, correntes de pensamentos que corroboravam teorias sociais de cunho racista emergiram e foram difundidas por pensadores como Silvio Romero, Euclides da Cunha, Alberto Torres e Oliveira Viana. Estes pertenceriam à primeira corrente e à segunda corrente, conhecida como monográfica, que se caracterizou por chamar atenção para as "sobrevivências" africanas na realidade brasileira e teve como representantes: Raimundo Nina Rodrigues, Arthur Ramos e Gilberto Freyre. Sobre a primeira corrente, Silva (2010) observa que:

> Silvio Romero, o primeiro, foi o mais consistente entre todos, inaugurando no pensamento social brasileiro uma tentativa de se pensar a questão nacional, tomando por base as especificidades étnico-raciais. Via o negro como objeto da ciência, baseando-se na desigualdade das raças, de Gobineau, bem como relacionava a mestiçagem com o atraso, origem e causa de nossa instabilidade física e moral, sendo o precursor da teoria do branqueamento (ou embranquecimento), mais tarde desenvolvida por Oliveira Viana, na qual os brancos eram considerados raça bela e valorosa, porém os negros só seriam aceitos ao se tornarem "brancos". Assim, a resolução da questão racial só ocorreria através do branqueamento e, para que se efetivasse, foram promulgadas leis de incentivo ao embranquecimento, através da imigração europeia" (SILVA, 2010, p. 20).

Vale ressaltar que, como ensina Oliveira (2010), já a partir de 1870, ainda durante a existência de mão de obra de escravizados, em meio a um processo que o autor chama de "abolição controlada", começaram a chegar as primeiras levas de imigrantes – em especial italianos – para trabalhar como assalariados. A política oficial de branqueamento da população brasileira trazia, ainda, a instituição de políticas favorecendo os imigrantes, como doação ou financiamento vantajoso para a compra de terras para essas comunidades, reconhecimento das suas práticas religiosas. Ainda segundo Oliveira (2010), durante o Segundo Império, a religião católica era a oficial, e seus atos litúrgicos de batismo e casamento tinham força normativa civil, o que foi estendido também às religiões evangélicas dos imigrantes alemães do sul do país. Sob esta ótica, é possível perceber a ação de inclusão social dos imigrantes, motivada pela lógica do embranquecimento, em detrimento dos afrodescendentes.

Por outro lado, se Sílvio Romero e Oliveira Viana enxergavam na miscigenação uma via de embranquecimento e apagamento gradativo do negro como uma forma de melhorar a sociedade, pensadores da segunda corrente, como o médico legista Raimundo Nina Rodrigues, "condenavam a mestiçagem, pois acreditavam que a hibridação seria fator de degeneração, e acreditavam na incapacidade do negro para se civilizar ou alcançar nível satisfatório de evolução" (SILVA, 2010, p. 20). Em concordância com pensamentos que consideravam o negro como inferior, Oliveira (2010) aponta que, no século XX, alguns governos estaduais proibiram a matrícula em instituições de ensino de pessoas negras; ainda prática remanescente do Decreto n° 1.331, de 17 fevereiro de 1854, que estabelecia que, nas escolas públicas do país, não seriam admitidos escravos, e a previsão de instrução para adultos negros dependia da disponibilidade de professores (RIBEIRO, 2004).

Além disso, nos cursos de Direito, vigorou uma disciplina chamada Antropologia Criminal, que era regida sob a égide da teoria que entenderia o indivíduo como uma soma das características físicas de sua raça, o resultado de sua correlação com o meio. Os fatores físicos serviriam para definir não só a criminalidade como a genialidade, como atestam os estudos de Lombroso (SCHWARCZ, 2005). Ainda segundo Oliveira (2010), esta visão, embora seja formalmente repudiada e esteja fora dos manuais do Direito Criminal, ainda vigora indiretamente com base nas relações raciais do passado, sob a ideia do "tipo suspeito", uma vez que as estatísticas referentes ao número de presos no Brasil apontam um maior número de pessoas negras nos presídios e/ou vítimas da violência policial.

Cabe destacar aqui que os meios de comunicação, vistos como estratégicos para a difusão desta imagem de um Brasil racialmente democrático, começam a se desenvolver nesta época, e em seu processo de estruturação e consolidação reforçaram o ideal de miscigenação/embranquecimento; "tornou-se convenção e naturalizou-se como estética audiovisual de todas as mídias, incluindo-se especialmente a TV, o cinema e a publicidade" (ARAÚJO, 2006, p. 73). Ainda no século XXI, precedendo aos estudos da publicidade, Freyre (2010) acreditava que os anúncios eram um retrato privilegiado da sociedade brasileira em formação. Segundo Perez (2010), "o anúncio, desde o seu aparecimento em jornal, começou a ser história social e, até, antropologia cultural, da mais exata, da mais idônea, da mais confiável" (FREYRE, 2010, p. 21).

Se Freyre acreditava na publicidade como um idôneo reflexo da história social, pesquisadores de diversas disciplinas, críticos das relações étnico-raciais nos meios de comunicação nacionais, como, por exemplo,

Pinto (1987); Silva (1999); Rosemberg, Bazilli e Silva (2003); Borges (2010), tendem a desconstruir este pensamento. Sobretudo, sob o argumento de que a mídia não reflete sequer a diversidade étnico-racial do país, composta por mais de 50% de negros, como vimos na seção 1.1.

Perez (2010) faz uma reflexão acerca da presença de pessoas negras na mídia, e integra em sua pesquisa uma análise de 993 anúncios publicitários selecionados e veiculados nas 12 edições da revista brasileira *Caras*, que retrata, sobretudo, o dia a dia de celebridades, no período de abril a julho de 2011, dos quais aponta que apenas 1,31%, ou seja, 13 anúncios, continham a presença de pessoas negras, sendo que, destes, sete foram protagonizados por celebridades e dois deles eram referentes a produtos específicos para cabelos de pessoas negras.

Dentro do contexto das preocupações dos críticos com as consequências das representações na mídia de massa na sociedade, estão os estudos sobre as representações de consumidores ditos vulneráveis e carentes de referências, como crianças, por exemplo, uma vez que a ausência de modelos do próprio segmento étnico-racial em que as crianças do grupo possam se inspirar pode gerar um sentimento de invisibilidade social, desencadeando processos de incompreensão de si mesmas e de sua ancestralidade. De outro modo, partimos da crença de que nem só de repetições e ausências da imagem do negro vive a mídia brasileira.

Fala Maria Gal, atriz e produtora

Sou **preta**. Tenho 42 anos. Na minha família todos são **negros**. Hoje trabalho como atriz e produtora. Decidi ser atriz por amar o que faço. Eu decidi desde a minha infância, talvez pelo fato de ter feito teatro quando criança. Vejo o audiovisual como uma excelente ferramenta para contar história, como os **griôs**. Amo audiovisual, sempre vi muitos filmes, novelas e séries. Também sou produtora. Esta função nasceu como forma de **empreender e ter mais autonomia profissional**, já que atrizes negras têm **menos oportunidades de trabalho**. Antes produzíamos apenas teatro, hoje estamos focados em audiovisual. Sempre fui engajada com **questões raciais e de gênero**. Tanto que o foco da empresa é produzir obras que dialogam com o tema do empoderamento negro e feminino.

Entre os cursos que fiz estão Educação Artística e Artes Cênicas. Passei por instituições como Unifacs, UFBA e USP[23], e também fiz muitos cursos extras como inglês, espanhol, alemão, roteiro, teatro, produção de audiovisual, interpretação para câmera e empreendedorismo pelo Sebrae[24].

Em minha trajetória como atriz, já enfrentei preconceitos raciais. Já cheguei a não ser escolhida para uma personagem num filme porque, segundo o diretor, o tom da minha pele era menos comercial do que o da atriz escolhida que era branca. Já me senti **estagnada** porque me ofereciam os mesmos tipos de papel: sem família, sem conflito, personagens pequenos sem história, prostituta. Enfim, por isso fui empreender, pois entendi que alguns dos produtores, diretores e roteiristas têm pensamentos **limitados** em relação a atrizes/mulheres negras e o que nós podemos representar. Quanto mais escura e com traços negroides, mais personagens "inferiores" nos dão. Acho que só não senti remuneração diferenciada porque fecho meus contratos com uma empresária boa em negociação e que consegue sempre subir o valor do cachê.

Como as personagens confiadas a mim, de alguma forma, estão dentro de algum **estereótipo** ou são pequenas, talvez a minha personagem preferida em audiovisual seja a que estou fazendo agora no SBT: apesar de ainda estar dentro de um certo estereótipo, ela é uma mãe de família que inclusive empodera muito a filha.

Quando penso hoje em referências profissionais, as que me vêm à mente são: Lázaro Ramos, Viola Davis, Shonda Rhimes, Beyoncé, Meryl Streep, Oprah Winfrey, Will Smith, Selton Melo, Wagner Moura, Ruth de Souza, Camila Pitanga, Antônio Pitanga, Denise Assunção. A maioria destes nomes são pessoas negras, porém o que mais me admira é quando vejo um excelente ator ou atriz que também empreende.

Hoje atuo no meu empreendimento auxiliando na contratação de outros profissionais negros. Minha produtora executiva, por exemplo, é negra e excelente produtora, porém, quando faz produção para os filmes,

---

23 Unifacs: Universidade Salvador, privada, com sede em Salvador-BA; UFBA: Universidade Federal da Bahia, com sede em Salvador-BA; USP: Universidade de São Paulo, estadual, com sede em São Paulo-SP.

24 Serviço Brasileiro de Apoio às Micro e Pequenas Empresas.

muitas vezes não dão a ela o crédito desta função, apesar dela fazer todo o trabalho.

Para os próximos anos planejo produzir a série Os Souza em até um ano e o filme sobre a Carolina em até dois anos. Sendo assim, daqui a cinco anos me enxergo dando continuidade à série e empreendendo em novos projetos de audiovisual. Me vejo uma atriz que cria e **protagoniza** suas histórias. Por isso, me vejo também contratada de grandes emissoras como a TV Globo.

2.1 DISCURSOS CONTRA-HEGEMÔNICOS

Se o aprisionamento de imagens [...] é capaz de operar tal correlação perversa que, provavelmente, ressoa os efeitos de nossa história de dominação no dia a dia, colabora com nossa reconstrução cotidiana do que é ser homem e mulher negros, é preciso intervir no já dado e no já dito e edificar, de forma multiperspectívica, outras representações desse grupo racial, liberando-o de suas prisões imagéticas (BORGES, 2010, p. 202).

Para entender quais são algumas das principais iniciativas e correntes de pensamento que se dizem engajadas em analisar modos de intervir no papel limitado do negro na mídia, recorreremos a uma revisão de literatura sobre as relações étnico-raciais nos meios de comunicação. Acevedo, Muniz e Nohara (2010) apontam que alguns estudos revelam que, desde a década de 1970, tem havido um aumento na representação numérica dos negros nas mídias (HAE; REECE, 2003). No entanto, boa parte das investigações indica que os negros ainda estão sub-representados em comparação com sua proporção na população. Tais pesquisas têm também mostrado que esses discursos estão impregnados de ideologias racistas (SILVA, 2003). Além disso, as pesquisas também identificam que, quando o conteúdo de comunicação é multirracial, o número total de personagens é bem maior do que quando há apenas brancos. São mais raras, ainda, as peças exclusivamente com modelos negros (HAE; REECE, 2003). Em relação à importância dos papéis desempenhados pelos diferentes grupos raciais, a maior parte dos estudos tem revelado que, de modo geral, os negros exercem papéis secundários ou de figurantes (HAE; REECE, 2003).

No intuito de pesquisar maneiras de desmantelar os papéis estigmatizados, Dilma de Melo Silva (2010) destaca Kabengele Munanga como um dos que apontam possíveis caminhos e diretrizes para a construção de um novo imaginário do negro na mídia. Em 1996, Munanga organizou a publicação dos textos apresentados no seminário internacional **"Estratégias e Políticas de Combate às Práticas Discriminatórias". Nessa obra são levantadas algumas diretrizes que deveriam ser levadas em conta, tais como: aumentar a frequência das referências ao negro como construtor de cultura, evitando a ênfase nos "clichês"; tratar o negro de forma independente do conceito de racismo; buscar vencer** a barreira da visibilidade histórica do período da escravidão, desfazendo as colagens escravo = negro e negro pré-escravo = selvagem.

Ainda sob esta perspectiva, que parte da reavaliação de crenças e desconstrução de estigma, bell hooks (1992) sustenta, enfaticamente, que apenas um novo sistema de representações do negro e da mulher negra poderá livrá-los das prisões de imagens, isto é, dos estigmas que os aprisionam em categorias desumanizantes. Borges (2012) nos encaminha, então, ao questionamento: como fazer emergir a diferença e fazer com que as palavras e imagens repetidas percam força de sentido em benefício de novos referenciais?

Neste sentido, para Leite (2009), a "publicidade contraintuitiva" é apresentada como uma proposta com o mesmo objetivo de contrapor o senso comum em relação aos estereótipos relacionados ao negro (BORGES, 2010; LEITE, 2010). O objetivo esperado, segundo Leite (2010), é que as histórias publicitárias pautadas sob essa abordagem fornecessem à sociedade informações e significados mais positivos acerca da realidade dos indivíduos vítimas da repetição dos estereótipos tradicionais negativos. Leite (2010) destaca, ainda, que a publicidade contraintuitiva deve ser compreendida como um discurso "contranarrativo", representa o aspecto subversivo de apresentar nos espaços da cultura da mídia "outras/novas" alternativas discursivas para fomentar a representação de grupos sociais sub-representados; desse modo, essa iniciativa do campo publicitário possibilitaria a expressão democrática e digna de "imagens sociais positivas" ou "contraestereotípicas" dos grupos-alvo de preconceito e discriminação" (LIMA; VALA, 2004, p. 55).

Vale ressaltar que, entre as mudanças percebidas neste cenário, para Silva, Rocha e Santos (2010), **a concentração de personagens negras nas peças de publicidade oficiais e de estatais é bastante significativa se comparada à das empresas privadas**. A partir desta constatação, observam que a mobilização de ativistas e pesquisadores, desde, pelo menos, a segunda metade dos anos 1980, fazendo críticas sobre as ausências e estereotipias em relação aos negros, atuando para a aprovação de mecanismos de legislação, promovendo estudos, seminários, publicações, parece ter um alcance restrito à publicidade com recursos públicos. Assim, o papel indutor do Estado, em relação à publicidade oficial, parece ter sido o responsável quase exclusivo pelas mudanças que se observam ao longo das últimas décadas. Neste sentido, pode ser vista como agravante desta situação a nítida colonização da esfera pública política pela esfera privada mercantil no espaço midiático; à medida que o caráter mercantil da mídia é potencializado, o discurso informativo perde espaço em relação ao tom impositivo do consumismo.

Ainda no tocante à esfera pública, o Estatuto da Igualdade Racial, na primeira versão apresentada em 2000 (Projeto de Lei nº 3.198/00)[25], propunha um aumento percentual mínimo de 40% de afrodescendentes na publicidade. No substitutivo apresentado em 2006 pelo próprio autor do projeto (Senador Paulo Paim), previa-se um mínimo de 20% para toda a publicidade veiculada em televisão e cinema, e toda a publicidade governamental, sendo pelo menos metade de mulheres afro-brasileiras. No texto aprovado, a Lei nº 12.288, de 20 de julho de 2010[26], também mencionada no capítulo 1, mantiveram-se alguns artigos sobre os meios de comunicação, mas as cotas percentuais foram retiradas do texto da lei, como é possível observar no trecho do Estatuto da Igualdade Racial posto abaixo:

DOS MEIOS DE COMUNICAÇÃO

Art. 43. A produção veiculada pelos órgãos de comunicação valorizará a herança cultural e a participação da população negra na história do País.

Art. 44. Na produção de filmes e programas destinados à veiculação pelas emissoras de televisão e em salas cinematográficas, deverá ser adotada a prática de conferir oportunidades de emprego para atores, figurantes e técnicos negros, sendo vedada toda e qualquer discriminação de natureza política, ideológica, étnica ou artística.

Parágrafo único. A exigência disposta no caput não se aplica aos filmes e programas que abordem especificidades de grupos étnicos determinados.

---

25 O projeto de lei que "Institui o Estatuto da Igualdade Racial, em defesa dos que sofrem preconceito ou discriminação em função de sua etnia, raça e/ou cor, e dá outras providências" pode ser lido na íntegra em <http://www.camara.gov.br/proposicoesWeb/fichadetramitacao?idProposicao =19262> (acessado em 21 set. 2018).

26 A Lei que "Institui o Estatuto da Igualdade Racial; altera as Leis nºs 7.716, de 5 de janeiro de 1989, 9.029, de 13 de abril de 1995, 7.347, de 24 de julho de 1985, e 10.778, de 24 de novembro de 2003" (BRASIL, 2018) se originou do Projeto de Lei 6264/2005, do senador Paulo Paim, que "Institui o Estatuto da Igualdade Racial".

Art. 45. Aplica-se à produção de peças publicitárias destinadas à veiculação pelas emissoras de televisão e em salas cinematográficas o disposto no art. 44.

Art. 46. Os órgãos e entidades da administração pública federal direta, autárquica ou fundacional, as empresas públicas e as sociedades de economia mista federais deverão incluir cláusulas de participação de artistas negros nos contratos de realização de filmes, programas ou quaisquer outras peças de caráter publicitário.

§ 1o Os órgãos e entidades de que trata este artigo incluirão, nas especificações para contratação de serviços de consultoria, conceituação, produção e realização de filmes, programas ou peças publicitárias, a obrigatoriedade da prática de iguais oportunidades de emprego para as pessoas relacionadas com o projeto ou serviço contratado (BRASIL, 2018).

Segundo Silva, Rocha e Santos (2010), por um lado, a lei apresenta redação genérica e o não estabelecimento de metas e percentuais a enfraquece. Por outro, cita especificamente a população negra em dois artigos, pontos que podem servir como balizadores de pressão social por movimentos sociais, inclusive com possíveis demandas ao Judiciário. Outra ótica acerca dos discursos que visem à desconstrução dos estereótipos da mulher negra estaria na afirmação de sua identidade; segundo Joseane de Souza (2010), um dos elementos constitutivos da aceitação de uma estética negra da atualidade está relacionado com a naturalidade visual/física do "cabelo negro", uma contraposição à, até então, dominância do cabelo liso – o que reflete uma consonância com a "nova mentalidade" do "ser negro". Pois os

> [...] discursos sobre a importância do cabelo na composição da estética negra são temas de imagens aproximativas, contrastivas e de conteúdo político. A aproximação é a suposta harmonia estética do rosto das sociedades ocidentais, em que os cabelos considerados bonitos são lisos e compridos. [...] com a crescente valorização da busca da "consciência racial", procurou-se uma "naturalização" dos cortes, trançados e penteados afros, com repúdio do alisamento (SANTOS, 2000, p. 60).

Souza (2010) observa que há um processo com relação a uma estética afirmativa da mulher negra brasileira, que gradativamente passa a aceitar os seus traços genéticos, o que inclui um cabelo crespo, que não precisava mais passar por "modificações" ou "transformações" para se tornar liso. O que não significa a ausência de cuidados com o cabelo por meio de produtos de beleza, mas era preciso agora reforçar a naturalidade do cabelo negro, e a afirmação estética atual está diretamente relacionada com a naturalidade do cabelo e o ser mulher negra. Contudo, com o surgimento destes novos discursos, emerge um interesse mercadológico em desenvolver produtos estéticos e cosméticos direcionados a esse público. Aos poucos, produtos intitulados como étnicos, oriundos do mercado estadunidense, começam a chegar ao país, além de fomentar o nascimento de marcas locais voltadas para cabelos crespos e cacheados, percebendo-se gradualmente uma demanda dessa grande parcela da população.

No entanto, uma crítica feita por Gomes (2010) de muitos dos produtos intitulados étnicos é a difusão de que as mulheres negras precisariam modificar a "textura" dos seus cabelos; para a autora, neste sentido, o cabelo crespo seria visto como um problema a ser solucionado; por isso, as mensagens publicitárias carregam palavras como "suavizar" e "relaxar". Os anunciantes procurariam, desta forma, seduzir, principalmente, a consumidora negra com cabelo crespo, divulgando que a aplicação de determinado produto colocará fim ao mal-estar causado pelo cabelo crespo ou rebelde, garantindo-lhe segurança e um ótimo resultado. Souza (2010) observa ainda que, numa tentativa de ir à contramão dessa abordagem, a L'Oréal lançou, em 2010, uma linha de produtos para os cabelos cacheados das mulheres brasileiras (que podem ser negras ou não), em que a protagonista da campanha publicitária de lançamento dessa linha era a atriz negra Taís Araújo. O mote da campanha desenvolvida pela agência WMcCann era "Orgulho dos Cachos" e se direcionava para a configuração da população brasileira, que, pela mistura das raças, teria uma variedade de peles e cabelos, o que inclui os diferentes tipos, do crespo ao cacheado. Souza (2010) destaca que várias ações transmidiáticas foram pensadas em 2010 para engajar as consumidoras, como, por exemplo, uma seleção para escolher a mulher cacheada mais bonita do Brasil, que teve a final realizada no Rio de Janeiro, contando com a inscrição de 6.500 jovens em todo o Brasil. Como forma de manter um constante diálogo com as consumidoras, a L'Oréal manteve um *hotsite* com a explicação dos produtos da linha. Se, na contemporaneidade, consumir se tornou um exercício de comunicação na nossa sociedade (CANCLINI, 2010), à medida que se torna possível se distinguir, pelo consumo, os aspectos culturais, é possível que o consumo seja usado cada vez mais como ferramenta para a construção de novos discursos étnico-raciais, em contraposição aos engessados estereótipos na era da informação, tornando ainda mais importante e crucial o engajamento das empresas privadas.

Fala Tadeu Nardocci, CEO da Novelis

Eu me declaro branco. A minha família é de imigrantes, do lado de pai são italianos e do lado da mãe, portugueses. Eu sou um brasileiro de origem de imigrantes europeus que vieram para o Brasil no começo dos anos 1900. Esse era o *script* tradicional do europeu, como meus avós, que vieram para buscar oportunidades no Brasil fugindo de dificuldades em sua terra natal. Primeiramente, se instalaram no interior de São Paulo e, depois, parte destas famílias vieram para a capital no final dos anos 1950.

O meu pai se formou em técnico em contabilidade, fez a carreira numa multinacional e deu a oportunidade para nós, os filhos, estudarmos. Eu estudei em escola pública, numa época em que o ensino público era muito melhor. Ao longo do tempo você vai vendo que tem certos privilégios, mesmo sem ter noção deles durante a vida.

Eu estava fazendo uma reflexão com **os grupos de afinidade da Novelis.** A minha escola era essencialmente de brancos, em um bairro de classe média, na Zona Norte de São Paulo e a oito quilômetros do centro da cidade. Eu tinha três ou quatro colegas numa classe de 40 alunos que eu poderia classificar como não brancos ou afros, e era escola pública. Isso vem ao longo de muitos anos. Eu tive a oportunidade na vida de fazer faculdade sem precisar trabalhar, o que, pela estatística do Enem, muitos não têm. Vejo pelos números que a maioria trabalha e estuda e que quem tira as melhores notas geralmente não trabalha. De certa forma, meu pai conseguiu me dar a possibilidade de estudar em escolas públicas relativamente boas e não ter que trabalhar. Isso me permitiu investir muito na minha educação ao longo desses anos e, depois, eu vi o quanto repliquei o mesmo com os meus filhos. Insisti para que eles fizessem a mesma coisa.

Me formei em engenharia metalúrgica pela Escola Politécnica da USP ["Poli"]. Eu fiz o colegial junto com o cursinho e consegui entrar na Poli, sempre foi uma universidade de primeira linha. Depois as oportunidades foram surgindo. É sempre uma questão de mérito, esforço e dedicação, mas também oportunidades. Eu me formei e fui trabalhar onde estou hoje, na Alcan, que depois seria Novelis.

O que me ajudou muito depois que eu comecei a carreira profissional foi a minha relação com o "chão de fábrica", que é onde as coisas acontecem. Eu, como estagiário e depois engenheiro, passei muito tempo junto com os operadores, de tal forma que fui galgando posições de lideranças ou gerencias. Certamente, a minha comunicação e entendimento com o nível de operação era muito grande, o que me ajudou a entender essa questão dos *gaps* e das diferenças. Eu cheguei a levar operadores comigo para o exterior mais de uma vez, liderando o grupo em treinamento. Isso, sem dúvida, ressaltou essa questão das disparidades e me colocou num esforço cada vez maior de dar a eles, no âmbito pequeno da própria empresa, oportunidades de aprender e se desenvolver.

Outro dia, eu estava fazendo um reconhecimento por tempo de trabalho na Novelis e entreguei um prêmio numa cerimônia. Esse profissional era filho de um afrodescendente e perguntou se eu me lembrava do pai dele. Disse que não lembrava. Quando ele falou o nome completo, eu lembrei que o pai esteve no Japão comigo. Ele disse que eu ajudei o pai dele a crescer, treinar, se desenvolver... Eu disse que foi o contrário, o pai dele que me ajudou. Na época em que viajamos juntos, **eu tinha 29 e o pai dele, 41 anos.** Isso é para exemplificar que quando você procura desenvolver a pessoa e dar oportunidades, as coisas acontecem.

Ao longo dos anos, cresci profissionalmente como engenheiro, virei gerente de fábrica, trabalhei várias vezes no exterior: na Malásia, na Tailândia, no Japão, nos Estados Unidos e mais recentemente em Zurique.

Ao voltar para o Brasil, em 2013, eu comecei a me envolver com esse grupo da Fundação Dom Cabral e me perguntei o que fica depois que você termina sua vida profissional, porque você se engaja tanto nela que acaba misturando com a vida pessoal.

Depois de um tempo, eu sou a empresa e a empresa sou eu. É difícil fazer uma separação. Começamos essa discussão no CEO Legacy da FDC, em 2013. O Theo van der Loo já estava lá e a gente está junto nessa discussão desde aquela época. O que você pode deixar de legado? Como você gostaria de ser lembrado? Não me refiro aos projetos que eu fiz na empresa, porque isso tudo pode ser feito pela equipe. A questão da diversidade foi estimulada pelo Theo e faz todo sentido para onde eu vim e de onde eu tive as oportunidades. Faz todo sentido ao pensar de onde eu vim e das oportunidades que tive. Faz sentido no contexto onde a empresa está inserida também. Se olharmos a demografia da nossa empresa no Brasil, não enxergamos afrodescendentes em posições de liderança. Esse é um projeto que me inspira porque é algo fora do tradicional. Certamente, daqui a 5 ou 10 anos, quem estiver gerenciando a empresa, poderá ver algo que fez a diferença para muita gente.

Entre me inspirar e começar a atuar demorou um pouco, alguns meses. A inspiração final veio com um projeto de diversidade de gênero que é bem estruturado e tem dado resultados na Novelis globalmente.. Eu queria fazer mais, chamei a Glaucia Teixeira, de RH, e falei que tínhamos que continuar lutando porque diversidade de gênero era algo que ainda não estava resolvido, mas eu queria começar a estimular a diversidade étnica. Temos uma dívida com a sociedade que temos que ajudar a resolver. Disse que não iríamos fazer menos na questão da diversidade de gênero, mas poderíamos fazer mais onde não estávamos fazendo nada.

Ela se engajou e eu chamei também a Eunice Lima, de Comunicação. Falei dos planos de ir em frente no assunto diversidade de etnia e que não haveria conflito com nossa área corporativa nos EUA. Lá, 13% da população é de afrodescendentes e 30% dos cargos de liderança são ocupados por negros. Ressaltei também que o problema de baixa representatividade de afrodescendentes era algo específico do Brasil. Isso não é um problema na Ásia ou Europa.

Essa discussão deu-se no final de 2016 e início de 2017. Foi na época que chamamos algumas pessoas para conversar, inclusive você, Luana, esteve aqui fazendo uma palestra, e foi muito importante para dar impulso. A partir daí, fomos montando as ideias. Iniciamos oficialmente em novembro o Programa de Diversidade no ambiente de trabalho. A receptividade e o engajamento das pessoas da fábrica, que é onde está o nosso público-alvo para formar gente, foram impressionantes.

De certa forma, a partir daí, através do reforço da nossa cultura, eles viram a oportunidade de manifestação e de falar abertamente. Nós criamos dois grupos de afinidades, um para mulheres e outro para afrodescendentes, que foi emocionante. Ouvi relatos de autodiscriminação e de autorrestrição que as pessoas vão se impondo num ambiente em que achávamos que isso não ocorria.

Temos que abrir as nossas cabeças para coisas que achávamos que era lição dada. Por exemplo, me lembro de ter conversado com um colaborador que veio de Goiás, de uma região de mineração, e me disse: "Vim para São Paulo e valorizo muito o tipo de oportunidade que eu estou tendo, de ter esta discussão de forma aberta. De onde vim, 80% da população é negra de origem escrava que trabalhava na mineração e foi se perpetuando. Lá você nasce minerador e morre minerador. Eu fui estimulado por colegas brancos do time de futebol a sair de lá." Ele fez um curso técnico e veio para a região do Vale do Paraíba e foi contratado por nós. Ele chegou a coordenador, que é o primeiro nível de liderança, em nossa fábrica de Pindamonhangaba.

Isso mostra que temos vários Brasis. De certa forma estou acostumado a ver o Brasil como São Paulo, Rio e Minas Gerais. Ele me falou que São Paulo não é Brasil e que ele, vindo de Goiás, enxerga melhor as diferenças.

Uma funcionária também relatou que numa outra empresa não foi contratada porque era negra. Disse que não era possível. Ela falou: "Foi sim, fizeram de uma forma velada porque eu passei em todos os testes e no final não quiseram me contratar. Aqui eu estou feliz porque já sou coordenadora. Tem uma amiga minha que olhou para mim e disse que se eu estou naquela empresa e sou coordenadora, acha que é um bom lugar para se trabalhar."

Estamos atentos em colocar pessoas em posições que possam servir de exemplo para outras. Só assim você consegue atrair mais talentos, porque eles enxergam que têm oportunidades.. Esse rapaz de Goiás e essa profissional em cargo de liderança são exemplos.

Notei que a formação dos grupos de afinidades nos estimulou a buscar muito a comunidade, a levar conversas como estas para dentro da fábrica.

Eu sei que é um embrião ainda, mas essa troca e esses primeiros passos podem ter um efeito multiplicador muito grande na fábrica e na cidade.

Recentemente exibimos o filme "Estrelas Além do Tempo" que relata a história de três profissionais negras da NASA. Nós fizemos sessão com todos os funcionários, cerca de 1.500, com reflexões depois do filme. Para mim a principal reflexão do filme é uma fala da Dorothy, que leva um grupo de perfuradoras de cartão para trabalhar no IBM, o primeiro grande computador da NASA. Ela tinha uma chefe branca e, certa vez, as duas se encontram no banheiro. A chefe fala que não tinha nada contra Dorothy, que responde: "do meu coração eu acredito que você acha que não tem".

Esse é um ponto nevrálgico do filme que a gente discutiu com o nosso pessoal, porque acreditamos que não temos preconceito e estamos tratando todo mundo igual. Se não despertarmos para a questão do **viés inconsciente**, vamos continuar tomando as mesmas decisões. São decisões que estão enraizadas no jeito que a gente cresceu. Estamos tratando muito o tema do viés inconsciente dentro da empresa, para que possamos tomar decisões menos enviesadas e mais intencionais para corrigir as disparidades.

Queremos ampliar para 20% o número de negros no programa de estágio, e de 11% para 15%, na coordenação. Não se trata apenas de não ser contra. É preciso atuar em favor da igualdade racial.

2.2 "SIM À IGUALDADE RACIAL" E AS IDENTIDADES RACIAIS NAS MÍDIAS SOCIAIS

"*Yes, we can*" (Sim, nós podemos), uma referência ao *slogan* da campanha presidencial de Barack Obama, de 2008, foi o título do primeiro texto que compartilhei no *blog* "O lado negro da moda",[27] criado em outubro de 2010. O *post* serviu como apresentação da proposta da página: "um protesto a favor do belo e ofuscado lado negro da moda. Uma 'guerra' contra o preconceito racial, dentro e fora da moda." Neste mesmo ano, ainda trabalhava como modelo de passarelas e modelo fotográfica; havia começado o curso de Comunicação Social/Publicidade, na PUC-Rio, e compartilhava, nesta página da Web, meus primeiros textos de vivências profissionais relacionadas ao racismo e reflexões sobre relações étnico-raciais na mídia no Brasil. Entendo que minhas vivências como mulher negra em diálogo com o mercado midiático, como mencionei na introdução, foram fundamentais na condução da minha produção textual no *blog*. Esta prerrogativa me parece alinhada com o que aponta Hall (2013) sobre os méritos de uma produção literária ou musical, ou a adequação de uma atitude ou crença que, na sua visão, "pode ser atribuído ou explicado [...] e garantido em sua verdade pela identidade racial da pessoa envolvida" (HALL, 2013, p. 6). Sob esta ótica, creio que os textos do *site* podem ser vistos como marcadores do início de uma trajetória de contínuo e cada vez mais intenso interesse nas questões concernentes à raça, à construção social do negro.

Nos anos que se seguiram na universidade, fui também responsável por organizar os eventos da semana da consciência negra: o primeiro foi em 2011, quando trouxe a exposição "Glamazônia + Vogue África", do fotógrafo camaronês Mario Epanya. Esta exposição reunia fotos de mulheres negras com diferentes tipos de penteados. O segundo evento foi logo após o retorno do intercâmbio da Capes nos Estados Unidos, inspirado pelo contato com outros projetos audiovisuais com temática étnico-racial e por um desejo pessoal de instigar as pessoas a refletirem sobre suas próprias identidades raciais. Na época, realizei a leitura de diversos artigos, e destaco aqui um texto do sociólogo Simon Schwartzman (1999), que reflete a partir do cruzamento entre identidades raciais e estatísticas

---

27 Este e outros *posts* podem ser lidos em <http://oladonegrodamoda.blogspot.com.br> (acessado em 21 set. 2018).

econômicas. Achei intrigante que, assim como Florestan Fernandes (1965) já havia notado, o rendimento daqueles que se classificam negros era e ainda é muito menor que o dos brancos, como aponta Schwartzman (1999), no levantamento que faz sobre o rendimento econômico de cada grupo racial no Brasil:

> [Há] diferenças de rendimentos médios entre pretos, pardos e indígenas, por um lado, e brancos e amarelos, por outro. Dentro da categoria "branca", aparecem diferenças bastante significativas, com pessoas de origem árabe e judaica em um patamar de renda mais alto, os de origem portuguesa, espanhola e italiana em um patamar intermediário, e os "brasileiros" em um patamar mais baixo. Na população "preta", os níveis de renda são consistentemente baixos, enquanto que, entre os "amarelos", sobressai a renda dos que se identificam como japoneses. [...] Note-se também que os "pardos" que se identificam como "africanos" têm uma renda média significativamente superior à dos que se consideram somente como "brasileiros", sugerindo que a identificação com uma origem africana está associada a uma posição social, e provavelmente educacional, mais elevada dentro do grupo (SCHWARTZMAN, 1999, p. 11).

Lembro-me que, após esta leitura, fiquei especialmente curiosa para analisar como a identificação racial, como no caso dos que se assumiam especificamente pretos e pardos, refletia, segundo o estudo, nas condições de vida, no poder aquisitivo, quando comparado aos que se identificavam de uma forma mais genérica como "apenas" brasileiros. Após dividir esta informação com outros colegas, decidimos entrevistar outros estudantes e funcionários sobre suas raças e origens familiares. Nasceu da materialização destas questões, e, de um esforço conjunto com amigos e professores, a ID_BR CARA::PELE::JEITO, cuja sigla significa "Identidades do Brasil", inicialmente no formato de uma exposição reunindo depoimentos de alunos e funcionários da PUC-Rio registrados em fotos, vídeos e textos sobre suas identidades raciais, origens familiares e características relativas à personalidade.

Logotipo da ID_BR — O símbolo representa as três raças formadoras do Brasil (sic): branco, negro e índio, e a necessidade de questionar e refletir sobre estas origens

| Fonte: Acervo do Instituto Identidades do Brasil, ID_BR.

A mostra teve duas edições: a primeira em 2013, na PUC-Rio, e a segunda em 2014, no aeroporto do Galeão, no Rio de Janeiro. Incentivada por professores e outros colegas de curso a ampliar o projeto, decidi transformá-lo em um empreendimento. Em 2015, tornou-se uma microempresa individual na área da moda. No início, em parceria com artesãs da Rocinha, produzíamos camisas usando como inspiração uma reflexão sobre o papel social da pele. Diferentes aplicações foram desenhadas e confeccionadas em crochê, usando diferentes tons de linhas marrom e bege para representar a diversidade étnico-racial do país e embasar discussões a respeito das questões raciais através das blusas.

No mesmo ano, fomos selecionados pela Shell Iniciativa Jovem, um laboratório de novos empreendimentos que nos ajudou a fazer o projeto crescer ainda mais. Notadamente, as maiores vendas de camisas sempre foram em eventos, onde havia espaços de discussão com o público sobre o tema. Começando um processo de construção de uma marca que usava a moda como plataforma para refletir sobre questões raciais, conseguimos atingir, pouco a pouco, um público que carecia ou que se identificava, de certa forma, com tal discussão. Indivíduos que, assim como reforça Canclini (1999), consumiam, não de maneira irrefletida, mas dentro de um contexto social que justifica a adesão e escolha de marcas e produtos. Se analisarmos este cenário sob a ótica de Semprini (2006), podemos perceber novas lógicas de consumo e novos processos de semantização de produtos e de serviços através da construção de novas marcas em detrimento das tradicionais, usando como estratégia o *marketing* para diferenciação num ambiente no qual a saturação dos mercados é cada vez mais forte e o congestionamento imagético mais intenso:

> De maneira ainda mais fundamental, as marcas falharam em sua missão, a mais importante em um contexto socioeconômico pós-industrial, a de reintroduzir sentido nas práticas de consumo, de propor bens e serviços realmente inscritos nos projetos de vida dos indivíduos e não presos de forma abstrata a narrações enfraquecidas, que não mais mobilizam e não produzem sentido para uma grande parte de indivíduos (o status, a inovação gratuita, a novidade sem atrativo, a qualidade sem originalidade) (SEMPRINI, 2006, p. 59).

Na prática da construção da marca ID_BR, com o avanço da consultoria e a necessidade de validar o negócio em uma escala maior, migramos para um novo caminho: o licenciamento e treinamento de empresas para construírem práticas em prol da igualdade de oportunidades. Graficamente, para a construção da marca, a ideia agora seria a de investir não mais em vários desenhos, mas em apenas um, no intuito de estabelecer uma marca forte, visando construir uma campanha nacional em prol das ações afirmativas e contra o racismo, nos mesmos moldes das campanhas "O Câncer de Mama no Alvo da Moda"[28] e "Red"[29]. Ambas as campanhas usam o licenciamento de produtos. Isto é, empresas devem pagar um percentual acordado para comercializar produtos usando o logotipo destas campanhas, revertendo parte da verba para as causas sociais apoiadas por elas. O redesenho da estampa e a concentração em torno da causa racial nos levou também a pensar em uma nova natureza jurídica da microempresa individual para o Instituto Identidades do Brasil. Deste modo, o recebimento de doações e a participação em editais públicos

---

[28] A campanha "O Câncer de Mama no Alvo da Moda" coleta fundos para o Instituto Brasileiro de Controle do Câncer (instituição privada beneficente que conta com uma rede de hospitais de oncologia). Mais informações podem ser obtidas no site do IBCC <http://www.ibcc.org.br/SiteIbccCampanha/> (acessado em 21 set. 2018).

[29] RED é uma marca e campanha pertencente à ONE, uma ONG estadunidense cuja meta é combater a pobreza e as doenças evitáveis, em especial na África. A campanha RED visa obter fundos para o combate à AIDS. Mais informações podem ser obtidas no site da campanha <https://www.red.org/> (acessado em 21 set. 2018).

se tornariam viáveis, bem como a existência focada exclusivamente na discussão da temática, sem fins lucrativos.

No intuito de criar um nome propositivo e usando como inspiração o Estatuto da Igualdade Racial, e levando em consideração o alinhamento com os princípios de reparação histórica defendidos por este instrumento, decidimos chamar a campanha de "Sim à Igualdade Racial". Desenhamos o símbolo de um coração preenchido com cores em tons que representariam peles, assim como as primeiras camisas, representando a diversidade étnico-racial do país e o convite a todos, independentemente da raça, a se solidarizarem contra o racismo. Visto a camisa com este símbolo da campanha Sim à Igualdade Racial na capa do livro e convido você a literalmente vestir esta causa também.

A partir deste momento, nos transformamos no Instituto Identidades do Brasil, instituição sem fins lucrativos que desenvolve campanha pela igualdade racial, cujo objetivo é a mudança de culturas corporativas em prol do aumento de lideranças negras em espaços corporativos[30] através da intensificação de ações em prol da igualdade de oportunidades.

Registrado em março de 2016, o Instituto Identidades – ID_BR nasce com a missão de ajudar a acelerar a promoção da igualdade racial, e seu selo chancela seus produtos e serviços, reforçando o caráter de valor agregado único. Atende empresas de diferentes portes, com o avanço do mapeamento pela necessidade de assistência das empresas no desenvolvimento de ações afirmativas pelo período de um ano renovável.

Acreditamos que o conceito de identidades se pauta a partir do autoconhecimento e tem como bases: trabalho, educação e informação. Por isso, o ID_BR é responsável pelo desenvolvimento da campanha Sim à Igualdade Racial a partir dos pilares: empregabilidade – selo de chancela e consultoria para empresas no intuito de conectá-las com a população negra e periférica – e educação – gestão de projetos e programas de bolsas de estudo em parceria com entidades educacionais para jovens e profissionais negros e periféricos visando capacitação e conexão com o mercado

---

30 Como já vimos, segundo pesquisa do Instituto Ethos realizada em 2010 em 500 grandes empresas brasileiras, 5,3% dos executivos eram negros, e apenas 0,5% das pessoas nesse nível eram mulheres negras (ETHOS; IBOPE, 2018).

de trabalho. Temos neste pilar oportunidades de cursos de inglês e MBA e Especialização. O inglês e a ausência de pós-graduações são duas das barreiras apontadas pelas empresas como influenciadoras da dificuldade em colocar pessoas negras em cargos de liderança, sobretudo em multinacionais onde ter línguas estrangeiras é fundamental. O que por outro lado também é questionável, pois muitos executivos brancos não falam inglês fluente. Também realizamos eventos de diferentes perfis – fórum (mais informativo), jantar(mais midiático) e corrida (mais aberto a sociedade civil) –, relacionados à temática racial e o mundo do trabalho, visando ampliar o destaque do tema na mídia, a troca de informações e a construção de redes entre profissionais e empresas, bem como o engajamento da sociedade civil.

Compartilho abaixo a missão e visão inicialmente desenhada para o ID_BR.

- Missão ID_BR | Campanha Sim à Igualdade Racial:
  Acelerar a promoção da igualdade racial no mercado de trabalho, tornando esta uma causa de todos na prática através do engajamento de diferentes atores da sociedade, de diferentes raças com foco no mundo corporativo.

- Visão ID_BR | Campanha Sim à Igualdade Racial:
  Ser a maior referência nacional relacionada à promoção da igualdade racial no Brasil com o objetivo de mudar culturas corporativas em prol da ampliação do número de mulheres e homens negros em cargos de liderança.

Fala Hamilton Amadeo, CEO da Aegea

Eu sou um caucasiano descendente de italianos e, como todo brasileiro, não sei de todas as minhas ascendências. A família da minha mãe era muito antiga no Brasil e sei que tenho uma bisavó que era índia. O biotipo que prevaleceu em mim foi o do meu pai e dos meus avós italianos, mas tem muito em mim dessa índia que um dia esteve na família da minha mãe. Gosto de lembrar disso porque explica muita coisa e a forma que vejo a vida. Não à toa, quando fui pro Norte: Amazonas, Rondônia e Acre, eu me senti tão bem, porque lá eles têm uma sociedade mais próxima do que foi a sociedade indígena. Estou falando de liberdade, de gostar de espaço aberto, paisagem, de gente, isso tem a ver com a cultura do índio.

A tradição da minha família e como ela se organizou ao longo do tempo tem relação com os imigrantes que vieram da Europa porque tinham fome. Eles não eram pessoas aptas a explorar um novo continente. O meu bisavô migrou duas vezes para o Brasil, a primeira ele veio, ficou rico com uma olaria que fez no interior de São Paulo e sabia fazer tijolo e voltou para a Itália, chegando lá perdeu tudo e voltou para o Brasil. Toda a minha família tem essa história de ser rico e ser pobre. A família da minha mãe, por exemplo, teve momento de produtores de café muito ricos. Mas a história que ficou na família é da italianada que veio, comprou ou ganhou uma terrinha e desenvolveu o sítio plantando café, conseguiu criar 14 filhos. Para os mais novos, em geral, foi possível dar os estudos, e para os mais velhos não era possível.

Hoje, quando encontro uma tia-avó de 98 anos, ela é um exemplo. Foi socialmente integrada, mas mal sabe escrever o nome. Agora, você pega os tios mais novos que fizeram faculdade e vê estes mundos convivendo.

Lembro que na infância fazia visita em sítios muito simples. Tive tios que estudaram e viraram doutores. Esses caras acabam me dando, de um lado, o exemplo de estudar e progredir na vida e, de outro, a humildade para entender a outra vida. Vir de uma família grande me ajudou bastante e me deu várias perspectivas. **Como esta italianada teve acesso a essa terra quando chegou no Brasil é uma questão. Essa histórias vieram pra mim eu era muito garoto e posso estar cometendo algum engano. O que ficou na minha cabeça era que eles compraram terras em lotes com o pouco dinheiro que conseguiam trazer. Lendo um pouco hoje a gente sabe que existia muito incentivo do governo. Eu imagino que existia a venda da terra subsidiada. Eram lotes pequenos de 10 hectares em regiões que o próprio governo priorizava.** Eles vieram para Cafelândia no interior de São Paulo e viraram produtores de café. Eu lembro que meus avós me contavam que viviam uma vida praticamente sem dinheiro porque, como moravam na roça, tinha tudo. O meu avô, quando colhia, levava na venda dos japoneses que contabilizavam o número de sacas. E meu avô dizia que, quando a cotação do café chegasse a um certo valor, poderia vender. Isso significava que eles fechavam a conta. A família ia consumindo o ano todo os bens daquela venda e ao fim do ciclo as sacas valiam certo valor de acordo com a cotação do café.

Era uma vida sem utilização de dinheiro. Eles não usavam papel ou moeda nem pra comprar pão. Apesar de ser uma vida pobre, era saudável. As pessoas tinham comida, aprendiam a ler e escrever. Não era uma vida desprovida. O bem que eles não produziam iam buscar na venda. Hoje não vivemos sem dinheiro, por mais pobre que a pessoa seja. Nessa época, pelo que eles contam, não era assim.

Meu avô morreu com 90 e poucos anos e ao longo da vida conseguiu sucesso. O sitiozinho dele cresceu, comprou outras áreas e tinha bastantes terras, mas não tinha televisão na casa dele. **Da maneira como se deu a colonização, as pessoas foram pro interior e integraram o país. O país tem essa base de pessoas que vieram de fora, da África e da Europa, e que se misturaram no interior e seguraram o Brasil. Quem produzia riqueza eram os caras que estavam plantando.**

Minha mãe era considerada negra pelo meu avô. Ela tem índio no sangue e provavelmente tem negro também. Quando meu pai resolveu casar com minha mãe, meu avô paterno proibiu o casamento, mas eles casaram na marra. Eu lembro que, quando criança, eu não sabia o que era aquilo, mas hoje sei. Lembro que eu tinha sete anos, meu pai me levava para visitar meus avós paternos e minha mãe não ia porque ainda meu avô não aceitava o fato do meu pai ter se casado com uma negra. Tive vergonha quando me dei conta de que sou racista, de ver que era muito parecido com o meu avô. Não com aquela aridez toda que ele tinha, mas por ter isso arraigado na minha família. Essa convivência com negro não existia. Em 1920, 30 e 40, no interior de São Paulo, era muito recente a colonização. É diferente do Nordeste, que o negro colonizou com as fazendas, e algumas regiões de São Paulo. Aquela cidade onde nasci não existia antes de 1920. Quem ia para lá eram os imigrantes. Não tinha negros na região porque não tinha por que irem para lá. Eles estavam no Vale do Paraíba, no Rio de Janeiro, no Nordeste. Talvez isso influenciasse o racismo porque tinha pouco contato entre brancos e negros.

Eu estudei em escola pública e tive contato com vários amigos negros na cidadezinha de Lins, no interior de São Paulo, que hoje deve ter 70 mil habitantes. Só saí de lá depois que fiz faculdade. Tinha aquelas brincadeiras idiotas que criança faz com todo mundo, com japonês e negro, mas não tinha discriminação. **É importante citar que não tinha nenhum negro de classe média, eram todos pobres. Venho de um ambiente familiar que não questiona isso. Se pudesse criar uma criança hoje em dia, eu iria alertá-la a questionar os porquês das coisas.** Quando eu ia para o clube, tinham poucos negros porque era particular.

A escola que era pública tinha muitos negros. Em um outro clube da cidade, que era mais popular, tinha mais negros. **A discriminação era mais que de raça ou não era pela raça e sim social. Era da capacidade econômica da família. Por exemplo, quando tinha uma excursão tinha que pagar o ônibus. Adivinha o que acontecia? Branqueava. Isso está no meu passado e nunca me dei conta.** Quando vocês trazem a questão e o assunto te tocar, você para e pensa nele. O barato do ID_BR é chamar atenção e impactar. O resto é com a gente.

Fiz faculdade particular, pergunta se tinha negros? Zero. A faculdade era paga e cara. Nem meu pai aguentava pagar a faculdade e eu trabalhava dando aula para pagar. A Escola de Engenharia de Lins não tinha o preço médio e estava bem acima da média das outras. Era pequena e muito elitista, com pessoas da USP, e por isso se achava no direito de cobrar caro. Essas características faziam eu não ter nenhum colega negro. **Nós entramos em 300 e na minha turma não tinha nenhum negro. Uma das minhas maiores angústias é ter chegado aos 50 e poucos anos e nunca ter me dado conta disso.**

O cara que era o técnico do Dente de Leite era o Odoricão, um negão boa gente à beça, que ensinava futebol para as crianças, mas ele não falava só de futebol, sentava para conversar de estudo. Eu nunca parei para pensar que o cara era negro. O fato da discriminação estar arraigada está no meu avô e eu tenho medo que isso passe para os meus filhos. Espero que não. Não teve a ver com o fato de ser negro, isso está no meu avô.

A região em que morei teve muita imigração japonesa, no Lins, essa mistura de coisas. Estar exposto a pessoas de várias raças é importante e a exposição vai diminuindo por uma questão econômica. Eu já namorei japonesinha, a primeira língua estrangeira que aprendi foi japonês, e não tinha discriminação. **Os japoneses estavam submetidos à mesma dinâmica dos italianos, eles vieram e viraram colonos. Não havia discriminação porque eles tinham acesso. Na minha** cabeça de engenheiro, o que aconteceu com a discriminação do negro no Brasil não tem a ver com raça, eu admito que posso estar errado, mas minha experiência pessoal é socioeconômica. A hora que os caras tiverem oportunidades eles vão se dar bem e se integrar. Se o cara fosse o meu vizinho no condomínio, isso não ia me fazer mal nenhum. Ele só não foi porque não teve acesso. Essa é a grande sacanagem.

Não é a questão da sua raça, era um problema mais fácil de resolver dando oportunidades. **O que foi a abolição? Uma baita sacanagem com os escravos. De um dia para o outro eles tiveram que se virar. Por que não fizeram quilombos para eles? Por que não deram terras? É simples, a sociedade não estava enxergando como nós. Hoje em dia, temos que dar oportunidades para compensar o que aconteceu naquele momento lá atrás.**

Todas as vezes que tive oportunidade de conviver com pessoas da raça negra foi como se eu não enxergasse cor. Mesmo tendo feito isso, a impressão que eu tenho hoje é que eu nunca me dei conta do que estava realmente se passando.

Quando virei profissional, fui trabalhar em obras e convivi com pessoas de todos os matizes. Não tinha diferença nenhuma. **Mas quando você pega, se depara que não tem pessoas em certos ambientes. Eu nunca me dei conta e despertei pra isso. Dá uma certa culpa. Eu não sou tão alienado assim de não ter visto isso, e não vi.**

Na empresa a gente está com o programa de diversidade por razões corporativas, porque é bom pra empresa, mas pessoalmente me sinto muito bem em despertar em outras pessoas o que demorou muito tempo para despertar em mim: consciência. **Você se vê fechado em um grupo de brancos e não percebe que você faz parte de um grupo de brancos.**

Fui questionado certa vez em uma entrevista que dei sobre se a empresa tinha que ter cota afirmativa. Eu disse que sim porque tem que resgatar o passado. Ele perguntou por quanto tempo e esta é uma pergunta difícil. **Eu moro em um condomínio com 500 casas e não tenho um vizinho negro sequer. Enquanto meus vizinhos não forem 55% negros, tem que ter cota. É realmente o que eu acho. O país não vai funcionar na potência total enquanto essa igualdade não acontecer.**

Eu volto no ponto, a gente não tem, posso ser meio Macunaíma em falar isso, um traço racista ligado a cor propriamente dita. A gente aprendeu a ser racista por questões socioeconômicas. Não é o negro e o branco. O pobre e o rico explicam muito mais o que acontece no Brasil. **Quando você tem uma pessoa negra bem-sucedida, tudo bem, ela passa por tudo aquilo que os negros passam e que ninguém gostaria de passar. Mas, na minha humilde opinião, as pessoas estão associando muito mais a raça negra com pobreza do que com inferioridade.**

Temos que ser afirmativos agora porque precisamos romper uma barreira e reverter um processo. A impressão que eu tenho é que na hora que abrir os portões e a filha da empregada e a minha neta tiverem oportunidades equivalentes, essa sociedade não vai ter mais questões de raça para discutir. Os problemas serão outros. A desigualdade racial acaba quando a diferença de capacidade de cuidar, educar e dar conforto, de sonhar para as próximas gerações se igualarem, e para isso precisamos construir as bases e as referências agora.

Eu, por exemplo, nasci engenheiro, não tinha saída. Quando era criança eu não brincava de carrinho, mas de fazer estradas. Eu gosto de engenharia, infelizmente, hoje não sou mais engenheiro no dia a dia. Na família tem advogados, juízes e só eu que sou engenheiro. Eu gostava de fazer estrada antes mesmo de saber o que é engenharia. Meus pais, ambos são professores, mas os dois tiveram negócios. A minha mãe ensinava corte e costura nas escolas técnicas e meu pai, artes industriais, marcenaria e fundição. Até um tempo atrás, tinha na casa do meu pai os móveis feitos por ele antes de casarem.

A base de gostar de técnica vem dos meus pais e a de gostar de gente vem dali também. Eu dei aula de física e matemática para pagar a faculdade. Ser professor não é uma profissão, o cara gosta daquilo. (A minha filha de 26 está estudando para ser professora. Você vê que é um ciclo de inspiração.)

Me formei e fui trabalhar em uma empresa que era do Paraná, mas no norte do Mato Grosso. **Foi uma experiência muito legal porque eu novinho, sem ter um ano de formado, me tornei o chefe da obra. Isso é muito incomum. A pessoa que era pra ser o chefe acabou que não pôde ficar e acharam que eu conseguiria. Eu usava barba para parecer** mais velho. Eu fui abrir uma cidade no norte do Mato Grosso. Mas, certamente, nesta empresa onde não havia engenheiros negros, se eu fosse negro não creio que teriam me delegado este papel. E se fizessem, eu não seria o engenheiro que foi promovido, mas o primeiro negro que chegou mais alto. Ser o primeiro negro significa sofrer muito mais preconceito por ser diferente dos demais. Os negros têm que subir 10 degraus antes de subir a escada. Enquanto todo o resto está mais em cima ele começa mais de baixo.

Contudo ainda me surpreendo com pessoas que são negras, e antes de tudo técnicas, profissionais competentes, mas não conseguem enxergar seu potencial. Acredito que todos nós sabemos de antemão do que somos capazes. Eu acho estranho e cruel uma pessoa capaz não ter essa visão de si mesma. Talvez a discriminação que ela sofreu a subestime. Quando um cara é chamado, é porque ele está pronto, e se ele está pronto, ele sabe antes.

Eu trabalhei muito tempo como engenheiro numa empresa que chegou a ser muito grande, CR Almeida do Paraná, fiz carreira de engenheiro. Como gostava de novidades e tudo o que era fora da zona de conforto eu me sentia mais à vontade, o meu chefe sempre me envolvia em coisas novas. Na década de 1990 eu já era engenheiro sênior e começaram no Brasil concessões de rodovias, e a ponte Rio-Niterói que foi a primeira. Eu fui deslocado para ser o líder de um time que ia cuidar das concessões da empresa. Eu cheguei a diretor. Quando conheci as concessões me apaixonei e era o que queria. Gostava muito mais do que ser engenheiro era fazer uma concessão acontecer. Como eu era diretor da área, poderia designar para onde a gente ia. Sempre achei saneamento uma coisa interessante. Na época, saneamento quase não tinha concessão, mas levei a empresa a ter algumas experiências nessa área. No entanto, as rodovias cresceram muito, até que chegou em um ponto que com 40 anos resolvi sair porque me achava pronto e queria mais oportunidades.

Quando estava montando uma empresa pra mim, para prestar serviços de concessão, veio um convite de uma amiga dizendo que o pessoal da equipe de uma empresa que hoje controla nossa companhia tinha comprado uma concessão de estrada e precisava de ajuda para desenvolver o negócio. Isso foi antes de concluir a minha empresa. Falei que só ia ajudá-los com consultoria porque tinha uma empresa no mercado que acreditava. Perguntaram no que então eu acreditava e eu descrevi a Aegea em 2004. Ela nasce em 2010. Eles disseram que acreditavam na mesma coisa e perguntaram como podíamos nos entender. Me pediram para resolver os problemas da estrada e depois de um ano começamos a conversar sobre a empresa que eu acreditava.

Resolvi tudo e em 2005 não tinha começado a parte que deveria fazer e acabei saindo. Depois de três meses me procuraram e disseram que havia surgido uma oportunidade de comprar uma concessão de saneamento no Mato Grosso que foi a primeira nossa. Eu gostava tanto da ideia que deixei o que estava fazendo e estou aqui até hoje.

Quanto mais eu lia sobre concessão mais se tornava interessante. Eu tinha que tentar convencer outras pessoas porque sozinho não dá pra fazer. Tive sorte também. Essa foi a primeira empresa de saneamento que a gente teve. É assim: **você gosta de chocolate e a concessão é um chocolate. O saneamento é o chocolate Belga. Dá pra dizer que você gosta de chocolate? Dá, mas eu gosto de chocolate Belga. Concessão em geral é legal e tem um conceito muito honesto e justo. Você paga pelo serviço que tem. Quando faz saneamento você está diminuindo as doenças das pessoas. Imagina o que acontece com uma pessoa que mora na periferia e a casinha custa 30 mil reais. Passa água na frente, ela vale 40 mil. Passa esgoto e água, ela vale 70 mil. O patrimônio daquela pessoa aumentou. Quanto mais eu conhecia a concessão, percebia que eu tinha nascido pra isso. No meu passado tem uma história muito legal. A família da minha mãe era muito rica. Meu bisavô foi dono da companhia telefônica da cidade de Serra Negra em São Paulo. No começo do século XX a telefonia era privada. Sempre gostei muito da concessão porque você não tá tirando dinheiro do hospital nem da escola para fazer rodovia e saneamento.**

Voltando a um dos primeiros projetos que executei, começo a refletir. Era quase um projeto de colonização, o mesmo dos meus ancestrais que vieram pra cá e compraram baratinho um lote de terra. Eu fui contratado por uma empresa pelo governo para implantar 400 km de estradas rurais. Evidentemente eram para levar os colonos para as fazendas e o nucleozinho que a gente tinha que abrir na cidade.

A cidade era para pessoas que vinham do Rio Grande do Sul. O Brasil tinha muitos problemas fundiários. Quando eles desmatavam na Amazônia, as atividades começavam com arroz. Estou falando da década de 1980, que não tinha preocupação ambiental no mundo inteiro. Nas primeiras safras normalmente se planta arroz, depois milho e muda pra soja. Quando eles começaram plantavam arroz. As famílias cresciam e não tinha terra pra todo mundo. Com o dinheiro de um hectare lá no Sul eles compravam um espaço bem maior no Norte. O governo dava algum subsídio, dava semente, uma vaca e outras coisas. Até hoje existem programas do governo de fixação de famílias no campo.

Eu era contratado de uma empresa para fazer uma obra, as ruas da cidade. Ela foi contratada pelo governo, que estava passando pela revolução militar. No Rio Grande do Sul, por conta do problema fundiário, as famílias cresceram muito e estavam ameaçando a estabilidade. O governo tinha medo de ter alguma revolta. Os militares antes do problema acontecer criaram essa alternativa. Eu te pergunto por que não fizemos isso em relação às favelas. Olha o problema de criminalidade que temos hoje. Se tivessem subsidiado terras para os negros, imagina o que teria acontecido hoje? O Brasil seria outro.

Se alguém tivesse antevisto o que ia acontecer, teria sido muito mais barato ter dado subsídio econômico para essas pessoas. Hoje, não precisa ser terra porque não faz mais sentido, mas existem alternativas como por exemplo as cotas, criar programa de ascensão social como os Estados Unidos fez para resolver um problema do país. É tão óbvio que está faltando alguém acender a luz. **Formar um profissional por família deve dar mais ou menos 50 ou 100 mil reais cada. Vamos fazer essa conta rápida? São 55 milhões de pessoas negras, dividido por quatro dão pouco mais de 13 milhões de famílias. Formar em 10 anos um profissional de nível superior por família dá um trilhão e 200 milhões de reais. Não é tão caro assim, o país aguenta isso.**

Não precisa fazer em 10 anos, pode fazer em 15 anos que vai resolver do mesmo jeito. A questão que já começou são as ações afirmativas. **Antes de me perceber racista eu não tinha uma visão positiva das ações afirmativas e achava que era uma forma de discriminação, mas é uma questão de resgate do passivo.**

Para me preparar, tive dois tipos de pessoas, alguns mentores que se preocupavam comigo e principalmente me corrigiam, incentivavam e eram os meus pais profissionais, e tão importante quanto eram as pessoas nas quais eu me espelhava, os exemplos que eu perseguia. O Odoricão, que mencionei, era um mentor e me ensinou muita coisa, um cara experiente e ex-jogador de futebol. Ele era um Deus para nós. Mas vejo hoje que na minha trajetória eu tive muito pouca oportunidade de trabalhar com engenheiros negros. Essa questão nunca me despertou. Está na hora de fazer isso mudar.

Meus mentores me deram muitas oportunidades. Eles fizeram porque gostavam de mim e principalmente porque precisavam, que eu tinha um bom desempenho. Se eu não fosse um bom aluno o cara não ia perder tempo comigo. Eu procuro ser mentor de algumas pessoas porque me faz muito bem ver o cara evoluir e galgar novos caminhos. Isso é quase como multiplicar o prazer que você tem de evoluir, além disso é importante ter uma equipe de bons profissionais.

Me tornei CEO em 2004. E até então era alheio à questão racial. Nunca parei pra pensar. Eu gosto de parar e pensar sobre temas e ter uma opinião, mas a questão racial nunca fez parte desse leque. Até o dia que eu conheci um cara chamado Theo van der Loo com sua trajetória. Fui conversar com ele e acendeu a luz. Eu vou procurar sempre racionalizar. O que aconteceu comigo é meu e tá marcado. Desde que caiu a ficha, isso me levou a ser outra pessoa. O negócio que administro precisa ter licença social. A gente gasta energia tentando entender e se aproximar da sociedade. A igualdade racial me impactou de duas formas. Na dimensão pessoal me policio mais. O que era piada antes, hoje eu não faço mais. E na companhia fui aos acionistas, que são pessoas ricas, mas muito simples, e disse que não tem futuro fora desse caminho. Temos que integrar a companhia na sociedade porque não vamos conseguir administrar 20, 100, 150 cidades sem olhar pra desigualdade.

O que aconteceu comigo não tem a ver com heroísmo, mas entender o que um negócio precisa pra crescer. Foi meu despertar pessoal que gerou essa visão. Eu sinto que todo mundo se voltou ao tema sem resistência nenhuma. Tudo bem que tem gente que poderia ajudar mais, porem é uma questão de tempo. É muito fácil pra nos desenvolver essa logica. Não tem a ver com mérito. Nós levamos água pra mãe que não tem dinheiro de comprar comida, mas água ela tem acesso. O produto que a gente vende está no sangue das pessoas.

Um dos pilares da perpetuação da empresa é a integração social. Se você voltar na Aegea daqui a alguns anos ela forçosamente vai ter que ter mais diretores negros. Isso vai ser bom pra companhia e faz parte do projeto. Empresa que atende uma população não pode ser diferente dela. Eu estou vendendo água que você dá pra sua filha beber.

Não temo a resistência de alguns setores ou grupos da empresa por conta da implementação das ações afirmativas. Ninguém consegue conquistar 100%, conseguimos 80%, e 20% estão desde o começo. Eu não tenho alcance de todos os níveis. O que me preocupa é o que acontece com as lideranças que convivo no dia a dia. Sinto que vários estão ajudando, alguns são indiferentes, mas ninguém está atrapalhando. Estamos numa etapa de sensibilização. Está muito fácil começar com as ações afirmativas, o que chamo de protagonismo. Se eu começo com o protagonismo antes de sensibilizar vou gerar resistência. A sensação que eu tenho é que eu não preciso atingir 100% da empresa para o projeto andar. Temos que atingir aqueles 60% que foram sensibilizados, o resto vem no embalo. Não é uma democracia, o acionista decidiu e vai acontecer por bem ou por mal. As contratações, o treinamento e as oportunidades vão ter esse viés queiram ou não queiram. Não é uma decisão democrática, mas corporativa. A empresa decidiu ser assim e vai ser assim. Tenho certeza que as pessoas que não se sensibilizaram ainda e que ainda estão resistindo vão se integrar e as que não vieram não vão fazer falta. Se eu tenho 100 pessoas para carregar o peso, é ótimo, mas com 80 você também carrega do mesmo jeito.

No ponto de vista de empresa, além do que eu mencionei, nao ha nada mais para garantir a continuidade do Programa. A minha meta é mais adiante fazer com que a sociedade participe cada vez mais do Respeito dá o tom. A gente sempre chama a prefeitura de cada cidade e o pessoal fica encantado.

Quando a gente começou era um processo muito voltado para companhia. A minha ideia é colocar o RH para potencializar o que a gente vai pensar, alternativas para protagonismo. Depois, o que me atraiu também foi esse viés que pode atingir a sociedade. Eu nem imaginava que isso era possível.

Um progama como este, numa cidade maior pode ser só mais um e não fazer tanta diferença, mas pensa numa cidade pequena de 30 mil habitantes. Você poder acelerar oportunidades a que o cara só ia ter acesso depois de 10, 15 e 20 anos. Lá no Mato Grosso a firma está pagando pós-graduação pra garoto. Por que a gente não pode fazer isso? Temos que buscar o cara na cidadezinha que ia esperar duas gerações pra conseguir isso por conta da sua cor e condição econômica e ar oportunidade para ele.

A companhia precisa ser reconhecida por aqueles que dependem e recebem o serviço dela. Eu acho que não é sustentável a longo prazo usar o Programa para lustrar a marca da companhia. Nada contra quem fizer. O modelo nosso é de baixo perfil e penetração. A gente não é o primo rico que chegou pra visitar com um carro brilhante. A gente é o colega que encontra no ônibus, a companhia tem que ser vista assim. Não podemos começar a falar mais do que fazemos de verdade.

Nós somos prestadores de serviço, não somos tecnologia. É uma ética pessoal. Nada contra, não acho errado. Certos programas não devem ser usados para lustrar a marca da companhia. O reconhecimento vai vir de uma forma ou de outra. Eu prefiro colocar a Aegea como ator nesse palco da igualdade para incentivar outras empresas, do que lustrar a marca. A gente não está fazendo isso por causa da marca, mas porque precisa ser feito. A Aegea, se não resolver essa questão hoje, daqui a 10 anos ela vai ficar mais fraca.

Quando você me ensina do vazio que a sociedade deixou em relação à raça negra, já está dado. Tem 150 anos de atraso. É tão óbvio quanto qualquer outra questão pela diversidade de gênero e sexualidade, por exemplo. Lembro que chegamos numa cidadezinha do Maranhão e contratamos funcionários da companhia municipal que prestavam serviço e tinham 32 analfabetos. Eu não posso ter analfabeto na minha companhia. Eu não podia demitir 32 pessoas.

No séc. XXI tem uma companhia fazendo um programa para ensinar as pessoas a ler e escrever? Tivemos que fazer. Imagina um adulto que não sabe ler e escrever, provavelmente não sabe escovar os dentes, fazer barba, educar o filho. A gente foi fazer um programa integrado para chegar nas casas das pessoas e orientar para ter o mínimo de noção do que a sociedade pode dar para ela. Entendemos que temos que ter prioridade. Se eu pegar a energia que eu posso injetar no programa Respeito dá o Tom e dividir com outros, o resultado não vai ser bom aqui e nem ali. Prefiro dar ênfase e fazer valer. Quantos rapazes e moças da raça negra estão trabalhando na empresa que eu posso induzir a progredir?

O rascunho que tenho conversado com a diretoria é o seguinte: criaremos um canal adicional para recrutar *trainee* voltado sobretudo para pessoas negras. E a gente gerencia de maneira centralizada a carreira de 250 que são os líderes que recebem treinamento. Nós vamos abrir uma porta diferenciada para pessoas da raça negra que não estão vistas como possíveis sucessores.

Se eu quero que a empresa daqui a cinco anos tenha um *mix* diferente, só tem um jeito: interferir no programa de sucessão. A gente está contratando e trazendo mais pessoas da raça negra e criando um atalho no programa de formação de pessoas.

Se do pessoal são 10% de negros, eu quero 30%, 50%. A ideia é aumentar a quantidade de pessoas da raça negra. Essas coisas são óbvias e fáceis de fazer. Tem outras que me atraem, mas dependem um pouco mais de aprendizado, por exemplo. A empresa tem programas de inovação onde os funcionários apresentam projetos que precisam ser patrocinados, pelo menos um dos projetos tem que ser de alguém da raça negra. Protagonismo pra mim é isso. Esse projeto com certeza eu vou patrocinar. Tem que estar na base do raciocínio gerar oportunidades. Queremos incentivar que todos façam projetos. No último programa de inovação apresentaram 117 projetos. Os melhores serão patrocinados. Eu patrocino cinco aleatoriamente e escolho dois ou três gerados por pessoas da raça negra porque merecem, por conta do resgate do passado, a oportunidade de serem financiadas e expor a suas capacidades.

2.3 IDENTIDADES RACIAIS E OS FILTROS DE INFORMAÇÃO NA INTERNET

Apesar da desigualdade racial também figurar na internet, é possível apontar que este abismo vem diminuindo. Sobretudo quando se leva em consideração a busca por conteúdos relativos à população negra. Possivelmente também impulsionada pelas ações afirmativas, que atuam na crescente entrada de mais negros em ambientes universitários, mais canais de conteúdos virtual (no *Facebook*, *Youtube*, *Twitter* entre outras redes) de produtores negras e negros, e mais denúncias relativas à discriminação racial. Um estudo brasileiro, conduzido pelo Google BrandLab em São Paulo em agosto de 2017,[31] mostra que, em 2016, houve um crescimento de 232% nas buscas por cabelo cacheado. Pela primeira vez, buscas no Google por "cabelo cacheado" superaram o termo "cabelo liso", apontando para uma transformação social que vai muito além da questão capilar e refletem também a maior inserção da população negra no mundo digital, bem como a maior busca por conteúdos representativos deste grupo, colocando em xeque o topo da busca por imagens mais eurocentradas.

Buscadores	Negras pretas	Negras pardas	Brancas (cabelos escuros)	Brancas (cabelos louros)
A	14	26	0	0
B	21	19	0	0
C	23	15	0	2
D	15	25	0	0
E	17	23	0	0
F	19	21	0	0
G	18	22	0	0
H	18	22	0	0
I	14	26	0	0
J	20	20	0	0

---

31 O "Dossiê BrandLab: A Revolução dos Cachos" está disponível na íntegra, para leitura e download no formato pdf, em <https://www.thinkwithgoogle.com/intl/pt-br/advertising-channels/vídeo/revolucao-dos-cachos/> (acessado em 21 set. 2018).

Nota: A pesquisa foi realizada em todos os buscadores no dia 21 de setembro de 2018, dentro de um intervalo curto de tempo. Para cada buscador, foram selecionadas as 40 primeiras imagens de pessoas exibidas (fotos ou desenhos) que permitiam identificar as características buscadas.

É comum, ao realizar buscas por imagens na internet digitando "mulher negra", nos depararmos com os dados da Tabela 1, que apresenta o resultado de uma pesquisa utilizando os 10 buscadores mais conhecidos: em todos os casos, apareceram imagens de mulheres de cor preta e cor parda. Não vou me debruçar neste momento sobre uma análise qualitativa das imagens. No entanto, ao realizar a mesma busca retirando a palavra "negra" e deixando apenas "mulheres", como vemos na Tabela 2, a seleção se torna completamente diferente e apresenta quase exclusivamente mulheres brancas entre os primeiros resultados, isto é, os que estão visíveis no topo da página. Uma interpretação destes resultados é que a normatividade ainda pertence à mulher branca. Entendo que esta busca é configurada por algoritmos programados para classificar informações a partir do que solicitamos, mas precisamos nos questionar: até que ponto eles também reproduzem os discursos hegemônicos históricos da supremacia e da normatividade branca?

Tabela 2: Número de imagens obtidas, segundo aspecto físico, pela pesquisa do termo "mulher" em 10 ferramentas de busca na internet

Buscadores	Negras pretas	Negras pardas	Brancas (cabelos escuros)	Brancas (cabelos louros)
A	1	0	18	21
B	2	0	28	10
C	3	0	20	17
D	4	1	21	14
E	4	1	21	14
F	3	1	22	14
G	5	1	18	16
H	3	1	22	14
I	2	1	21	16
J	1	1	14	24

Nota: A pesquisa foi realizada em todos os buscadores no dia 21 de setembro de 2018, dentro de um intervalo curto de tempo. Para cada buscador, foram selecionadas as 40 primeiras imagens de pessoas exibidas (fotos ou desenhos) que permitiam identificar as características buscadas.

Para Eli Parisier (2012), os algoritmos, quando programados de maneira adequada, seriam capazes de não ler as diferenças entre as raças dos indivíduos, sem que reflitam as desigualdades do mundo real:

> Em alguns casos deixar que algoritmos tomem decisões sobre aquilo que vemos e as oportunidades que recebemos gera resultados mais justos. [...] É possível programar um computador para que ignore completamente a raça ou sexo de uma pessoa, de uma forma que os seres humanos geralmente não conseguem fazer. Mas isso só acontece se os algoritmos forem projetados com cuidado e precisão. De outra forma, é possível que simplesmente reflitam os costumes sociais da cultura que estão processando (PARISIER, 2012, p. 117).

Por outro ângulo, em relação à leitura da raça ou às práticas racistas de modo geral, Senft e Noble (2014) observam que o racismo requer a presença "de um grupo percebido como neutro ou sem raça" (SENFT; NOBLE, 2014, p. 112). Para as pesquisadoras, ainda que os algoritmos que atuam no fluxo e no filtro de informações que circulam na internet sejam categorizados como neutros, há a disseminação do discurso hegemônico branco, que as autoras chamam de "ideologia do daltonismo racial". A partir deste entendimento, a não leitura das diferenças raciais na internet seria falaciosa e reproduziria práticas provenientes da sociedade "real":

> **Na ideologia do colorblindness (daltonismo racial), as desigualdades sociais entre negros e pessoas de cor são vistas, sobretudo, como um resultado das diferenças culturais em vez de uma herança das leis e políticas de supremacia. As falhas dos pretos e pardos para assegurar as hipotecas imobiliárias são atribuídas à "preguiça", enquanto as falhas dos brancos são vistas como representativas dos problemas do sistema bancário. O sucesso de pretos e pardos no esporte é atribuído ao talento natural, enquanto atletas brancos são descritos como**

focados e dedicados. Barack Obama e Oprah Winfrey são celebrados como modelos de sucesso dos grupos minoritários, enquanto a crescente diferença entre o poder aquisitivo dos brancos e negros é ignorado (SENFT; NOBLE, 2014, p. 110). (tradução livre)

Neste sentido, a leitura de Parisier sobre a possibilidade de neutralidade em relação às identidades raciais na internet, após a reflexão proposta por Senft e Noble (2014), estaria provavelmente atrelada ao privilégio do seu lugar de fala como autor branco. Este "privilégio branco", de acordo com as autoras, estaria também no DNA da rede, desde sua criação:

> Desde 1997, críticos observaram que os usuários da internet tendem a reproduzir discursos hegemônicos mesmo sem a intenção de fazê-lo, mesmo quando eles se descrevem como apolíticos [...] é óbvio que, dado que a internet começou como um projeto financiado pelas forças armadas dos Estados Unidos, estendido como um esforço das universidades e entregue para a grande massa como um negócio privado (todas historicamente instituições governadas por homens brancos), o sonho de que ela poderia um dia ser democrática no futuro sempre foi utópico (WARF; GRIMES, apud SENFT; NOBLE, 2014, p. 200). (tradução livre)

Ainda segundo Senft e Noble (2014), estudiosos sobre raça observaram a hipótese de que o discurso do daltonismo racial na internet se reflete na maneira como o racismo se manifesta nos mecanismos de busca e sua maneira de hieraquizar os resultados:

> **O racismo é parte da nossa vida na internet. Em um mundo conectado, [o racismo] é agora uma realidade global. Às vezes, o racismo é impossível de ignorar, sobretudo quando alguém acessa websites cheios de "discursos de ódio e de supremacia branca" [...] Outras vezes isso se manifesta de maneiras bem mais sutis, como quando uma menina digita termos como "mulher negra" em um mecanismo de busca e é frequentemente direcionada a sites de pornografia** (SENFT; NOBLE, 2014, p. 112). (tradução livre)

A partir da ótica de Senft e Noble (2014), podemos supor que os resultados das buscas nos mecanismos em relação às imagens dos homens e mulheres negras advêm da lógica essencialista, generalizante, que tende a enxergar uma entidade, ou seja, um grupo de pessoas, de maneira homogênea, em vez de indivíduos. Este sistema perpetuaria, portanto, o que Chester Pierce (*apud* SENFT; NOBLE, 2014) **chama de microagressões: "insultos automáticos e frequentemente inconscientes direcionados a pessoas de cor".** Neste sentido, Holland (*apud* SENFT; NOBLE, 2014) **as descreve como o sistema diário de terror e prazer na vida de uma pessoa de cor, visto que podem ter ora conotação "positivada" ou "negativada", dependendo do contexto.**

Fala Fernando Paiva, executivo de TI

Me declaro negro, sou descendente de nigeriano, angolano, índio e italiano. Tenho 37 anos e escolhi a profissão que eu tenho porque sempre gostei de computadores desde os meus 12 anos. Atualmente sou executivo de TI, a minha família não influenciou nesse processo. **Minhas referências profissionais sempre foram externas**. Atualmente, tenho como referência o executivo Longinus Timochenco porque é negro, brasileiro e da área de tecnologia, e Rachel Maia, executiva negra.

Realizei o meu ensino médio no Colégio Técnico Oliveira Telles [São Paulo-SP] em Processamento de Dados. Depois fui bolsista na Faculdade UniSant'Anna [São Paulo-SP] no curso de Administração de Empresas. Fiz complementação de grade em Engenharia de Produção na UFRGS e em seguida pós graduação em gestão de projetos na FGV, também MBA Executivo de Gestão Empresarial na Copead UFRJ, Pós MBA de Gestão de Projetos na University of La Verne USA. Cursos de línguas na Kaplan, ELS e Harvard.

Atuo hoje como executivo de TI, responsável por algumas operações estratégicas, mas não vejo outras pessoas negras trabalhando comigo. Já inclusive enfrentei preconceito diretamente de um liderado que não tinha o menor respeito à diversidade racial e também já senti dificuldade de ser colocado em cargos de maior exposição ao público **pois** já tive um líder direto que sempre dizia que **negro não pode ser líder**.

Atualmente, depois de 20 anos de carreira e devido ao **momento da temática** nas empresas, sinto mais tranquilidade em conseguir atingir a minha meta profissional. Minha meta é estar como superintendente até meus 40 anos e diretor de TI com 45 anos.

Atualmente ainda não consigo auxiliar na retenção e desenvolvimento de outros profissionais negros porque o RH nunca vê, em profissionais negros, os requisitos necessários para entrarem na empresa para, então, podermos desenvolvê-los.

2.4 A TECNOLOGIA E O APAGAMENTO DA RAÇA?

Senft e Noble (2014) também destacam que se conhecemos sobretudo histórias de *sites*, como *Google* e *Facebook*, na história da internet, é porque as contribuições de pessoas de cor foram muitas vezes apagadas ou omitidas. Ainda de acordo com as autoras, a ideologia da branquitude, lida, aqui, com as vantagens de ser branco, e, por consequência, ocupar um espaço de maior poder, prestígio e valor simbólico e econômico na sociedade, estaria tão impregnada na percepção do que é "normal" entre os usuários da internet. E ainda que, quando pessoas de cor desenham sistemas que reflitam nitidamente seus próprios interesses, por exemplo, acabam tendo de explicar que seus esforços não são "racismo reverso". As autoras citam como exemplo o caso do *Black Bird* (Pássaro Negro), um navegador da rede desenhado para ajudar na promoção de conteúdo de maior relevância hierárquica sobre afro-americanos.

Interessante notar que mecanismos mais populares tendem a propagar o imaginário branco como hegemônico, a partir da ótica de Noble (2012), como vimos no início deste capítulo, com o exemplo da busca em diversas ferramentas muito usadas. As criações segmentadas por raça, voltadas para atender às demandas de protagonismo da população negra, são geralmente malvistas, ou tidas como "racismo reverso". Entendo no entanto que a noção de racismo reverso não se sustenta, uma vez que as relações de poder que embasam o racismo estão dadas unilateralmente majoritariamente dos brancos em direção aos negros ou pessoas de cor, termo recorrentemente usado por Noble (2012), ou ainda os não brancos. Pensar em racismo reverso, dentro da construção proposta pelo MNU, é como pensar em machismo reverso. Não cabe neste contexto, pois é sabido que historicamente a opressão se dá de modo mais enfático do homem em direção à mulher. A partir desta ótica, estas iniciativas de grupos postos à margem, tanto na vida real como na vida virtual, podem ser vistas como reações contra hegemonias, visando a construção positiva de imaginários e representatividade, que não estão ranqueadas entre os primeiros resultados dos mecanismos tradicionais, e não ações isoladas.

Outro caso a se destacar é o do *Black Twitter* (*Twitter* Negro), cuja referência nasceu de um estudo do *Pew Institute*[32], o qual aponta que 25% dos usuários do *Black Twitter* seriam negros nos Estados Unidos. Isto significaria uma dominância no número de usuários afro-americanos entre os *trending topics*,[33] isto é, os tópicos mais discutidos no momento, alimentados pelo vaivém das múltiplas discussões através das *hashtags* (BROCK, *apud* SENFT; NOBLE, 2014). Brock enfatiza que é importante entender que o *Black Twitter* representa um grupo público com características similares de usuários do *Twitter* e não todos os usuários negros da internet. A partir da leitura de Florini (2014), é possível questionar o caráter homogêneo dos grupos. Sob esta ótica, não existiria um grupo unificado branco ou negro no *Black Twitter*. Ela observa que o que existe são milhões de usuários negros da rede social engajados e conectados com outros que têm interesses, preocupações, gostos e práticas culturais semelhantes nos Estados Unidos. Brock complementa que, embora eles pudessem "passar" *on-line* como um usuário qualquer, eles preferem não o fazer, priorizando destacar, dar visibilidade, às suas identidades raciais.

No tocante à visibilidade, estes mecanismos (FERBER, *apud* SENFT; NOBLE, 2014) vão enfatizar que para "grupos minoritários" (ou minorizados), aqui considerados como grupos minoritariamente representados dentro de um contexto social, a visibilidade é uma faca de dois gumes. De um lado, cria um desejo justificável para maior e melhor representação destes grupos, de várias formas, na esfera pública: livros didáticos, cargos públicos, privados, universidades, empreendimentos, mídia e assim por diante. No entanto, por outro lado, ainda que haja uma crescente visibilidade para as pautas étnico-raciais nas agendas multiculturais, é importante entender que a invisibilidade oferece inúmeras vantagens para os brancos. Este fenômeno tem sido descrito como invisibilidade branca, uma vez que brancos seriam lembrados menos frequentemente de seus atributos raciais do que os grupos com outras identidades raciais. Por

---

32   Pew é uma empresa estadunidense que investe em parcerias com organizações atuantes em questões sociais.

33   Não foi encontrada uma pesquisa semelhante que retrate o perfil, com recorte racial, dos usuários do *Twitter* ou *Facebook* aqui no Brasil até a data de realização desta pesquisa, em 20/03/2016.

defini-los como o grupo sem raça, negariam o privilégio da associação à normatividade que a branquitude traz, deixando espaço para uma nova forma de racismo: mais "coberto, codificado e cultural" que as formas mais antigas, que tendiam a se respaldar através da biologia ou na segregação legal, como a ocorrida nos Estados Unidos no século XX (FERBER, *apud* SENFT; NOBLE, 2014).

Na rede virtual, a reprodução deste privilégio branco pode se dar, ainda que de maneira não intencional, na classificação algorítmica baseada em dados pessoais. Esta, segundo Parisier (2012), pode ser ainda mais discriminatória que uma classificação feita por seres humanos. Parisier cita, como exemplo, que é possível que um programa que ajude as empresas a examinar currículos em busca de talentos talvez "aprenda" qual o fisiotipo dos candidatos recomendados, e, por este mecanismo, acabam sendo realmente contratados. Se nove candidatos brancos forem contratados em sequência, isso talvez demonstre que a empresa não está interessada em contratar pessoas negras, fazendo com que o algoritmo as exclua de buscas futuras por candidatos negros. Entre programadores, esse tipo de erro, segundo Parisier, tem um nome: chama-se sobreajuste. Parisier reforça que "sobreajustar" e "estereotipar" são sinônimos (PARISIER, 2012, p.118).

Senft e Noble explicam que muitos mecanismos de busca, não apenas o *Google*, usam inteligência artificial de computadores para determinar que tipo de informação deve ser selecionada e mostrada, e em qual ordem isso deve aparecer ao usuário. Para Noble (2012), o processo de busca no *Google*, por exemplo, é baseado em identificar e atribuir valor a vários dígitos de informação através da indexação na rede. Formulações complexas de matemática são desenvolvidas através de algoritmos, que são parte de um processo de automação. Mas estes cálculos não levam em consideração o contexto social (NOBLE, 2012, p. 4). As autoras enfatizam que o que está faltando nos mecanismos de busca é a consciência sobre estereótipos históricos, desigualdade e identidades raciais. Estes resultados são profundamente problemáticos e são constantemente apresentados sem nenhuma forma de nós os alterarmos.

Ao fazer dialogar as reflexões propostas por Noble (2012), Senft e Noble (2014) com as de Parisier (2012) – de que, "em geral, problemas ásperos, complexos e que demandem tempo, ou seja, boa parte das questões realmente importantes não costumam prosperar na internet" (PARISIER, 2012, p.135) –, podemos refletir sobre o porquê de este tipo de discussão não estar entre as mais populares da rede, sobretudo tendo em mente que os mecanismos de busca lembram cada vez mais onde estivemos e em quais *links* clicamos com frequência, de modo a promover um conteúdo mais personalizado. Parisier (2012) chama este conteúdo personalizado de "bolha de filtros". Esta "bolha de filtros" frequentemente bloquearia questões sociais importantes, porém complexas ou desagradáveis, tornando-as invisíveis. E, consequentemente, sob esta ótica, além destas questões, cada vez mais, todo o processo político tenderia a desaparecer. Sob esta ótica, a "bolha de filtros" nos cercaria com ideias com as quais já estaríamos familiarizados (e com as quais já concordamos), dando-nos confiança excessiva em nossa estrutura mental (PARISIER, 2012).

O estudo da *Wharton School*[34] sobre a lista das notícias mais encaminhadas do *New York Times*, por exemplo, teria demonstrado que as matérias que despertavam sentimentos fortes, deslumbramento, ansiedade, raiva, alegria eram compartilhadas com muito mais frequência. Num comparativo de mídias, enquanto a televisão nos traria um "mundo mau", cheio de manchetes sangrentas ditadas pelos principais telejornais, a "bolha de filtros" nos traria a possibilidade de um "mundo emotivo" e mais personalizado. Outra visão sobre as diferenças entre a televisão e a internet seria que assistimos basicamente à televisão para desligar nosso cérebro, enquanto ao trabalharmos no computador queremos ligá-lo, como citou Steve Jobs, o fundador da *Apple*, à revista *Macworld*, em 2004 (PARISIER, 2012). Entre os especialistas, esses dois paradigmas passaram a ser conhecidos como tecnologia *push* (empurrar) e tecnologia *pull* (puxar). Um navegador, deste modo, seria um exemplo de tecnologia *pull*: digitamos um endereço, e nosso computador puxa informações daquele servidor. A televisão e o correio são tecnologias *push*: as informações aparecem no televisor ou à nossa porta sem nenhuma ação de nossa parte.

O autor avalia que o consumo de informações que puxamos se ajustaria melhor às nossas ideias e tornariam o mundo mais fácil, prazeroso. No entanto, ele substituiria muitas vezes o conteúdo que é realmente impor-

---

34 Tradicional escola superior de Administração ligada à Universidade da Pensilvânia (EUA).

tante e concernente às realidades distintas do próprio indivíduo; afinal, o consumo de informações que nos desafiam a pensar de novas maneiras ou a questionar nossos conceitos seria frustrante e difícil. No entanto, em última análise, a filtragem não é um fenômeno novo. Tem estado por aí há milhões de anos e já existia antes mesmo do surgimento dos seres humanos. Mesmo entre animais com sentidos rudimentares, praticamente toda a informação que entra por seus sentidos é insignificante, mas uma pequena fração pode lhes salvar a vida.

De todo modo, "a informação quer ser reduzida", e a cada segundo nós reduzimos muita informação – comprimindo a maior parte do que nossos olhos veem e ouvidos ouvem, transformando tudo em conceitos que captam a ideia fundamental (PARISIER, 2012). Os psicólogos chamam este conceito de esquemas. Depois que adquirimos esquemas, estamos predispostos a fortalecê-los. Os pesquisadores em psicologia chamam esse processo de viés da confirmação – a tendência a acreditar no que reforça nossas noções preexistentes, fazendo-nos enxergar o que queremos enxergar, como o que acontece no *Facebook*, por exemplo:

> O fato de que o Facebook prefira "Curtir" a, por exemplo, "Importante" é uma pequena decisão que tem amplas consequências: as histórias que recebem mais atenção no Facebook são aquelas que mais pessoas curtem, são bem mais agradáveis. Mas o resultado é que as conversas entre amigos meus (que tendem a ser parecidos comigo) ganham mais importância, enquanto as conversas que me apresentariam a novas ideias são obscurecidas (PARISIER, 2012, p.134).

Neste sentido, devemos nos questionar como, e até que ponto, pesquisadores, blogueiros e ativistas *on-line*, que publicam informações relacionadas às reflexões sobre as relações étnico-raciais no Brasil, tema de interesse aqui, estão, de fato, atingindo pessoas que pensam de maneira diferente, isto é, os aqui lidos como "daltônicos raciais", fazendo-os se confrontarem com uma visão de mundo que têm. Estaríamos vivenciando a era do diálogo entre os que pensam diferente ou de grupos polarizados e isolados que reforçam teorias com as quais já concordam? Talvez não haja uma resposta, sobretudo se trocarmos a conjunção alternativa "ou" pelo conectivo "e", abrindo ambas as possibilidades simultaneamente, em uma era em que o sujeito pós-moderno é atravessado por múltiplos discursos (HALL, 2005), podendo, dependendo do contexto, perpetuar o racismo e também combatê-lo.

Outra questão pertinente é relativa ao espaço onde o debate sobre o racismo tem ocorrido, ou seja, na internet. Seria ele maior do que o que havia na televisão, que muitas vezes priorizava conteúdos de interesse para uma maioria, sem se importar necessariamente com a visão dos grupos marginalizados, ou menor do que pensamos, visto não estar no topo dos conteúdos mais relevantes entre as buscas feitas pela maioria?

Entendo que, assim como a reflexão anterior, estas perguntas não têm uma única resposta e vão depender da lente de quem responda. É relevante colocar que, na era da predominância da televisão ou da internet, precisamos nos esforçar para entendermos as lentes pelas quais passam as informações que recebemos. Parisier (2012) sugere que devemos entender que as ideias que temos sobre o que é real muitas vezes nos chegam em segunda mão e de forma distorcida, editadas, manipuladas e filtradas pelos meios de comunicação (*on-line* ou *off-line*), por outros seres humanos e pelos diversos elementos de distorção da mente humana. Neste aspecto, no âmbito social, podemos pensar em outros filtros de informação aos quais somos submetidos em nossas trajetórias de vida, como a cultura, a família, a religião, entre outros. Tal qual uma lente, estas "bolhas de filtros" transformariam inevitavelmente o mundo que vivenciamos, determinando o que vemos e o que não vemos. O autor também ressalta que a internet apenas torna os novos mediadores das informações que chegam até nós muitas vezes invisíveis ao usuário. Diante deste tópico, Senft e Noble (2014) reforçam que a informação que aparece no topo da pilha de resultados da busca não é a mesma para cada usuário ou local, e uma variedade de propagandas e fatores políticos, sociais ou econômicos é associada, de maneira que os resultados das buscas são codificados e mostrados.

A personalização se baseria numa transação econômica na qual os consumidores se encontram numa situação de desvantagem inerente: enquanto o *Google* sabe o valor da informação sobre sua cor de pele, não sabemos sequer que ele tem esta informação. E, embora os benefícios sejam óbvios (*e-mail* grátis!), as desvantagens (perda de oportunidades e conteúdos filtrados que chegam até eles por deduções algorítmicas) são invisíveis.

Os *sites* comerciais de busca nos Estados Unidos, como *Google*, *Yahoo!* e *Bing*, detêm um poder enorme na definição sobre como as informações são indexadas e priorizadas. Cortes públicos na educação, bibliotecas públicas e recursos comunitários apenas reforçam a nossa crescente confiança na tecnologia, em substituição aos profissionais de educação (SENFT; NOBLE, 2014). Neste aspecto, se a internet tem o potencial de descentralizar o conhecimento e o controle, na prática está concentrando o controle sobre o que vemos e as oportunidades que recebemos nas mãos de muito poucos, de uma forma nunca antes vista (PARISIER, 2012).

Aplicativos do *Google*, como o *gmail*, e *sites* de mídia social, como o *Facebook* e *Whatsapp*, rastreiam sua identidade e buscas prévias para trazer resultados ligeiramente diferentes. Um relatório do *Pew Institute*, de 2005, sobre usuários dos mecanismos de busca, que analisou especificamente a credibilidade, revelou que a maioria das pessoas está satisfeita com os resultados que acham nestes *sites*, com 64% dos entrevistados acreditando que os resultados das buscas são justos e não possuem fontes de informação enviesadas (SENFT; NOBLE, 2014).

As autoras reforçam que o que estaria faltando nos mecanismos de busca é a consciência sobre estereótipos, desigualdade e identidades raciais. A maioria dos mecanismos de busca falharia, portanto, em prover conhecimento relevante e culturalmente situado sobre como homens e mulheres de cor têm tradicionalmente sido discriminados, sendo privados de seus direitos ou ainda violados na sociedade e na mídia, ainda que tenham se organizado e resistido em vários níveis. É possível também destacar como os *sites* de busca estão concentrados em um número limitado de corporações; é ainda mais crucial prestar atenção nos tipos de vieses que estão moldando a informação priorizada nos mecanismos de busca (SENFT; NOBLE, 2014).

O *Google*, segundo as autoras, bloqueia efetivamente *sites* concorrentes e prioriza suas propriedades no topo da busca (*Youtube versus* outros sites de vídeo, *Google Maps versus MapQuest* e *Google Images versus Photobucket* e *Flickr*, por exemplo). Sob esta ótica, o ideal seria que nos questionássemos sobre como as coisas que compartilhamos são achadas e como os resultados que achamos vieram à tona (Qual é a origem da informação que os nossos amigos compartilharam?).

Noble (2012) salienta que aqueles que se sentem afetados pelas informações que vão para o topo da página por causa do sistema de ranqueamento de informações deveriam ser ouvidos neste processo. Ele enfatiza, ainda, que os mecanismos de busca têm o potencial disruptivo de mostrar informações e contranarrativas ou narrativas desruptivas que não priorizem as formulações mais racistas ou sexistas sobre as identidades coletivas. E que, por isso, poderiam ajudar os indivíduos a alcançarem a liberdade de representações estereotipadas e inventadas ao não apoiarem empresas que nutram a falta do contexto social, político e econômico nos resultados mostrados nos *sites* de busca. Sobretudo, porque estes mecanismos têm ganhado muito poder nas escolas, bibliotecas e no domínio público. E defende que "precisamos de um *ranking* de resultados mais sofisticado e crítico que leve em consideração a discriminação e sub-representação histórica de grupos que foram marginalizados" (NOBLE, 2012, p. 6). Caso contrário, teme que, provavelmente, os resultados das pesquisas *on-line* baseadas em identidades raciais serão apenas reflexos da velha intolerância com a roupagem das novas mídias.

Fala Bruno Gagliasso, ator

É engraçado pensar em autodeclaração racial porque a gente está se descobrindo, se conhecendo e vendo como a gente era, sobretudo, ignorante. Isso me incomoda muito. Posso falar em nome da Giovanna, minha mulher, totalmente porque o que a gente vive hoje é completamente diferente do que a gente viveu na nossa infância e na nossa adolescência.

A gente começou a olhar isso quando a nossa filha chegou. O fato dela ser negra e africana mudou nossa percepção completamente. No início, a gente não podia contar pra ninguém que a gente estava adotando fora do país, por conta dos trâmites legais.

Quando ela chegou aqui pareceu que estávamos fazendo algo muito de repente, para as pessoas, enquanto para nós não foi. Estávamos nesse processo há um ano e meio e morando na África já há três anos.

Eu digo que é novo porque a gente só passou a olhar infelizmente depois que ela chegou. Eu não posso me definir agora, mas o que eu tenho a certeza é que a questão racial e a desigualdade racial são gritantes. **Minha filha sofre preconceito não só por ela ser negra, mas também por ser africana.**

É claro que o fato dela ter ficado famosa faz com que as pessoas a olhem com outros olhos e também a questão racial. Nós também olhamos com outros olhos essa questão. Não é porque olham para minha filha de uma maneira e pra outra criança que não é famosa de outra que isso não vai nos incomodar. Incomoda muito e virou a nossa causa, a nossa briga. **É obvio que jamais vou sentir o que ela sente. Eu sou branco e ela é negra.** O amor que a gente sente por ela é mais forte do que qualquer outra coisa e, por isso, dói muito. Não consigo entender como tem gente que não se engaja. É uma briga de qualquer pessoa que tenha decência, seja honesta e íntegra.

Eu descobri depois de anos que a minha bisavó era negra. Eu tenho a certeza que minha mãe me contou isso só depois que minha filha chegou. Muita coisa deve ter passado pela cabeça dela. Isso é uma coisa que gostaria de saber há muito mais tempo. Quando minha mãe falou isso eu fiquei tão feliz e honrado. É difícil explicar o sentimento. Ao mesmo tempo que eu queria saber disso antes, como será que teria saído a minha reação antes de eu abrir os olhos como tenho eles hoje em dia?

Como a família já começou a mudar depois da Titi. Isso é um ciclo. Quando você está disposto a mudar a cabeça das pessoas, elas podem mudar. Meu pai é separado da minha mãe, ele é de família portuguesa e ela de família italiana. A relação da minha mãe com sua família foi bem complicada e, por isso, eu nem sabia que ela tinha tanta relação com a avó dela.

Eu convivi pouco com a minha avó materna, que era uma mulher muito difícil e teve quatro filhos. Três morreram antes dela e por isso ela se tornou uma pessoa muito amargurada.

Eu nunca tive preconceito, mas fui criado por uma sociedade de fato racista; é mentira dizer que não. Várias vezes fico me perguntando por que me conformei tanto e permiti que a sociedade me formasse assim. São coisas que a gente vai descobrindo. Quando você me pergunta qual é minha posição, eu digo que tô me descobrindo. O que sei é que hoje isso me incomoda muito. Vou fortalecer ao máximo

a minha filha, as amigas delas e quem tiver que ser para que lutem por igualdade racial.

Eu sempre fui muito inquieto. E acho que isso levou a escolher trabalhar com audiovisual. Eu só ficava quieto quando ia ao teatro, cinema ou alguma coisa relacionada a arte. **As pessoas falavam que eu era muito bonito e devia fazer televisão. Fui entrando. O que é ser muito bonito? Minha filha é muito linda e maravilhosa. Acho difícil alguém falar que ela é muito bonita e devia fazer televisão. Talvez falem que os pais fazem televisão e ela devia fazer também. Tudo eu paro para pensar. Não quero ser o mala, mas é real.**

Sem duvida minhas referências profissionais foram atores que estão na TV: Antônio Fagundes e Toni Ramos, a maioria brancos. Não foi Milton Gonçalves que hoje é minha referência. Isso é louco. Como eu queria que as pessoas parassem para pensar e discutir sobre isso.

Hoje eu sou ator acima e independente de qualquer coisa. Eu tenho que fazer o que me deixa feliz. Eu tenho restaurantes, pousadas, empresa de crédito facilitado, mas a minha parada é atuar. Quero mudar o mundo através da minha arte e da minha vida. Todo mundo pode fazer isso, por menor que seja, já é uma mudança e faz a diferença da vida de alguém.

Não sei de onde vem esse viés empreendedor. Eu sou movido a desafios. Eu gosto de problematizar um pouquinho. Meu restaurante é orgânico, nada tem agrotóxico. Você pode mudar a vida das pessoas através de uma boa alimentação. Eu tento passar isso para os meus negócios. A gente tem uma horta e queremos levar escolas para mostrar que podemos produzir nossa própria comida e que não precisamos colocar nenhum veneno pra ela crescer mais rápido ou mais bonita. Eu procuro fazer coisas mesmo que sejam pequenas. Acho que se todo mundo pensasse assim, faria diferença na vida de muita gente.

Minha trajetória como empreendedor começou em Fernando de Noronha. Na primeira vez que fui, tinha 17 anos. Eu fui para gravar As Chiquititas, uma novela de uma emissora argentina que o SBT comprava os episódios para passar aqui no Brasil. Lá eu me apaixonei. Até porque eu era adolescente e não tinha grana. Não é um lugar fácil e é muito caro. Depois eu voltei mais velho, com uns 25 anos, já tinha um salário e era contratado da Globo. Lá não é um lugar fácil de se chegar. Você precisa ir até Recife e de Recife pegar outro avião. Fora que você tem que pagar uma taxa diária, que dizem que é para manter a ilha do jeito que é. Em Noronha acontecem muitos estudos sobre a vida marinha, a terra, é uma ilha vulcânica, tem espécies praticamente extintas, é muito preservada.

Nesta época, eu conheci o Bruno, dono do Le Manjue, um cara apaixonado pela natureza e por Noronha, que prega essa alimentação saudável e orgânica. Acabamos virando sócios. **Tudo na vida é relacionamento. Se você troca, as coisas acontecem. Não é todo mundo que tem a oportunidade de se relacionar assim**, de ir pra lá. Só que eu tive a oportunidade de conhecer ele.

Ter a humildade de falar que não sabe e pedir para o outro ensinar, é isso pra tudo na vida. Só sei que nada sei, é uma frase que me norteia bastante. Eu estou sempre querendo aprender e me alimentando de algo novo. Ninguém sabe mais que ninguém, um sabe de uma coisa e o outro de outra. Precisamos trocar. **Acredito que o alcance da igualdade racial também vai ser assim, também na base da troca.**

Eu não sinto que meu lado empreendedor tenha sido tão influenciado pela minha família a nível de negócio, e sim de trabalho árduo. Minha mãe sempre trabalhou muito desde novinha, desde os 15 anos ela já trabalhava. Isso sempre enxerguei, essa pessoa trabalhadora e forte, mas, em relação a empreendedorismo, sinto que não herdei isso deles, nasceu em mim.

Essas relações e amizades que mencionei, que me levaram a ter empreendimentos, e agora uma carreira como ator, isso foi facilitado por eu ser branco. Eu tive a oportunidade de estudar e ter professores particulares. Nunca passei fome. Isso facilitou muito. Eu acho que hoje consigo enxergar isso. Há um tempo atrás eu não conseguia. Por isso que luto tanto para que todo mundo enxergue. O que a gente não pode é ficar parado.

É óbvio que na atual escola da minha filha, você não vai ver 50% de negros hoje, talvez veja três e no próximo ano 10, e assim gradativamente. Eu não sou o dono da escola, mas tenho propriedade para falar porque estamos construindo algo juntos. Se uma outra escola do bairro ao lado enxergar isso e resolver fazer também? Olha que lindo!

Mas ainda sinto falta de um engajamento maior nas pessoas, não sei se é porque estou muito envolvido. Se depender dos nossos governantes, a gente não vai conseguir nada. Por que não fazer através dos nossos recursos, parcerias e empreendimentos? Foi importante a educação que eu tive, mas muito mais importante eu conseguir enxergar. Não adianta vir com esse papo que as desigualdades não são sua culpa, porque são sim. Vamos mudar a sociedade. É muito fácil se vitimizar, eu não estou me vitimizando. Pelo contrário, eu me culpo por isso. Por isso que estou fazendo. **Não tenho o poder de um político e de um presidente da república, mas tenho o poder do ser humano, pai, amigo, o poder de alguém que quer fazer não só por si, mas pela pessoa que mais amo na vida que é minha filha.**

Eu faço muitos comerciais. Tem a Renault, a Listerine, a Johnson, a Mash (cueca). Rodo campanhas o tempo inteiro. Uma coisa que não é comum pra todo mundo.

Acho que o que a gente tem que fazer para reduzir a desigualdade racial no audiovisual é muito antes disso. O buraco é muito mais embaixo. Por que que as atrizes negras não estão nas novelas? Por que, quando estão, fazem papel de escrava, da empregada e não fazem papel da executiva. A Taís Araújo até faz. O Lázaro Ramos fez recentemente uma campanha de carro também. A questão é: por que só o Lázaro? Por que só a Taís? Ao mesmo tempo, tem a questão sobre por que rejeitaram a Taís quando ela fez a protagonista em Helena. Imagina se ela e o Lázaro chegam e falam que não vão fazer papel de escravos. E aí?

Bom, é tudo muito novo pra mim. Eu quero conhecer porque perdi muito tempo sem saber. O que vou falar pra minha filha? Como ela vai me olhar? Quero que ela saiba que eu briguei por ela e pela sociedade. Quero que ela tenha orgulho do pai e saiba que eu fui atrás da mulher que cometeu um crime contra ela na internet. Quando minha filha tiver 18 anos, ela vai querer correr atrás e eu vou estar aqui me oferecendo para ir junto.

Eu não vou conseguir dormir sendo permissível e cúmplice do racismo. Eu não me vejo não fazendo isso mais, não sei ser outra coisa que não seja isso. Hoje eu sou esse cara que briga e não admite, e acho que todo mundo deveria fazer o mesmo.

Antes da Titi, achava que não existia preconceito. Porque eu olhava e não fazia nada. Hoje, eu acho que você ser omisso é tão grave quan-

to ser racista. Eu que permiti que a sociedade tapasse meus olhos. Eu tirei a mão da sociedade dos meus olhos e disse que não é assim que a banda toca. Eu vou fazer a minha parte e quero que todo mundo faça a sua. Vou tentar abrir os olhos das pessoas. Minha filha veio pra unir. Minha filha chegou mudando nossas vidas.

Em um futuro próximo, me vejo fazendo diferença na vida das pessoas através do meu trabalho. A arte tem o poder de transformação, de curar e fazer as pessoas refletirem. Eu quero fazer isso através do meu trabalho, é o que me move. Se não for por isso, não tem sentido pra mim.

Eu me vejo também como diretor. É um caminho em que me enxergam. Tudo na vida tem sua hora. Eu não me programo assim. Acho que tem que ser orgânico. Tem que aparecer e me dar vontade. Vou dirigir o trabalho certo e na hora certa. Como nasceu o Le Manjue, nasceu com um cara em Noronha, de forma bem natural.

Eu não sou e nem quero ser o dono do mundo, mas quero fazer a diferença nele. Quero que meus filhos e amigos tenham orgulho do que fiz, não por vaidade, mas por saber que eu tentei fazer algo pelas pessoas. O que vale na vida é isso.

A pessoa mais viva na minha vida é minha avó que morreu há 11 anos. Ela é viva dentro de mim, não tinha dinheiro, carro, mas tinha amor e alegria. É isso que eu quero passar pros meus amigos, filhos e família, essas memórias e momentos juntos. Essa é a contribuição que deixei durante a minha passagem pelo mundo.

Engraçado pensar hoje onde estão as pessoas negras que estão comigo além da minha filha. Elas estão comigo o tempo todo, não só no trabalho, mas também as que convivem comigo. Eu tenho muitos amigos negros. Quando eu de fato acordei, comecei a olhar com outros olhos e a perturbar muito mais elas que elas a mim. É natural, quero informação. Fico até emocionado quando sinto o orgulho que eles têm de mim. Isso me deixa tão feliz, enche o meu coração. A madrinha da minha filha é negra e a minha segunda mãe também. Sinto o orgulho que elas sentem de mim por ter acordado e não ter sido omisso e cruel. E quando penso em diretores, gerentes negros, ainda vejo muito pouco e isso me incomoda muito.

Quando você tá com os olhos fechados, não enxerga isso. Depois que você acorda, fica se perguntando: onde estão? Quando chego no restaurante, quero saber quem tá sentado e quem tá servindo. **Eu chego no meu restaurante e quando não vejo as minhas gerentes negras, fico agoniado pensando: por que elas negras não estão aqui? Elas recebem todo mundo tão bem. Será que mandaram pra outro lugar? Por que elas não estão no Jardins, que é uma área nobre de São Paulo? Será que mandaram pra fábrica? Eu chego no banco e penso: será que o gerente é negro ou só o segurança? Quem tá na fila e quem não tá?**

Minha mulher a mesma coisa. Eu não era assim, que bom que hoje sou. Eu chego nos meus sócios e digo que temos que ter os olhos mais abertos.

2.5 INTERNET, TECNOLOGIA E ATIVISMO

Numa possível contramão do compartilhamento de informações exclusivamente de interesse próprio do usuário, as *hashtags*, identificadas pelo sinal "#" (cerquilha), seguido pelo assunto abordado ou relacionado pelo usuário, aparecem nas redes sociais como uma etiqueta temática, e tornam, a princípio, a catalogação das discussões entre os usuários mais fácil de ser recuperada na rede. Estas *hashtags* são, muitas vezes, compartilhadas como forma de protestos em movimentos sociais. O que nos interessa aqui neste contexto é a utilização das *hashtags* em reação a ataques racistas, como o ocorrido no dia 27 de abril de 2015, contra Daniel Alves. O jogador de futebol, na época, comeu uma banana jogada no campo por um torcedor durante um jogo do clube espanhol Barcelona. Neymar, que não estava jogando no dia, utilizou as mídias sociais para reverberar sua solidariedade contra a ação classificada como racismo. O jornal *O Globo*[35], no dia 28 de abril, postou uma foto com Neymar e o seu filho Lucas, cada qual segurando uma banana, que o jogador postou no Instagram sob a *hashtag* #somostodosmacacos, convocando todos a postarem fotos iguais como protesto contra a manifestação racista. Segundo infográfico divulgado no *site* Tecmundo,[36] a foto teve 579 mil *likes* no *Instagram*, e a *hashtag* logo se tornou *trending topic* no *twitter*, gerando mais de 178 mil tuítes nos quatro dias posteriores ao ato. Além disso, até uma semana após o ocorrido, outras 144 mil fotos foram postadas por outras pessoas no *Instagram*, com a mesma *hashtag*. No *Facebook*, quase 12 mil *posts* sobre o assunto foram coletados. Outras celebridades no Brasil também aderiram ao manifesto, como o ator Leandro Hassum, que gerou quase 40 mil tuítes com seu *post* em solidariedade a #somostodosmacacos. Além disso, Luciano Huck teve seu nome citado mais de 42 mil vezes, por estar associado a esta *hashtag*. Em alguns *posts*, Huck era tachado de oportunista por ter lançado e colocado à venda, em sua

---

35 A notícia pode ser lida em <http://globoesporte.globo.com/futebol/futebol-internacional/futebol-espanhol/noticia/2014/04/neymar-defende-daniel-alves-apos-caso-de-racismo-somos-todos-macacos.html> e no *post* de Neymar em <https://www.instagram.com/p/nT1mL6xtty/> (acessados em 22 set. 2018).

36 A matéria do Tecmundo pode ser lida em <http://www.tecmundo.com.br/internet/54249-infografico-hashtag-somostodosmacacos-gerou-178-mil-tweets-4-dias.htm> (acessada em 22 set. 2018).

marca de roupas, uma camiseta com a mensagem logo após o início da campanha. As oposições contra a campanha foram inúmeras.

O texto do blogueiro Douglas Belchior contra a campanha ganhou mais de 120 mil *likes*. Belchior acusava a campanha de racista, pela associação histórica do negro ao animal, ícone representativo de um homem menos evoluído. Mais recentemente, em janeiro de 2016, Neymar sofreu um ataque racista em campo, na Espanha, e lançou um vídeo com a participação de vários artistas cantando a música "Sangue Vermelho", do cantor e compositor Caetano Veloso, que retrata o fato de, por baixo da pele, sermos todos iguais. O videoclipe da música, interpretado nesta versão por vários artistas, foi postado através das mídias sociais do jogador com a *hashtag* #sanguevermelho.[37] As *hashtags* de solidariedade associadas a questões étnico-raciais no Brasil ganharam ainda mais espaço no mundo virtual.

Houve, ainda no ano de 2015, como casos de destaque, o apoio contra ataques racistas à página do *Facebook* da jornalista Maria Júlia Coutinho, com a *hashtag* #somostodosmaju, e a em apoio à atriz Taís de Araújo, vítima também de um ataque com ofensas racistas. Em 2014, a Anistia Internacional lançou, no Brasil, uma campanha chamada "Jovem Negro Vivo", com *hashtag* de mesmo nome, usada para alertar a população, já que, em 2012, 56 mil pessoas foram assassinadas no Brasil[38]. Recentemente outras hashtags também se destacaram e, notoriamente, renderiam um capítulo ou um livro inteiro. Cito aqui como exemplos #mariellepresente, para denunciar o brutal assassinato da vereadora Marielle Franco ainda no exercício da sua função e #metoo ou #eutambem, usada para fazer denúncias de abuso sexual globalmente por mulheres que se solidarizavam com outras afirmando que também sofreram assédio. Continuando na linha do ativismo que se desdobra do mundo virtual ao real e vice-versa, nos Estados Unidos, a *hashtag* #BlackLivesMatter,[39] cujo nome intitula

---

37 O videoclipe pode ser assistido em <https://catracalivre.com.br/cidadania/neymar-debora-secco-susana-vieira-e-outros-artistas-lancam-clipe-contra-racismo/> (acessado em 22 set. 2018).

38 Informações sobre a campanha estão em <https://anistia.org.br/campanhas/jovemnegrovivo/> (acessado em 22 set. 2018).

39 Black Lives Matter é uma organização com filiais em muitos estados dos EUA, que promove ações voltadas para a eliminação da violência contra os negros. Mais informações em <https://blacklivesmatter.com/>. (acessado em 22 set. 2018).

um movimento de mesmo nome, tem sido usada desde o assassinato do adolescente negro Travyon Martin por um policial, em 2013, para alertar a população da contínua violência e homicídios cometidos por policiais contra os negros no país.

Segundo Recuero, Zago e Bastos (2014), o uso de rede social como espaço para o ativismo político já foi analisado por diversos autores. Castells (2012), por exemplo, entende que tais protestos, que coexistem nos ambientes *on-line* e *off-line*, são "movimentos sociais em rede", e argumenta que dependem das mídias sociais para sua estruturação, constituindo um "espaço público híbrido de liberdade", onde manifestantes de ambos os "lados" (*on-line* e *off-line*) participam na revolução.

Os autores também observam o papel do *Twitter* na organização e participação de protestos e movimentos sociais e apontam alguns estudiosos sobre a temática, dentre os quais destacam: Gleason (*apud* RECUERO; ZAGO; BASTOS, 2014), que discutiu o papel do *Twitter* como precursor na criação de oportunidades de participação: desde criar, "taguear" e compartilhar conteúdo, até ler, buscar e seguir uma *hashtag*; Cancian, Moura e Malini (*apud* RECUERO; ZAGO; BASTOS, 2014) também discutem o papel das *hashtags*, mas focando seu papel de unificação das narrativas; Gutierrez (*apud* RECUERO; ZAGO; BASTOS, 2014) destaca, como características desses movimentos, serem organizados em rede (e especialmente via *Twitter*) e o desaparecimento dos mediadores tradicionais (atores como sindicatos, partidos e grupos), além da constante não presença de lideranças e a convocação "em torno de causas concretas e de fácil adesão"; Burns e Eltham (*apud* RECUERO; ZAGO; BASTOS, 2014) estudaram as limitações da mídia social para os protestos do Irã, revelando que o mesmo *Twitter*, que serviu aos ativistas, serviu também ao governo para "identificar e caçar os manifestantes pró-democracia". Isto é, a mesma ferramenta que permite aos manifestantes se organizarem e atuarem, também permite a reação e repressão governamental.

Nesta mesma linha, Howard e Hussain (*apud* RECUERO; ZAGO; BASTOS, 2014) explicam que, embora potencialmente democráticas, as ferramentas digitais permitem aos governos autoritários reprimir ou impedir os protestos. Por outro lado, ressaltam que essa mídia também permitiu que eventos localizados se tornassem movimentos estruturados diante de oportunidades de ação e amplificação. Howard e Hussain reforçam que essa característica da amplificação é fundamental para que se possa compreender como protestos locais se tornam movimentos nacionais ou globais. Vallina-Rodriguez et al (*apud* RECUERO; ZAGO; BASTOS, 2014) fizeram uma ampla análise do movimento "Indignados",[40] cujo foco inicial era a corrupção na Espanha, especialmente de *hashtags* e *tweets* e sua geolocalização, apontando onde havia concentração de manifestantes.

Estes últimos autores observaram que a participação de movimentos populares dominou os tuítes, apagando a participação dos atores políticos tradicionais. A análise também mostrou o rápido espalhamento do movimento pela Espanha e outros países da Europa e na América do Norte e América Central através da localização dos tuítes e das interseções entre tuítes de localidades diferentes.

Pode-se interpretar que, de maneira geral, entre os autores supracitados da revisão realizada por Recuero, Zago e Bastos (2014), temos linhas de pensamento que se coadunam com a visão de McLuhan (1967), quando observa que "o meio, ou o processo de nosso tempo – a tecnologia elétrica –, está remodelando e reestruturando padrões de interdependência social e cada aspecto de nossa vida pessoal" (MCLUHAN, 1967, p. 8). Vale ressaltar que o filósofo Pierre Lévy (2011) considera a internet "uma nova forma de democracia direta em grande escala", em que grandes coletividades poderão interagir em tempo real.

Ele defende que "as ágoras virtuais poderiam abrir espaços de comunicação, de negociação, de surgimento de uma fala coletiva e de decisão em tempo real; existem cada vez menos argumentos 'técnicos' para perpetuar o despotismo fragmentado que constitui a delegação" (LÉVY, 2011, p. 78). Para Lévy, a era da informação permite que a sociedade seja como um conjunto de indivíduos com opiniões diversas, interligados por redes digitais, formando uma "inteligência coletiva consensual" (LÉVY, 2011). Porém devemos observar que, se a democracia tem seus percalços no mundo real, no mundo virtual não parece ser diferente.

---

40 Leia sobre o vasto movimento popular ocorrido no período das eleições municipais espanholas de 2011 em <http://cartamaior.com.br/?/Editoria/Internacional/Cresce-na-Espanha-a-Revolucao-dos-Indignados/6/16739>. (acessado em 22 set. 2018).

Alves (1999) advoga que a internet dá continuidade às práticas das vivências cotidianas da sociedade capitalista, uma vez que é "uma mídia, ou o meio de circulação da 'imensa coleção de mercadorias', que caracteriza riqueza das sociedades em que domina o modo de produção capitalista" (ALVES, 1999, p. 175). Nas relações estabelecidas na sociedade capitalista, a interatividade das pessoas, por meio dos recursos midiáticos, sofreria controles patronal, policial e ideológico. Sob esta ótica, as mudanças produzidas pela sociedade da informação não eliminaram as bases estruturais que a sustentam: a sociedade capitalista. A luta de classes, portanto, não foi substituída ou acabou; apenas teria sido deslocada para o mundo virtual (SERRA JÚNIOR; ROCHA, 2013).

A partir desta breve revisão bibliográfica proposta por Recuero, Zago e Bastos (2014), somada às reflexões de Lévy (2011), Alves (1999), Chauí (1997), Serra Júnior e Rocha (2013), podemos pensar criticamente sobre a articulação de movimentos sociais através da internet. Temos, portanto, que levar em consideração que "o ciberespaço não existe descolado do mundo material e que a infraestrutura lógica e física da maioria das redes está sob o controle das mesmas pessoas e empresas que sempre controlaram o capital" (SOARES, 2007, p.70).

Quando levamos esta reflexão mais especificamente às questões étnico-raciais, podemos questionar quem está por trás dos movimentos antirracistas de maior repercussão e sobre o quanto as *hashtags* dos movimentos que citamos no Brasil estão atuando na mudança das dinâmicas raciais do país. A partir do caso #somostodosmacacos, podemos refletir: se estereótipos fomentadores de práticas racistas nascem da repetição das imagens, consideradas, geralmente, negativas sobre um grupo, como a imagem do negro, historicamente associada ao macaco, uma curtida ou compartilhamento de um *post* denominado como antirracista, que se propõe à desconstrução deste imaginário, poderia, por si só, ajudar a romper esta dinâmica? Scherer-Warren (2006) chama de Redes de Movimentos Sociais (RMS) um conceito de referência que busca apreender o rumo das ações de movimento, transcendendo as experiências empíricas, concretas, datadas.

Ao tentarmos entender de maneira prática o rumo das discussões, no Brasil, sobre o racismo na internet e usando, especificamente, o caso da

#somostodosmacacos, ao buscarmos no *Google Trends*[41] (ferramenta do *Google* que detecta a repetição e a frequência das palavras digitadas num determinado período de tempo), percebemos que esta *hashtag* (a mais popular entre todas as outras citadas de casos nacionais de racismo nas mídias sociais de 2015) gerou um pico de debate no calor do momento da ocorrência do fato, mas, após alguns dias, teve uma queda vertiginosa no número de citações. Tomando o valor do momento de máxima popularidade do assunto (entre 27 de abril e 3 de maio de 2014) como 100%, o gráfico exibido na página de resultados mostrava um interesse zero até 26 de abril, uma subida repentina aos 100% no dia 27, uma queda rápida aos 3% de 3 a 24 de maio, um oscilação entre zero e 2% até o fim de dezembro e, a partir daí, somente zero.

Por outro lado, no uso desta mesma ferramenta, percebemos que a menção da palavra "racista" tem crescido continuamente nos últimos anos. Sendo assim, ainda que o espaço *on-line* seja considerado democrático por muitos estudiosos, em termos de mídia, por permitir a publicação de discursos não hegemônicos e a pluralidade de formações discursivas, consideramos necessário um estudo mais aprofundado desses discursos, no intuito de identificar repetições e mudanças nas dinâmicas das relações étnico-raciais do país, sobretudo no que diz respeito às identidades étnico-raciais dos brasileiros..

Fala Egnalda Côrtes, CEO da Côrtes Assessoria

Me autodeclaro negra. Sou filha de casal interracial. Pai negro e mãe branca.

Tenho uma relação monorracial há 13 anos, onde o fruto é minha filha Maria Morena. E tive uma relação estável de 10 anos com o pai do PH, que também é negro.

Estudei no meu fundamental um e dois em Escola Pública Municipal.

Cursei meu segundo grau técnico de Processamento de Dados. Depois cursei três anos de Turismo, dois anos de Administração, um ano

---

41 As pesquisas citadas adiante podem ser revistas em <https://www.google.com/trends/explore#q=%23somostodosmacacos> e <https://www.google.com/trends/explore#q=racista>, ou qualquer termo pode ser pesquisado na página inicial <https://trends.google.com/trends/?geo=BR>. (acessado em 22 set. 2018).

de Marketing e um ano de Gestão de Pessoas. Não terminei nenhuma faculdade. Toda a minha formação executiva foi dentro das organizações de que fiz parte. Trabalhei em três multinacionais. Fiz curso de línguas. Meu espanhol é fluente, meu inglês não. Também nunca fiz intercâmbio.

Hoje sou CEO da Côrtes Assessoria. **Esta profissão vem em detrimento de necessidades pessoais de estar perto dos filhos.** A partir do momento que o PH começou a trabalhar no *Youtube*, eu mergulhei de cabeça neste universo.

Hoje a empresa está em expansão, diferente da realidade que muitos empreendedores negros vivem. Coloquei outras pessoas negras trabalhando comigo em diversas áreas: administrativa e outros prestadores de serviços como *designer* e editor, minha advogada, que é uma mulher negra.

Não sei se fui eu que escolhi o *Youtube* ou o *Youtube* me escolheu. Sempre trabalhei com comunicação e com comercial. Não foi difícil olhar para o que o PH fazia de forma comercial. Apesar de ser uma mulher com o olhar orientado politicamente desde nova, fui construída corporativamente com olhar comercial. Então, quando PH pediu ajuda, obviamente foi a mãe que veio no primeiro lugar. Em um segundo momento, a mulher de formação política, ativista. Importante dizer que não tive uma educação racial, mas desde os oito anos, sou envolvida com política. E, num terceiro momento, a mulher de negócios. E foi este tripé que formou meu negócio, que fez com que eu fosse para o *Youtube*.

Obviamente, minha experiência anterior como executiva comercial, me ajudou muito para que eu pudesse abrir uma empresa. **Em um primeiro momento foi para ajudar o meu filho. Num segundo momento, foi para que o mercado de influenciadores negros não fosse sucateado. E agora, num terceiro momento, é a profissionalização deste mercado, de conectar cada vez mais canais negros as marcas agregando valor às marcas.**

Meu papel é de trazer também autoestima para esta galera que achava impossível que as marcas pudessem se interessar por eles. A Côrtes Assessoria tem a respeitabilidade do mercado por entender a importância do trabalho destas pessoas com o objetivo de trazer sustentabilidade e rentabilidade para estes canais. Não deixa de ser revolucionário o fato de fazer com que esta galera esteja ganhando dinheiro produzindo conteúdo relevante.

Hoje o mercado já me busca porque eu trabalho com criadores de conteúdo negros. As empresas já sabem deste recorte. O grande desafio é fazer com que eles entendam o valor deste trabalho, já que nós não temos um grande alcance. A gente não vende alcance, vende valor. É diferente.

A Côrtes Assessoria nasceu deste sonho de mostrar que o trabalho de criadores negros pudesse ser tão valorizado quanto o de criadores brancos. **Na medida em que os** Youtubers **e as marcas entendessem que o que os** Youtubers **negros faziam era único e tinha um valor diferenciado**.

Pode parecer engraçado, mas eu até cheguei a oferecer para outras pessoas fazerem o que eu faço hoje, pessoas respeitadas na comunidade negra, jornalistas renomados. E muitos disseram: não vou ser babá de *Youtuber*. Isso não vai dar dinheiro. Ninguém vai reconhecer *Youtubers* negros. Até que uma delas chegou pra mim e me disse: "Você já faz este trabalho com o PH. Faça com os demais. Não precisa ser jornalista para fazer isso. Até porque também tem o tino comercial que não é o trabalho de assessoria. Teu trabalho é um trabalho de conexão com marcas. Pega este trabalho e faz."

Então eu falei pra mim: gente, eu vou fazer então. A trajetória da Côrtes Assessoria começa no descrédito. Só eu acreditava. Eu tinha que provar para o meu filho e para as outras pessoas que estavam neste trabalho que era possível.

E deu certo. No final de 2016, fui considerada uma das 30 *builders* mais importantes do mercado digital e em 2017, pelo *Youpix* – plataforma de *Youtube* mais respeitada do mercado –, fui colocada na lista das mulheres mais inspiradoras de 2017. Fui para este mercado e acreditava no que estava fazendo. Neste mesmo ano, fui contratada por uma consultoria norte-americana e me tornei uma das mentoras de aceleração de negócios dos canais do *Google* aqui no Brasil.

Hoje tenho felicidade de falar de *Youtubers* com canais com resultados efetivos e rentáveis. A partir de um posicionamento de marca. Cada canal é uma marca. Um trabalho sério e muito consistente.

Lembrando que alguns dos *Youtubers* são ativistas. Mas nem todos. No entanto, o simples fato de estar diante da câmera, ser negro, trazer conteúdo relevante e ter consciência desta negritude em seus canais é de fato transformador.

Meu trabalho nasceu com a temática racial. A partir do momento que PH começou a abordar a temática dos heróis negros brasileiros, tive que estudar sobre o movimento social e a luta contra o racismo no Brasil e no mundo. A Côrtes Assessoria já nasceu com este recorte e decidimos trabalhar assim, por que é o que faz sentido pra mim. Nao vou falar de forma coletiva, que foi preocupada com a sociedade geral. Foi a partir dos meus filhos que percebi esta necessidade.

Lembro também que um marco importante, em meu trabalho, foi a partir do momento que meus sobrinhos nasceram brancos. Como mencionei, sou de uma família interracial e tenho um irmão branco que casou com uma mulher branca. **Com o nascimento dos primos brancos, eu vi o preterimento da família em relação aos meus filhos negros.** Vi que meus filhos perderam um pouco o norte. Daí, me dei conta sobre o quanto o racismo pode ser devastador. Cada pessoa recebe este contragolpe de uma forma. Eu tive uma forma de lidar com o mundo e com o racismo e me preocupei dos meus filhos não saberem lidar com isso. A partir daí, comecei a me engajar, a buscar informações. A levá-los para comunidades pra eles se verem, porque eles precisavam se enxergar. Porque dentro da família eles já não se enxergavam mais.

Eles já tinham poucas referência **apesar de eu, o pai deles, o padrasto, meu pai, a minha irmã sermos negros, a minha família tinha um ovacionamento pelos brancos. Se eu não me movimentasse para que meus filhos pudessem se enxergar e entender o sentido de tudo, eu poderia ter pessoas não esperançosas, não tão crentes em relação à sua batalha.** Posso dizer que foi a partir desta necessidade pessoal que nasceu a minha empresa.

Quando penso quais outros caminhos profissionais poderia ter trilhado diferente do que tenho hoje, penso no meu passado. Vejo que fui muito feliz na carreira que eu tive como executiva. Trabalhei com a àrea de *call center* durante 22 anos, sendo 20 deles gerindo pessoas. Eu formava líderes. A minha vida inteira formei líderes. O trabalho hoje com influenciadores, de gerenciamento de carreiras, nada mais é do que formação de líderes. O trabalho como mãe de PH e Maria Morena nada mais é que formação de lideranças. Então, acho que se tivesse outro direcionamento de carreira, seria dentro desta mesma área. Penso que daria treinamento para formar outros líderes ou daria aula em faculdade. Qualquer trabalho que me leve neste lugar é confortável pra mim.

Algumas das minhas referências profissionais são McGhee Williams Osse, Mafoane Odara, Patrícia dos Santos e Oprah Winfrey.

Outra curiosidade na minha empresa atual é que em 2016 eu era a mãe do PH cuidando das coisas do PH. Mas quando me tornei a gestora de carreiras, causou estranhamento.

Como cuido da construção de autoridades das pessoas com quem eu trabalho, recebo um *briefing* e preciso entender quem são os outros influenciadores que estão no mesmo projeto dos que eu agencio. Me preocupo com a associação de imagem deles, que tipo de campanha é, que tipo de postura a empresa tem em relação a raça internamente, por exemplo.

Quando falam de empoderamento feminino, por exemplo: minha questão é: existe equidade de gênero na empresa? Há mulheres em cargos de poder? Existe equidade salarial entre homens e mulheres? A partir destes questionamentos, recebi perguntas como: "Você sabe o que você está falando? Você está falando com uma das marcas mais fortes do mercado de cosméticos."

Isso porque era uma mulher negra se posicionando. Mas com tempo esta postura foi dando espaço ao respeito. Hoje, o mercado respeita, mas teve este estranhamento no primeiro momento. Não tinha ninguém fazendo este trabalho. Tinha agentes brancas fazendo este trabalho, mas que não envolvia construção de autoridade.

O que acontece muitas vezes também é que, em alguns locais voltados a beleza, ignoraram minha presença. Como se não quisessem que eu estivesse ali. Eu sinto isso. Mas existem aí outros recortes. Geralmente, vou acompanhando as meninas. Percebo que meu biotipo não corresponde ao que esperavam de uma empresária negra, uma empresária. Nos trabalhos de gestão anteriores, onde precisava mostrar números, resultados, eu não sentia este preconceito porque meus resultados falavam por mim.

Quando penso na questão do colorismo na dinâmica do meu trabalho, vejo o quanto aprendi a usar isso em meu favor. **O colorismo nada mais é que o degradê do racismo. Quanto mais escuro e mais traços negroides, mais você é desmerecido e desfavorecido no seu trabalho.** Geralmente, esta é uma realidade.

Eu por exemplo, tenho alguns privilégios, neste sentido. Sou uma mulher entre aspas "mulata": meu cabelo não é tão crespo, minha pele é mais clara. Não sei se seria aceita da forma que eu sou, se eu fosse mais escura. O que eu sei são as conquistas que eu tenho. Com certeza, estão diretamente ligadas aos privilégios também. Porque existe privilegiamento de pessoas negras que se aproximam mais do ideal eurocêntrico, e eu me vejo neste lugar, sabe?

Sob o ponto de vista comercial, o colorismo somente ajudou pois usei a diferença a nosso favor. Quando vejo os casos da Gabi Oliveira e da Nátaly Neri, as marcas hoje preferem uma a outra por questão de perfil totalmente diferente que têm, e ambas têm o mesmo valor comercial que um canal branco de três milhões de inscritos. Quando faço prospecção, uso muito as diferenças de cada canal a favor delas. Por isso, elas são procuradas por marcas de diferentes perfis. Não aceito que tenham diferentes remunerações com base na tonalidade da pele delas.

Não posso citar nomes, mas **para que você tenha ideia da proporção, o valor de uma publicidade no canal da Nátaly seria de 20% do que vale hoje, e pra Gabi somente viriam permutas, se eu deixasse em alguns casos que tive que negociar para valorizar o trabalho delas. A postura e entendimento da agente sobre colorismo e outras questões raciais é fundamental para situar o canal. Sem uma consciência racial da minha parte, poderia sim haver diferença de remuneração e tratamento.**

Outro problema que precisamos enfrentar além do colorismo é **a síndrome do único negro. Só pode existir um ou dois que se destaquem, mais do que isso é delírio. Basta ver o mercado de celebridades. Isso é muito perigoso. Enquanto brancos são plurais, ao negro cabe a singularidade de representar todo um coletivo. Esta ainda é uma luta constante**.

Por isso que luto para dar visibilidade aos canais que administro, cada um com suas características próprias. Tenho que fazer com que tanto os *Youtubers* quanto as marcas acreditem no trabalho deles. Quanto aos *Youtubers*, dou direcionamento, assisto os vídeos. Vou fazendo consultorias para que o canal se torne cada vez mais interessante, mesmo sendo pequeno. Este trabalho de desenvolvimento profissional é fundamental para que eles se tornem de fato vendáveis, e é isto que eu ofereço para eles.

3
SIM À IGUALDADE RACIAL: A ANÁLISE DOS DEPOIMENTOS DOS PARTICIPANTES

Para mostrar um pouco do que fiz na minha dissertação de mestrado, mantive este capítulo que contém todas os depoimentos sobre raça analisados na época da dissertação, além de entrevistas inseridas apos a conclusão do mestrado. Ele pretende estabelecer uma reflexão sobre o uso da linguagem na produção de sentidos, relativa à noção de raça, tendo como *corpus* os depoimentos postados na página do *Facebook* "Sim à Igualdade Racial" que foram usados na minha dissertação de mestrado mesclados com depoimentos colhidos após este período.

Vale ressaltar que a perspectiva teórico-metodológica que norteia esta análise é a da linguagem-intervenção: uma forma de "investigação que remete a uma concepção não essencialista do real, segundo a qual sujeito e mundo resultam de dobras que se refazem continuamente" (ROCHA, 2006, p. 369). Isto é, os resultados não são validados a partir de uma tentativa de neutralidade; ao contrário, há implicações evidentes minhas como pesquisadora, as quais pontuo ao longo do trabalho.

As pistas discursivas são os instrumentos desta investigação, e começam desde o nome do projeto e as interações e observações feitas ao longo do período de realização das abordagens e coleta dos depoimentos. É importante observar que, desde a criação da página da campanha "Sim à Igualdade Racial", em 2015, para a realização das abordagens e coleta dos depoimentos, participantes e pessoas com as quais dialoguei sobre o trabalho, muitas vezes, na tentativa de reproduzir meu discurso, retratavam o mesmo como "Sim à Igualdade Social". Isto, a meu ver, demarca o contínuo palco de disputas na consolidação simbólica da aceitação do conceito de raça como norteador de práticas sociais, para além das questões de classe, como pontuei anteriormente. Não nos deteremos nesta análise, mas achei importante compartilhá-la aqui novamente. Ao prosseguir e analisar as pistas, retomamos aqui algumas das perguntas de pesquisa levantadas na obra de Guimarães (2003) sobre se as identidades brasileiras estão se movendo do paradigma freyreano de "nação mestiça" para o paradigma internacionalista de "nação multirracial". E até que ponto o elemento racial está mudando, até que ponto está ganhando proeminência ou desaparecendo? Estas questões norteiam a análise dos enunciados dos participantes e a reflexão sobre a construção de identidades étnico-raciais e suas interseções.

Antes disso, primeiramente, farei aqui uma breve reflexão, abordando noções como enunciado, dialogismo e gênero do discurso, presentes na obra de Bakhtin (2003). Estes conceitos são de extrema importância quando levamos em consideração a linguagem como prática social. Para Bakthtin (2003), as esferas da atividade humana e a realidade são mediadas pelo uso da linguagem. Também sob esta perspectiva, para Rocha e Deusdará (2005), o conceito de linguagem, em um ponto de vista discursivo, afasta-se da ótica meramente representacional e é entendido como uma forma de ação no mundo. Os autores compreendem a linguagem como parte de uma construção social que rompe com a ilusão de naturalidade entre os limites do linguístico e os do extralinguístico. Em complementariedade a este pensamento, para Sobral (2009), a linguagem é marcada pela junção de repetições e mudanças:

> O ser e o agir do sujeito no mundo são desde sempre uma constante polêmica (embate, tensão sustentada) entre o repetível e o irrepetível, o mesmo e o outro, a significação e o tema, eu e outro. O sujeito polemiza consigo mesmo no nível da consciência, em que lutam as noções coletivas impostas e sua necessidade individual de criar noções para si mesmo (SOBRAL, 2009, p. 164).

Quanto à sua materialidade, o uso da linguagem pelos indivíduos, de acordo com Bakthin (2003), se daria através dos enunciados. Sobral (2009) explica que, na perspectiva bakhtiniana, o enunciado é a unidade real da comunicação verbal, que, por sua vez, deve auxiliar na compreensão da natureza das unidades da língua (sistema): as palavras e as orações (textos) e os contextos nos quais se inserem. O dialogismo é uma característica fundamental da linguagem. Nenhum enunciado é isolado ou independente, mas dialoga com outros enunciados. Portanto, o enunciado para o filósofo russo é um elo na cadeia da comunicação verbal que "não pode ser separado dos elos anteriores que o determinam, por fora e por dentro, e provocam nele reações-respostas imediatas e uma ressonância dialógica" (BAKHTIN, 2003, p. 321). Por isso, ainda que vindo de uma esfera individual, o enunciado é sempre coletivo, pois é atravessado por outros enunciados que carregam em si diversas vozes.

As relações dialógicas na produção de sentidos dos enunciados analisados nesta pesquisa podem ser identificadas nas marcas linguísticas do texto e compreendidas a partir do contexto ao qual podem estar relacionadas. Em diálogo com Bakhtin, Hall (2005) observa que a produção de sentidos surge nas relações de similaridade e diferença que as palavras têm com as outras palavras no interior da língua. A partir deste entendimento, através de Bakthtin, podemos perceber que língua e identidade são análogas. "Eu sei quem 'eu' sou em relação com 'o outro' que eu não posso ser" (HALL, 2005, p.10). Essa relação de alteridade e instabilidade é inerente à produção de sentido, tendo em vista que **a língua(gem) é um sistema social preexistente ao indivíduo,** como mencionado anteriormente.

Ainda de acordo com Bakhtin (2003), **cada enunciado particular é individual e irrepetível, pois cada sujeito é único, mas cada campo de utilização da língua elabora, de certa forma, tipos estáveis de enunciados que têm traços em comum, denominados gêneros do discurso.** Entendo, portanto, que os discursos analisados, apesar de produções individuais, têm fatores unificadores e algumas semelhanças coletivas, como, por exemplo, o uso da primeira pessoa e pronomes possessivos. Em termos de estrutura gramatical, pode-se dizer que existe, portanto, certa estabilidade nas marcas de linguagem presentes nos discursos dos enunciadores deste gênero, que trataremos aqui como depoimento em rede social. Além destas marcas destacadas, percebo certa semelhança com as observações feitas por Kemiac (2008) a respeito do gênero depoimento. Em termos de conteúdo, ao realizar uma pesquisa sobre o gênero depoimento em uma revista feminina, a autora afirma que estas formas de enunciado podem ser vistas como uma reação-resposta dialógica a perguntas na forma de um enunciado, através do qual um enunciador expõe sua experiência para outro, o que é o caso também desta pesquisa.

As relações dialógicas, segundo Bakthin (2003), se estabelecem entre interlocutores (enunciador e coenunciador), vozes e discursos. No caso desta pesquisa, os enunciadores são materializados nos participantes que identificamos através dos textos e fotografias acessíveis, via *Facebook*, disponibilizadas por intermediação dos voluntários responsáveis por editar e postar o conteúdo. Já os coenunciadores são os seguidores da página na rede social, que podem interagir por meio de curtidas, comentários e compartilhamentos, mas que não são amplamente investigados nesta pesquisa.

Assim como nos casos analisados por Kemiac (2008), os depoimentos publicados na página do projeto assumem um tom monológico para os leitores, uma vez que a voz destacada é a daquele que é alçado à posição de autor dos depoimentos que são estudados nesta pesquisa e entrevistas que foram inseridas após a dissertação, que conta sua história em primeira pessoa. Nos depoimentos em análise, não encontramos marcas de linguagem ou estilo para identificar possíveis intervenções dos voluntários que questionam os participantes acerca de suas cores de pele ou causas. Essa narrativa "monológica", tanto no caso da pesquisa de Kemiac (2008) quanto nesta, criaria, portanto, um efeito discursivo que "apaga" ou dissimula a voz do voluntário/editor no texto final levado a público. **É preciso, portanto, tratar os enunciados analisados como não neutros e levar em consideração, ainda que não marcadas, possíveis interferências e vieses, dentro de uma pesquisa que já explicitava sua intenção em retratar a temática racial com foco no combate ao racismo.**

3.1 UM LEVANTE DE IDENTIDADES

Como mencionado no início deste capítulo, para analisarmos intersecionalmente os discursos dos participantes, é necessário levar em consideração as pistas linguísticas resultantes da escolha das estruturas gramaticais de cada participante e do gênero, bem como o contexto em que surgem. Assim, como Bakhtin (2003), entendemos que as condições individuais e coletivas do convívio cultural e sociopolítico em determinado tempo e espaço refletem e refratam nos discursos dos participantes.

Para a compreensão da importância do contexto na produção da linguagem e de sentidos, Fiorin (2006) menciona o quanto o gênero "notícia de jornal", por exemplo, mudou, se compararmos com textos do mesmo gênero escritos no século XX, o que transforma a maneira como se produz sentidos dentro deste gênero. Inclui-se esta discussão para as relações étnico-raciais, levando-se em consideração as observações feitas nos capítulos 1 e 2. O primeiro concentrou-se em abordar termos basilares para esta pesquisa, como "raça" e "etnia". O segundo expôs o contexto do projeto e da discussão sobre raça na mídia. Poderíamos, portanto, refletir, a partir dos depoimentos que são estudados nesta pesquisa, o que teria mudado na forma como as pessoas dialogam com a noção de raça e quais são as crenças e associações feitas ao conceito hoje em relação ao passado. Certamente não coube a esta dissertação um aprofundamento desta questão, mas refletir sobre ela me ajuda a analisar a produção de sentidos dos enunciados e abre novas possibilidades para produções futuras.

Ainda neste entendimento sobre a influência do contexto sócio-histórico no uso individual e coletivo da noção de raça no Brasil, é importante observar a **relevância da narrativa da nação, vista mais detalhadamente no primeiro capítulo desta pesquisa, uma vez que ela entrelaça, de alguma forma, os discursos dos participantes, levando em consideração a formação das relações étnico-raciais no Brasil.**

O fato de que projetamos "nós próprios" nessas identidades culturais, ao mesmo tempo que internalizamos seus significados e valores, tornando-os "parte de nós", contribui para alinhar nossas subjetividades com os lugares que ocupamos no mundo social e no mundo cultural. Assim, as identidades, incluindo as étnico-raciais, bem como a língua e os enunciados, costuram o sujeito (micro) à estrutura da sociedade (macro) no processo de produção de sentidos (HALL, 2005; BAKHTIN, 2003).

Vale considerar, também, que os sentidos, que são aqui problematizados a partir da leitura, interpretação e diálogo com os depoimentos dos participantes, são resultados de processos, embebidos de subjetividades, não somente de seus enunciadores, mas também mediados e filtrados por mim, no papel de pesquisadora e autora desta pesquisa e do projeto "Sim à Igualdade Racial". Os voluntários que transcreveram os depoimentos, o orientador e outros leitores da dissertação que deu origem à este livro ajudaram a estabelecer o critério de seleção e pontos a destacar em cada caso. Afinal, "um objeto qualquer do mundo interior ou exterior mostra-se sempre perpassado por ideias gerais, por pontos de vista, por apreciações dos outros" (FIORIN, 2006, p.19). Cabe considerar também que, na perspectiva bakhtiniana adotada, os enunciados em destaque, parafraseando Hall (2005), são frutos de uma luta social. Isto é, uma luta pelo domínio no discurso e por qual tipo de acento deve prevalecer e ganhar credibilidade para o leitor final.

Esta luta social pode ser vista a partir de uma breve retomada dos discursos sobre raça no Brasil. Oracy Nogueira (1998) argumentou que no Brasil era a cor da pele, marca da aparência física que contava em termos de distinção social, e não a origem biológica, como nos Estados Unidos. Mais tarde, Carl Degler (1986) formula **a tese do "mulato como válvula de escape", segundo a lógica que preconiza a ascensão social dos mestiços, a partir da lógica do privilégio da pele clara em relação à escura, no tocante às oportunidades de mobilidade social, conhecida por estudiosos, como DuBois (1999), como colorismo ou pigmentocracia.**

Ainda dentro desta perspectiva, segundo Hall (2005), como mencionado anteriormente neste capítulo, a luta no discurso relativo à noção de raça consiste exatamente desse processo de articulação e desarticulação discursiva. As suas implicações, no resultado final da produção de sentido, só dependem da potência relativa às "forças em luta", para a formação de novas "políticas de significação". Segundo o autor, podemos pensar em muitos exemplos históricos relevantes, neste caso, para além da questão racial, em que o rumo de uma luta social dependeu, em um determinado momento, da desarticulação de certos conceitos, como, por exemplo, democracia, direitos civis, nação, povo, humanidade, dos seus acoplamentos anteriores e da sua configuração de novos sentidos, o que, por sua vez, também permitiu o surgimento de novos sujeitos políticos.

Em diálogo com o contexto sócio-histórico do Brasil, vimos, no capítulo 1, **a luta do Movimento Negro Unificado (MNU) nos final dos anos 1970, que retomou e afirmou a existência das raças, conceito negativado no contexto da construção do ideal de democracia racial, como aponta Guimarães (2003). O movimento defende a junção dos pretos e pardos, como cores de pele, na categoria raça, ligada a uma ancestralidade negra.** É possível interpretar que esta junção também prezou pela diferenciação dos termos "raça" e "cor", que ainda hoje são usados como sinônimos, bem como a distinção entre preto e negro. Raça, neste contexto, assumiria um sentido mais abrangente do que cor de pele. Sob esta ótica, a raça negra, por exemplo, teria um sentido relativo à origem afrodescendente e passado comum aos indivíduos de pigmentação de pele preta ou parda, marcada, no Brasil, pela escravidão, racismo, exclusão e enfrentamento de desigualdades raciais e socioeconômicas. Portanto, podemos observar que esta lógica reforça que a resposta mais apropriada para raça é "negra", e para as nuanças de cores de pele podem ser "preta" ou "parda".

Cabe aqui destacar que Hall (2005), inspirado nas reflexões bakhtinianas, aponta que um mesmo termo em um determinado contexto passou por ressignificações: por exemplo, "a depreciativa cor negra", após os movimentos de luta pelos direitos civis no Brasil e Estados Unidos que lutaram pela positivação do significado de ser negro (uma das bandeiras no movimento que aconteceu nesta época nos EUA foi "Negro é Lindo", na tradução livre do inglês para o português). O mesmo processo aconteceu notadamente através do movimento feminista, reivindicando direitos iguais para mulheres e homens.

Como já visto, de acordo com Bakhtin (2003), o indivíduo constitui-se em relação ao outro. Isso significa que o dialogismo é o "princípio de constituição do indivíduo e o seu princípio de ação" (FIORIN, 2006, p. 55). A partir deste entendimento, percebemos que não poderia haver a conversão de "negro = lindo" ou "mulher = protagonista", simplesmente por vontade de que assim fosse. Essas ressignificações, segundo Hall (2005), tiveram que se tornar práticas organizadas de lutas, que demandaram a construção de formas coletivas de resistência, bem como o desenvolvimento de novas formas de consciências negra e feminista.

No entanto, vale destacar, como salienta o autor, que apesar da ressignificação da palavra pelo grupo oprimido, por exemplo, no discurso do movimento negro, isso não impede que a conotação pejorativa de "negro = a raça desprezada" ou ainda no movimento feminista "mulher = inferior ao homem", ainda persista no imaginário, sobretudo do grupo opressor. E é isto que impulsiona a permanência da "luta de classe na linguagem". Neste sentido, Bakhtin (2006) argumenta que os signos continuam sendo o espaço de contradições:

> Classe social e comunidade semiótica não se confundem. Pelo segundo termo entendemos a comunidade que utiliza um único e mesmo código ideológico de comunicação. Assim, classes sociais diferentes servem-se de uma só e mesma língua. Consequentemente, em todo signo ideológico confrontam-se índices de valor contraditórios. O signo se torna a arena onde se desenvolve a luta de classes (BAKHTIN, 2006, p. 46).

De acordo com Fiorin (2006), a apreensão do mundo é sempre situada historicamente: "O sujeito está sempre em relação com outro(s). O sujeito vai se constituindo discursivamente, aprendendo que as vozes sociais constituem a realidade em que está imerso e, ao mesmo tempo, suas inter-relações dialógicas" (FIORIN, 2006, p. 55). Considerando que os enunciados estabelecem uma relação dialógica entre si, mesmo sendo de diferentes enunciadores, decidi agrupá-los e analisar, também, em alguns casos, seus elos de interdiscursividade, isto é, as relações entre textos e contextos históricos em comum (FIORIN, 2006), como veremos a seguir. Passemos, então, à análise discursiva dos enunciados produzidos pelos participantes a partir das marcas linguísticas, isto é, palavras ou expressões associadas à noção de raça, bem como o das vozes e contextos com os quais dialogam.

Os depoimentos aqui analisados são sínteses de gravações de áudio e vídeo transcritas pelos voluntários, feitas em diferentes espaços e regiões do Rio de Janeiro. Todos os participantes cederam seus direitos de imagem e texto para a campanha. Os voluntários incumbidos de produzir conteúdos para a página abordavam participantes e explicavam sobre a campanha "Sim à Igualdade Racial"; em seguida, aos que se identificassem com o projeto, passavam as seguintes instruções: 1) vestir a camisa com a logotipo da campanha e 2) dar permissão para compartilhar na internet as respostas às perguntas: "Qual é a sua cor/raça?" ou ainda "Como você se considera em termos de cor/raça?" e "Qual é a sua causa?". As questões eram feitas conjuntamente. O termo "cor" foi usado, levando em consideração ser mais naturalizado quando o assunto é a autoidentificação racial no Brasil, como vimos no capítulo 1. No tocante a esta questão, são observados pontos de similaridade e de particularidade entre as respostas, como reações e reflexões pessoais dos indivíduos ao termo "pele" e/ou "raça" e os possíveis discursos e contextos históricos com os quais se relacionam.

Interessante observar que a combinação das duas perguntas partiu do pressuposto que todos os participantes teriam uma cor de pele ou raça e (pelo menos) uma causa ou motivação pessoal a declarar. A intenção inicial da conjugação das perguntas era a de investigar a possível ligação entre a cor de pele ou a raça e as motivações pessoais dos participantes. Isto, no entanto, não será explorado nesta pesquisa, que se centra nos enunciados relativos à noção de raça/cor de pele. No entanto, podem gerar materiais para um próximo trabalho que possa refletir sobre a relação entre as identidades raciais e as causas sociais defendidas pelos indivíduos. Os depoimentos com número de curtidas, comentários e compartilhamentos estão disponíveis e são analisados neste capítulo, ora de maneira separada, ora agrupados. Cada depoimento, quando postado no *Facebook*, é composto pelo texto do participante e a foto logo abaixo, ou na área à esquerda do texto, dependendo do dispositivo no qual é visualizado. Em ambos os casos é possível aos visitantes e seguidores da página que curtam, comentem e compartilhem o conteúdo.

Foram selecionados, em setembro de 2016, os 20 depoimentos com maior número de curtidas desde que o projeto foi criado, em setembro de 2015. No fim, por coincidência, tivemos 10 homens e 10 mulheres, mesmo não sendo usado o critério de igualdade de gênero. Este número foi escolhido levando-se em consideração o tempo determinado para a realização da pesquisa. Em casos de empate no número de curtidas, os critérios levados em conta foram: o número de compartilhamentos, partindo do pressuposto de que é compartilhado o conteúdo que tem relevância para o leitor, e em seguida o de comentários. Os números entre parênteses representam a colocação do depoimento, sendo o (1) o mais votado, e o (20) o menos votado entre os selecionados, e ao final do depoimento estão informados os números de curtidas e de compartilhamentos.

Como a página foi inspirada no modelo do projeto *Humans of New York*, como mencionado no capítulo 2, a página do *Facebook* do projeto aqui estudado não menciona os nomes dos participantes, características que serão também preservadas nesta pesquisa. No entanto, vale ressaltar que, na página do *Facebook*, todos os textos são acompanhados por fotos, o que abriria margem para analisar outras formas de produção de sentidos, que aqui não são exploradas, com o intuito de dar mais foco aos enunciados postados.

Nesta análise, dividimos os enunciados em três categorias: (1) Sou negro(a) / minha pele é preta / minha pele é negra: leituras sobre raça e cor; (2) Sou miscigenado(a)/ mestiço(a): espectro de cores e exaltação da mistura e (3) Sou território: etnicidades, traços e hábitos culturais. O agrupamento foi pensado de maneira a potencializar o diálogo entre os enunciados. O critério usado para a construção e agrupamento dessas três categorias é permeado por interpretações de relações de similaridade observadas através da comparação dos depoimentos. No entanto, o fato de classificar os enunciados em categorias distintas não esgota as possibilidades de traços de similaridades entre eles e as análises possíveis, como veremos a seguir.

3.2 CATEGORIA 1: "SOU NEGRO(A) / MINHA PELE É PRETA / MINHA PELE É NEGRA": LEITURAS SOBRE RAÇA E COR

A Categoria 1 agrupa depoimentos de participantes que utilizam a expressão "sou negro(a)", "minha pele é preta" ou "minha pele é negra" como resposta para a pergunta: "qual é a sua pele?". O primeiro ponto que destaco é o questionamento sobre se haveria alguma diferença em dizer ser negro, ter a pele preta ou ter a pele negra. Interessante notar que, entre os oito depoimentos que foram agrupados nesta categoria, dois fizeram uso do termo "preto(a)"; os demais fazem o uso do termo "negro", como veremos a seguir, mesmo esta não sendo ainda uma categoria utilizada oficialmente pelo IBGE e indicada como opção para definir a cor da pele ou raça, como vimos no capítulo 1.

Cabe ressaltar que estas diferenciações conceituais propostas pelo MNU entre raça e cor de pele, que foram retomadas no início deste capítulo, não encerram o uso da noção de cor preta, também associada a um contexto marcado pelo destaque à ancestralidade africana, como, por exemplo, no depoimento (1), que no fim da coleta de dados desta pesquisa, em 30 de setembro de 2016, foi o que recebeu o maior número de curtidas em relação aos demais.

> (1) Minha cor é preta. Vem da África. Sou descendente de príncipes e reis que existiram muito, muito antes da escravidão. Esta é minha origem, meu orgulho vem daí, de milhões e milhões de anos atrás, e a gente está descobrindo um monte de coisas sempre, e em pouco tempo seremos livres todos. Livres por sabermos a nossa verdadeira história.
>
> 229 curtidas   5 compartilhamentos

O enunciador deste depoimento enfatiza que a sua cor preta seria oriunda do continente africano. Além disso, ressalta como referência seus ascendentes, causa de seu orgulho, que teriam sido príncipes e reis, pressupõe-se africanos também, e que teriam existido antes da escravidão; estas informações, na lógica proposta pelo MNU, estariam mais próximas da noção de raça por exaltar a ancestralidade, mesmo sem mencionar o termo. A partir da leitura da primeira parte deste texto, podemos perceber que "um enunciado é sempre heterogêneo, pois ele revela duas posições, a sua e aquela em oposição à qual ele se constrói. Ele exibe seu direito e seu avesso" (FIORIN, 2006, p. 24). Este enunciado só faz sentido porque ele se constitui em contraposição dialógica a um enunciado que faz o uso dos termos "raça" e "cor" como sinônimos e sem fronteiras ou distinção entre eles, e é marcado pelo apagamento da história prévia dos africanos que chegaram ao Brasil, antes da escravidão, que durante este regime foram trazidos através de navios negreiros e que tiveram suas histórias e imagens difundidas, até os dias atuais, pelos livros didáticos e filmes, unicamente como indivíduos oprimidos e submetidos à condição de escravizados no Brasil.

Esta oposição dialógica tem como base a distinção que se opera entre a condição de príncipes e reis *versus* escravos. Neste sentido, consideramos que os príncipes e reis teriam sido usados para marcar a existência e resgatar uma maior valoração do negro na hierarquia social no período prévio à escravidão. Percebemos, ainda, através deste enunciador, uma visão que confronta discursos racistas, uma vez que em uma sociedade que não carregasse em seu imaginário coletivo a história de indivíduos negros, sobretudo associados ao contexto da escravidão, tampouco faria sentido a necessidade de um processo libertário. O participante (1) reitera que "em pouco tempo seremos livres por sabermos a nossa verdadeira história", isto é, que, gradativamente, os indivíduos passarão por um processo de autoconhecimento e reconhecimento sobre uma história que se contrapõe à que é massivamente contada sobre os negros, que seria falsa, em contraposição ao que classifica como verdadeira história, pista presente em seu texto.

Esta visão me parece alinhada à construção de uma postura contraintuitiva, como mencionada no capítulo 2, uma vez que o processo e o conhecimento da verdadeira história, a partir das marcas do seu enunciado, parecem estar relacionados ao orgulho de ressignificação de uma ancestralidade negra não submissa, como reafirma o senso comum, mas, sim, imponente e diversa em suas histórias e referências de protagonismo. Também à luz do entendimento das novas "políticas de significação", o enunciado (1) pode ser visto como peça desencadeadora de um processo ainda por vir de desarticulação e rompimento com a imagem de submissão e engessamento de homens e mulheres negras, e pode ser ligado a um processo, em andamento – associado à citação "estamos descobrindo um monte de coisas" –, que propõe a significação destes como novos sujeitos políticos libertos e protagonistas de sua própria história no presente, passado e promissoramente no futuro, ratificado pelo uso do verbo ser no futuro na expressão "seremos livres". O fato de ter sido o depoimento mais curtido, durante o período de coleta de dados para esta pesquisa, pode também gradativamente ajudá-lo a estar mais bem referenciado no *ranking* de buscas na página, apontando para a tendência, ou pelo menos tentativa, de rompimento com a lógica dos algoritmos estudados por Parisier (2012), em reproduzirem discursos com o teor do *statu quo*, da supremacia branca na internet, necessidade esta reforçada e apoiada pelos estudos de Senft e Noble (2014), no capítulo 2.

Nos depoimentos (4), (19) e (16) retomamos a discussão realizada no primeiro enunciado sobre o quanto o uso das noções de raça e cor ainda se misturam. Pele, segundo a defesa do movimento negro no final dos anos 1970, como vimos no capítulo 1, seriam pretos e pardos que, unidos, representariam a raça negra. Nestes três casos a identificação da cor da pele (preta) é trocada pelo que deveria ser a definição da raça negra.

(4) Minha pele é negra, linda, tenho muito orgulho dela, da história de luta, da história cultural.

67 curtidas | 1 compartilhamentos

(16) Minha pele é negra, sou negro, afrodescendente. [...] Onde eu moro, em Manguinhos, tem pouco projeto social, então, fica difícil para jovem que sonha em ser dançarino ou músico. Tem que trabalhar duas vezes. Na verdade, quatro vezes mais. Duas vezes porque é negro e favelado, e multiplica mais um pouco porque vive em favela de Zona Norte.

34 curtidas | 5 compartilhamentos

(19) Minha pele é negra.

28 curtidas | 3 compartilhamentos

Por outro lado, o reforço de que a pele é linda e que tem uma história de luta e cultura, como faz o enunciador (4), estabelece uma relação dialógica que preconiza o que Hall (2005), combinando ideias de Marx e Bakhtin, chama de "a luta de classes na linguagem", como vimos no início deste capítulo. Sob esta mesma ótica, podemos dizer que os enunciados (7), (13) e (15), através da repetição "eu sou uma mulher negra", representam a afirmação e enfrentamento das enunciadoras, levando em consideração um contexto racista e machista. Esta conjugação de raça e de gênero, como veremos, acontece em pelo menos três dos 20 depoimentos selecionados, como veremos a seguir:

> (7) Eu sou uma mulher negra.
>
> 53 curtidas | 12 compartilhamentos

> (13) Sou criadora do varal***. Sou uma mulher negra, empoderada. Sempre costumo dizer que o varal é feito com muito amor, e sacrifício, por eu ser uma mulher negra, saindo da comunidade, na luta do dia a dia, para poder encontrar lugar, meu porto seguro, meu espaço. Me considero uma mulher negra, de raça, de fibra, empoderada.
>
> 38 curtidas | 5 compartilhamentos

> (15) Moro em Palmas, mas nasci em Goiânia. Sou uma mulher negra, que viveu na periferia de Goiânia. Meu pai também era negro, e ele foi adotado, foi deixado no hospital, então não sabemos qual é sua origem.
>
> 35 curtidas | 2 compartilhamentos

Nos depoimentos (13) e (15), além de se afirmarem como mulheres negras, as enunciadoras também utilizam outros elementos que complementam as suas identidades étnico-raciais. No caso (13), a enunciadora afirma que seu empreendimento é "feito com sacrifício", por ela ser "uma mulher negra, saindo da comunidade". Esta afirmação nos permite interpretar que as experiências de mulher negra e a sua associação à comunidade são somáticas e, em certa medida, dificultadoras da sua trajetória, também marcada pela falta de "espaço", uma vez que ela afirma ter que lutar para conseguir seu espaço e ter que se "sacrificar", ou seja, aplicar um esforço acima do convencional para isso. No entanto, nesta mesma fala, ela também complementa sua autodescrição como "empoderada", "de raça", "de fibra" e em busca de seu "porto seguro", expressões que podem ser interpretadas aqui como uma ressignificação da mulher negra da comunidade, mostrando o "empoderamento" como uma marca valorativa que a impulsiona a vencer suas dificuldades e "lutar por seu espaço".

Interessante notar, nestes dois depoimentos, o uso de expressões como "saindo da comunidade" e "que viveu na periferia", os quais refletem a tendência da experiência comum a pessoas da raça negra no Brasil, ou o ciclo cumulativo de desvantagens da população negra, como mencionado no capítulo 1, relativa ao fato de estar à margem, em condições socioeconômicas menos favorecidas. Podemos questionar o uso de "comunidade" e "periferia", não como sinônimos, mas como indicadores de outras particularidades das enunciadoras, como talvez da condição geográfica de cada uma, para além das questões socioeconômicas. Na fala (15), a enunciadora relaciona Palmas e Goiânia, porque possivelmente sua condição periférica a tenha distanciado de um centro urbano, enquanto a (13) não menciona a região na qual a comunidade de onde é oriunda está localizada, possivelmente, no Rio de Janeiro, local onde os depoimentos foram coletados, como mencionado anteriormente. Assim, possivelmente, o termo e o pertencimento a uma comunidade represente a maior proximidade entre pessoas das comunidades e centros urbanos na cidade. No entanto, ao observarmos as marcas de gerúndio, sinalizando um processo de transição no caso (13), através do verbo "saindo" e o uso do verbo "viver" no pretérito perfeito ("viveu"), parecem indicar a ideia de que estas enunciadoras não querem mais associar a sua imagem a esta condição "periférica" ou "da comunidade", respectivamente.

Outro ponto a ser observado é que o enunciado (15), se visto sob a ótica da marcação territorial, também poderia ser encaixado na categoria 3, sobre etnicidades. No entanto, foi considerada aqui sua autoidentificação como mulher negra. A enunciadora afirma não conhecer a origem do seu pai, também negro, por este ter sido adotado, o que reforçaria a hipótese de Simon Schartzman (1999), trabalhada no capítulo 1, de que negros (pretos e pardos) tendem a conhecer menos as suas origens étnico-raciais devido ao contexto sócio-histórico no qual foram inseridos no Brasil.

Se a luta presente no enunciado (13) é a por espaço, como demarca a enunciadora, é preciso entender essa luta como algo mais amplo, pois, nos termos de Bakhtin, retomados por Hall, a referência é à ideia marxista de luta de classes. No entanto, a teoria do autor abarca outros embates discursivos, como o racial/identitário. É interessante notar que esta "luta de classes" na linguagem acontece de maneira diferenciada em relação ao homem negro, quando comparada à interseção mulher negra, como vemos nos casos (16) e (18). Podemos observar que em ambos os casos não é feito o uso do termo "homem" para demarcar o sexo masculino do enunciador. A marca que faz reconhecer o gênero está no final masculino (o) no adjetivo "negro", como vemos adiante. Estas pistas apontam para a permanência do predomínio de estruturas masculinas na linguagem, estendendo este pensamento às lutas na linguagem e na sociedade e à necessidade da afirmação feminina, sobretudo da mulher negra, frente a uma sociedade machista, patriarcal e racista.

A partir deste entendimento e da observação das marcas presentes nos enunciados, podemos perceber que a afirmação dos enunciadores (1) e (15) dialoga com vozes anteriores à sua própria existência. Como defende Fiorin (2006), a realidade é heterogênea e o sujeito não absorve apenas uma voz social, mas várias, que estão em relações diversas entre si.

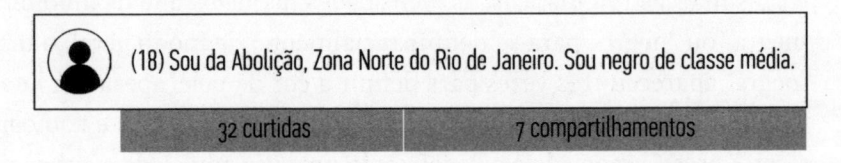

> (18) Sou da Abolição, Zona Norte do Rio de Janeiro. Sou negro de classe média.
>
> 32 curtidas   7 compartilhamentos

As marcas presentes nos enunciados (16) e (18) apontam os territórios aos quais os participantes criam vínculos de pertencimento: Manguinhos (16) e Abolição (18), ambos destacados nas falas por serem territórios da Zona Norte do Rio de Janeiro. A expressão "classe média" pode ser vista como um caráter distintivo do enunciado (18), dentro de um contexto comparativo, em diálogo com o senso comum de que o negro é sempre pobre, de favela ou de comunidade.

A afirmação de elementos como cor de pele, raça, território e classe parece condições somadas e relevantes para os participantes, evidentes, sobretudo, no enunciado (16). Neste último, há como mencionado anteriormente uma descrição relativa à cor de pele preta e outra que apontaria a origem racial, enquanto afrodescendente. Esta última dialoga com discursos como o do MNU, que propôs a distinção entre os conceitos de raça e cor, como vimos no capítulo 1. Além disso, de maneira análoga ao uso dos termos "comunidade" e "periferia", vistos anteriormente, as condições de "negro" + "favelado" + "zona norte" aparecem como barreiras socioeconômicas e de oportunidades em sua trajetória, na qual o enunciador relata que, para jovens conseguirem viver da arte, é necessário trabalhar "quatro vezes mais" (duas por ser negro e favelado e mais duas por ser de favela da Zona Norte). Neste sentido, presume-se que, ainda que use a terceira pessoa, esteja relatando seu próprio caso e o esforço mais intenso que tem que aplicar para conseguir alcançar seus objetivos, comparado aos que não estão inseridos nesta condição, como, por exemplo, brancos, moradores da Zona Sul.

Como vimos, os enunciados analisados e comparados acima dialogam e apresentam visões e leituras ora análogas, ora diferenciadas e repletas de nuanças a partir do que seria a experiência de "ser negro(a) / ter a pele preta / ter a pele negra" a partir da visão dos participantes do projeto "Sim à Igualdade Racial". É possível perceber, a partir destes depoimentos e suas marcas linguísticas, as identidades daqueles que usam o termo "negra" ou "negro" para se definir racialmente; de modo geral, o termo "negra" apareceu três vezes para definir a cor da pele, apesar da luta do movimento negro em demarcar o termo para definir raça e não cor. O termo "preta" associado à pele foi usado uma vez associado à cor da pele. Estas observações nos ajudam a notar que estes termos ainda não correspondem completamente aos usos propostos pelo Movimento Negro (raça negra = pretos e pardos somados) ou a uma concordância, nem mesmo entre os negros.

A seguir, investigaremos o olhar daqueles que se assumem como mestiços e/ou mencionam a miscigenação como ponto relevante destacado para a composição de suas identidades étnico-raciais.

Fala Wanie Nascimento, ex-Jovem Aprendiz da Coca-Cola

Sou preta. Cresci na Zona Norte do Rio de Janeiro, numa república de intercâmbio composta de africanos, liderada pelo meu pai também africano. Foi em colégios particulares que estudei com bolsas, onde entendi de fato o que era diversidade racial, já que eu era uma das poucas estudantes pretas da unidade escolar.

Em casa, **minha mãe brasileira sempre engajava minha irmã mais velha e eu sobre o empoderamento feminino, literatura negra e quão nossa singularidade era linda e importante por mais que pessoas dissessem o contrário.**

Eu me via diferente na escola e com meus parentes, principalmente por ter a pele mais escura; com isso minha mãe fez o diálogo mais frequente e intenso. Cada comentário negativo e preconceituoso ela perguntava a mim: "O que isso irá te acrescentar?" A pergunta dela se tornou o meu lema e me fez mais forte, me incentivando a ser um ser humano melhor, buscar mais aprendizados e valores, acrescentar e ser referencial para alguém.

Não posso dizer que sou imune ao racismo, até porque ele é institucional e infelizmente o encontro desde a "piada" na roda de amigos aos tabus étnico-raciais, mas posso afirmar que tenho mais munição contra o racismo institucional e não luto pela equidade racial sozinha.

Durante o ensino médio fui bolsista no Colégio Percepção e Colégio Miguel Couto, porém, mesmo sendo bolsista, quando a mensalidade não foi mais compatível com a renda da minha mãe, tive que estudar no Colégio Estadual Central do Brasil.

Sou graduanda em Ciências Biológicas – Biotecnologia e Produção pela Universidade Estadual da Zona Oeste (UEZO). Minha escolha teve como base o real significado da palavra: o estudo da vida; amor à vida. Quero entender o impacto da sociedade, tornar a saúde, biologia/biotecnologia mais diversa e acessível, voltada para mulheres pretas e para surdos.

Minha referência profissional é Mirna Moreira, negra, graduanda de Medicina pela UERJ.

Também fiz o curso Saúde da População Negra, produzido pela Universidade Aberta do SUS (UNAS – SUS) na categoria de curso de qualificação profissional. Concluí o Curso de Ocupações Administrativas do Programa de Aprendizagem Profissional Rede Cidadã. Fiz parte da 1ª

Turma de Jovens Aprendizes – Coca-Cola Brasil. Neste período, cursei inglês por seis meses e concluí os cursos: Protegendo Informações da Companhia, Código de Conduta Comercial, Ética Empresarial, Finanças Pessoais, Power Point Avançado e Excel Intermediário.

Quando trabalhava na Coca-Cola Brasil, antes de receber o convite para o Comitê de Diversidade Racial da empresa, já havia propostas para almoços informais com funcionários e outros Jovens Aprendizes. Falávamos sobre o tema não somente por existir um grupo relacionado à igualdade racial na empresa, e sim pela equidade racial ser uma questão social que precisa ser conversada.

No processo seletivo, quando fui surpreendida em não ser a única candidata negra e vi uma pluralidade de cores, fiquei mais tranquila. Mesmo sendo minha primeira entrevista, eu sai de casa ciente que o meu melhor deveria ser o dobro, o triplo, porque infelizmente os pré-julgamentos que fazem pelo tom da minha pele fazem com que eu esteja alguns passos atrás.

Já enfrentei, por exemplo, preconceitos relacionados à raça na empresa quando menosprezavam minha capacidade de aprendizado.

Enquanto Jovem Aprendiz, procurava atuar na retenção e desenvolvimento de outros profissionais negros promovendo o projeto de mentoria aos aprendizes, promoção de palestras e debates voltados às questões sociais.

Ao final do ciclo como Jovem Aprendiz, permaneço planejadora, porém mais habilidosa e madura para executar. Me vejo mais energética e disposta a aprender sem medo de perguntar ou me arriscar. Compartilhamos vivências e aprendi o quanto pessoas são potências. Fui me descobrindo a cada tarefa nova e desafio em novas rotinas, ambientes e interlocutores.

Não me sinto estagnada. Estou construindo o meu futuro profissional. Me vejo poliglota, concluindo minha 1ª graduação (finalizando o estágio na FIOCruz) e iniciando a 2ª tendo em mente quais serão as pós-graduações que irei cursar, nesse período dando aula em Pré Vestibular Social nos finais de semana, e ser mais atuante em movimentos sociais. Eu não foco no desafio, vou lapidando até que ele seja mais uma conquista.

3.3 CATEGORIA 2: "SOU MISCIGENADO(A)": ESPECTRO DE CORES E EXALTAÇÃO DA MISTURA

A Categoria 2 reúne nove depoimentos e é marcada pela associação étnico-racial, de alguma forma, à miscigenação, ou ainda à menção de mais de uma raça ou etnia que foram autoidentificadas como as componentes da origem dos participantes. Como vemos nos exemplos a seguir:

> (2) Sou um típico brasileiro de origem bem miscigenada. Meu pai tem origem alemã, minhas bisavós são indígenas e minha mãe vem de família negra. Fui educado num ambiente afro-brasileiro que me deixou ciente dos meus deveres e das minhas responsabilidades.
>
> 101 curtidas — 11 compartilhamentos

> (12) Apesar de eu ter a pele branca, tenho avós portugueses pelo lado do meu pai, eu tive bisavós negros e italianos por parte de mãe. É interessante como a mistura dos povos acaba levando a diferentes tipos de pele. Eu tenho primos bem pardos, outros que chegam a ser quase negros, e eu sou branco de olhos claros. É interessante como essa miscigenação acontece, principalmente no nosso país.
>
> 39 curtidas — 2 compartilhamentos

> (17) Eu sou de pele mestiça, tenho ascendência indígena e italiana.
>
> 33 curtidas — 3 compartilhamentos

Notamos que o enunciador (2) se furta a responder qual é a sua cor e/ou raça e se assume como um "típico brasileiro", atribuindo esta característica à sua origem miscigenada, possivelmente por entender que esta é uma característica mais relevante para sua identidade étnico-racial. Ao fazer o uso da expressão "típico brasileiro", o enunciador parece querer abarcar todo brasileiro na categoria mestiça, suprimindo e deixando de fora do seu depoimento as possibilidades de diferentes raças.

Entendo que a fala deste participante traz vozes que reforçam a existência da democracia racial, discurso engendrado na defesa de fusão e dissolução das raças no Brasil, mencionado mais detalhadamente no capítulo 1, que preconiza o Brasil como um país miscigenado onde todos os brasileiros seriam fruto de uma mistura étnico-racial, como menciona a obra de Gilberto Freyre: "Todo brasileiro, mesmo o alvo, de cabelo louro, traz na alma, quando não na alma e no corpo, a sombra, ou pelo menos a pinta, do indígena ou do negro" (FREYRE, 2010, p. 307). No entanto, se para Freyre o uso da expressão miscigenação é interpretada como uma influência positiva à identidade do povo brasileiro, por outro lado, para autores como Guimarães (2003), também em consonância com o discutido no capítulo 1, tem conotação negativa, de tentativa de embranquecimento da população brasileira, através da mistura com os povos europeus.

Podemos, então, perceber o quanto a fala do enunciador (2) dialoga com este contexto sobre o processo de miscigenação no país, que, dependendo da visão, como observado, pode assumir diferentes conotações. Por se dizer miscigenado, a postura do enunciador (2) parece estar muito mais alinhada com a perspectiva de Freyre, que assume a miscigenação como parte da sua identidade étnico-racial, reforçada com a menção às origens étnico-raciais dos familiares do participante. Interessante observar o modo como ele nomeia essas origens: alemã, indígena, negra. Seriam estas semanticamente paralelas, isto é, representariam, no imaginário do enunciador, diferentes tipos de raças ou etnias, ou não está nítido que existam diferenças categóricas e hierárquicas entre elas? É possível perceber, no campo discursivo, que a origem alemã designa um povo por uma nação, enquanto que indígena e negra, não, o que reforça um pensamento eurocentrista. Tais marcas, somadas à ordem das citações, poderiam indicar uma hierarquia na valoração, ainda que inconsciente, isto é, a origem alemã teria mais valor, ou mais relevância, neste contexto, que a negra e a indígena, pautada na ordem usada pelo enunciador (2). Se entendermos pela lógica das curtidas, é interessante notar que os dois depoimentos mais curtidos apresentam posições diversas sobre raça e identidade étnico-racial, o que mais uma vez evidenciaria a falta de consenso no uso dos termos "raça" e "cor", bem como a permanência do discurso da mestiçagem dialogando com um pensamento teórico, que ganhou destaque na era Vargas, através de intelectuais como Gilberto Freyre, como vimos no capítulo 1.

O diálogo com o contexto da miscigenação também fica evidente nos enunciados (12) e (17). No (17), a participante afirma "ser de pele mestiça", já no (12) o participante afirma que, apesar de ter a pele branca, teria "primos bem pardos, outros que chegam a ser quase negros". Esta menção indicaria que a sua cor de pele branca não reflete toda a mistura que ele afirma ter em sua família, com a presença de bisavós negros e italianos. Interessante notar aqui que as misturas evocadas pelo enunciado estão de acordo com a teoria das três raças de Freyre, ainda que com ausência da menção indígena. Enquanto isso, no enunciado (17), a enunciadora também evoca a mistura dentro dos padrões freyreanos (há o apontamento de brancos e indígenas, sem a menção de negros). Estes fatores demonstrariam a força com que esta teoria ainda rege as reflexões sobre identidades étnico-raciais no Brasil nos dias de hoje.

Outro ponto a ser observado é que no (17) negros e italianos, a princípio, podem passar como categorias paralelas. No entanto, se olharmos criticamente o *corpus*, é interessante notar que, em relação aos negros, desconhecemos de qual país vieram, diferente dos italianos, aos quais se conhece e se menciona a origem do país desta parte da família. O enunciador também defende que a mistura que acontece "principalmente" em nosso país, numa ideia análoga à do típico brasileiro, também abarcaria o aspecto generalizante da miscigenação. O que o afeta diretamente e faz com que sua família, por exemplo, tenha diversas nuances de cor de pele, desde ele, que é branco de olhos claros, a primos que são "pardos quase negros".

(10) Sou de origem indígena, e um pouquinho da Europa, mas eu com certeza tenho alguma ascendência africana, porque meu biotipo não é de branco, definitivamente.

41 curtidas | 2 compartilhamentos

(11) Minha pele é uma mistura da minha família. O pai do meu avô veio da Lituânia, isso por parte de mãe. Por parte de pai, tenho uma família suíça. E a parte da família do Brasil é misturada, mas não sei de onde vem. Minha pele é essa mistura.

39 curtidas | 4 compartilhamentos

Ainda neste contexto de destaque à miscigenação, nos enunciados (10) e (11), com 41 e 39 curtidas, respectivamente, não há menção direta à cor da pele ou raça. Assim como o anterior, aparecem somente traços de ancestralidades em alinhamento com o discurso da miscigenação presente na obra de Freyre; o mesmo acontece no enunciado (2), como vimos anteriormente. O depoimento (11) apresenta marcas de identificação com origens múltiplas: "origem indígena, um pouquinho da Europa e ascendência africana". É necessário prestar atenção ao uso do "mas", conjunção adversativa, que tensiona dois discursos que a participante coloca como distintos: o fato de ser de origem indígena, por um lado, mas, por outro, afirmar sua ascendência africana, devido ao seu biotipo. Este tipo de afirmação também dialoga com a teoria das três raças de Freyre, uma vez que afirma que todo mundo, independentemente da cor da pele, teria um ancestral negro, o que muitas vezes é lido, como vimos, como um discurso que reforça a existência de igualdade de oportunidade para todos e que desqualifica a luta antirracista. Outra observação a ser feita é que, ao mencionar que tem "um pouquinho de Europa", mas também "alguma ascendência africana", pressupõe-se que a enunciadora não deve ser lida como negra, mas, de alguma forma, ela reivindica sua ancestralidade negra, possivelmente incitada pelo contexto da pesquisa.

Também no enunciado (10), a palavra "mistura" aparece duas vezes e a palavra "misturada" apenas uma vez. O enunciador diz, especificamente, que seu avô materno veio da Lituânia e sua família paterna veio da Suíça; no entanto, sua família brasileira seria bastante miscigenada, reforçando e reproduzindo o discurso freyreano. Interessante apontar que, neste caso, a mistura também aparece aqui como indicadora da falta de conhecimento sobre a origem, presente no momento em que o participante do projeto relata que não sabe definir de onde a parte da família misturada do Brasil vem. Cabe ressaltar que o que une os discursos agrupados nesta categoria é o uso do termo "mistura". Ora, se indivíduos como o (10) também desconhecem suas origens, esta é uma condição mais corrente entre os afrodescendentes, sobretudo levando em consideração os aspectos históricos do colonialismo e escravidão negra que fizeram que registros fossem perdidos. O que pode ser apontado por colaborar para que os participantes que dizem ter negros em alguma parte da família também não consigam identificar de onde esta família vem.

Então, por isso, é relevante também tentar analisar: qual parte da família é identificada? De onde? Qual não é identificada? Isto é, quais são as marcas de identificação e valoração do participante em relação às suas origens, como veremos a seguir, a partir da linguagem no enunciado (14):

> (14) Eu sou negra, sou "marrom", como fala a minha filha, minha mãe é francesa e espanhola, meu pai é do oeste da África, da Guiné e da Costa do Marfim. Então, sou muito misturada. Eu me sinto francesa e negra, não "africana"... Conheço meu pai, mas eu conheci a cultura africana mais pela minha mãe, que me criou. Ela insistiu muito para deixar uma ligação com a África. Conheço bem a África. Mas me sinto francesa, muito francesa, com origem da Costa do Marfim.
>
> 37 curtidas | 3 compartilhamentos

Percebemos que, apesar de também evocar a "mistura", o (14) tem uma particularidade por não estar diretamente relacionado ao contexto de democracia racial, pois a participante não é brasileira. A participante aponta ser francesa e fruto da mistura de um pai de origem africana e de uma mãe europeia. Ela afirma se identificar mais com sua parte europeia, como francesa, do que com a africana, possivelmente por ter sido criada por sua mãe, como aponta. Neste sentido, ela constrói uma identidade negra pela cor da pele, mas se identifica com a cultura francesa. Outro ponto interessante é que a participante usa dois termos diferentes para definir sua identidade: "cor" e "raça". Primeiramente, ela diz ser negra e desenvolve todo o seu texto relatando sua ancestralidade, o que se aproximaria da visão do "ser negra" como raça. No entanto, ela também aponta que sua filha a define como "marrom", definição possivelmente mais próxima da descrição de cor de pele. Neste sentido, parece haver uma tensão entre raça e cor em seu discurso, possivelmente resgatando, também, outros registros teóricos para além do contexto brasileiro, reforçadores da ideia de mestiçagem e da aproximação e falta de consenso entre os termos "raça" e "cor".

> (6) Sou nascido e criado no Méier, Zona Norte do Rio de Janeiro. Minha cor de pele é morena. Sou descendente de africanos. Meus avós são negros.
>
> 58 curtidas | 5 compartilhamentos

> (20) Não sou branco, mas também não sou preto. Sou... Nem sei! Falo que sou napolitano, porque sou no meio dos dois, entendeu? Dependendo da época, sou mais escurinho, ou mais claro... Sou tipo um bege.
>
> 23 curtidas   3 compartilhamentos

O enunciador (6) se classifica como de pele morena, apesar de se considerar afrodescendente e afirmar fazer parte de uma família cujos avós identificavam-se como negros. Ao analisarmos o termo "moreno", vemos que também dialoga com um contexto histórico no Brasil relativo à mestiçagem. A partir deste entendimento, como no caso do enunciador (6), que, apesar de não mencionar por que se caracteriza como moreno, dialoga com o contexto histórico eugenista, que pregava a lógica da pigmentocracia, como mencionada anteriormente neste capítulo, isto é, da valorização de tons de pele mais claros em detrimento dos mais escuros. O termo "moreno", por sua vez, teria tonalidade mais clara que o negro e maior popularidade entre os brasileiros, reforçada por artigos como o da *Folha de São Paulo*, de 1995,[42] que afirma que, na época, 43% dos brasileiros se afirmavam como morenos. O que pode ser visto também como reflexo da PNAD (Pequisa Nacional de Amostra de Domicílios), de 1976, que apresentou mais de 100 possibilidades de denominações referentes à cor de pele, como apresentado no capítulo 1.

De forma análoga, no enunciado (20), o participante usa o termo napolitano para definir sua cor de pele. Segundo o dicionário *Michaelis*,[43] a definição para o termo "napolitano" é "relativo ou pertencente a Nápoles (Itália)". Interessa aqui ir além desta definição e observar que o uso popular de "napolitano" é associado à área culinária, mais especificamente à in-

---

42 O *Almanaque* é um repositório de conteúdos do jornal *Folha de São Paulo*, organizados em editorias, autores, especiais e galerias. Na página inicial <http://almanaque.folha.com.br/> há o link para o pdf do caderno especial "Racismo Cordial", sobre o preconceito no Brasil, publicado em junho de 1995. A informação aqui citada está na página 5 <http://almanaque.folha.uol.com.br/racismo05.pdf>. (acessados em 22 set. 2018).

43 Após ser revisto, ampliado e atualizado, o tradicional *Dicionário Michaelis*, da editora Melhoramentos, passou a estar disponível apenas em formato digital. Mais informações e consultas podem ser livremente buscadas em <http://michaelis.uol.com.br/moderno-portugues/>. (acessado em 22 set. 2018).

trodução nos Estados Unidos da América (EUA), por imigrantes italianos, no fim do século XIX, de um sorvete formado por camadas de sabores diferentes e cores variadas, que recebeu nos EUA o nome comercial "sorvete tipo napolitano". Ao ser produzido em massa, industrialmente, o "sorvete napolitano" passou a ter como padrão os três sabores de sorvete que já eram os mais vendidos nos EUA: chocolate, baunilha e morango.[44] Daí as cores marrom, branco e rosa terem ficado permanentemente associadas ao sorvete napolitano. Vale notar que elas formam uma gradação cromática que evoca tons de pele, indo do creme mais claro ("branco"), passando pelo rosado médio e chegando ao marrom mais escuro.

Esta associação incomum pode ser vista como não gratuita, ainda que possivelmente inconsciente. Sobretudo por, mesmo sem ser convencional, ainda conseguir produzir sentido ao evocar o fundamento da miscigenação, da cor de pele associada a um sorvete que mistura sabores.

O interessante é que no enunciado (20) o participante define sua cor de pele como a mais clara entre as possibilidades de nuanças presentes no sorvete napolitano: a do meio (do creme de baunilha), e ainda afirma transitar entre tons mais escuros e mais claros. Para ele, a leitura da pele é ainda mais literal quando se define como bege. Como se furta em responder sobre sua cor de pele e raça, seguindo os padrões de resposta, e não realiza nenhuma menção à sua ancestralidade, podemos interpretar isto como uma tentativa de apagamento e não identificação com tons mais escuros ou a raça negra.

Do mesmo modo, o termo "moreno", partindo deste pressuposto, poderíamos afirmar ser um marcador de que o enunciador (6) não afirma completamente sua negritude, apesar de se declarar afrodescendente, o que ratifica que seu discurso é atravessado por vozes diversas. Outro ponto a ser destacado no enunciado (6) é a afirmação detalhada sobre o fato de morar na Zona Norte, no bairro do Méier. Quando se entende o contexto de que a Zona Sul do Rio de Janeiro é a área mais abastada e

---

44 Detalhes sobre a história do sorvete em geral e do napolitano em particular podem ser encontrados em: <http://www.icecreamhistory.net/frozen-dessert-history/history-of-neapolitan-ice-cream/>, <http://www.interfred.it/Casa/Gelato/Storia_gelato/Storia_gelato.asp>, <https://lorenzovinci.it/magazine/recipe/spumone-napoletano-o-salentino-cosa-e-storia-e-varianti/> e <https://www.quora.com/Why-is-the-combination-of-vanilla-chocolate-strawberry-ice-cream-called-Neapolitan>. (acessados em 22 set. 2018).

valorizada da cidade, podemos perceber a relação dialética que pressupõe que outras áreas, como a Zona Norte, são menos valorizadas. Trazer tal fato à tona em seu discurso identitário parece construir, a partir deste outro ponto de vista, um discurso de ressignificação e positivação, tal como notadamente fez o movimento negro com a afirmação do negro = lindo, como visto anteriormente; assim, Zona Norte = algo positivo, algo que o define.

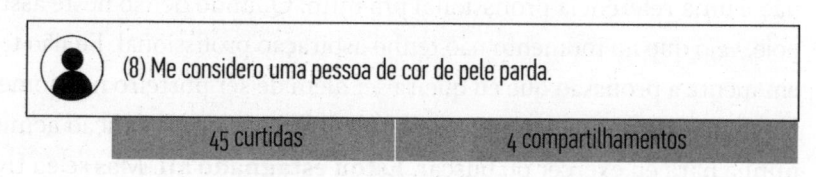

> (8) Me considero uma pessoa de cor de pele parda.
>
> 45 curtidas 4 compartilhamentos

No caso do enunciado (8), a pessoa se considera de cor de pele parda e não dá maiores detalhes sobre seus ancestrais. Sua colocação dialoga novamente com os discursos sobre raça de um Brasil em transição entre o apagamento identitário racial e a luta do movimento negro pela positivação da raça e da ancestralidade africana, ainda que esta não seja mencionada em seu enunciado.

Fala Leandro Francisco, porteiro

Eu me declaro negro. Para mim o Brasil se divide em duas **raças, ou é branco ou negro... ou índio**. As minhas duas irmãs puxaram mais à minha mãe que é um pouco mais clara, e eu e meu irmão puxamos mais meu pai, que tem a pele mais escura. Uma velha mistura brasileira.

Não sou do Rio de Janeiro. Nasci na Paraíba e cheguei no Rio de Janeiro em 2008 com 16 anos. Saímos de lá, na verdade, porque meu pai se separou da minha mãe e veio pro Rio e depois de certos anos a gente veio também. A gente veio com a minha mãe. Agora, meus pais estão juntos de novo. Fomos morar na favela. Na época quando meus pais ainda estavam separados, tive que cair logo no mercado de trabalho. Aos 18 anos tive a minha primeira assinatura na carteira como garçom e aos 21 comecei na portaria de condomínio. Foi a opção que o mercado me ofereceu no momento. Estudei sempre em escola pública e só fiz até o primeiro ano do ensino médio. Não terminei. Caí logo no mercado de trabalho sem escolha, como a maioria das pessoas que vêm da favela. Hoje, moro na favela do Quitungo[45].

Toda a família continua no Rio. A minha irmã está fazendo faculdade de estética e a outra terminou o ensino médio e é comerciante. O meu irmão mais novo também é comerciante, tem uma fabricazinha de salgados. Minha mãe sempre foi dona de casa mesmo, e meu pai trabalhava de pedreiro. Eu já até fiz alguns trabalhos com o meu pai, mas ser pedreiro não é uma referência profissional pra mim. Quando penso neste assunto hoje, vejo que no momento não tenho aspiração profissional. Eu não tenho em mente a profissão que eu queira ser além de ser porteiro no momento. No momento eu me sinto mais parado. Não teria uma função acima da minha para eu exercer ou buscar. **Estou estagnado ali**. Mas se eu tiver a oportunidade de voltar a estudar, vou fazer algum curso técnico na área de refrigeração. Eu sou bem curioso para trabalhar. Acho que é mercado bom no momento, bem ativo.

A prioridade, no momento, é criar minha filha. A gente tá bem pegado com o crescimento dela. Ela tem quatro anos. Me lembro hoje que **quando eu era da idade dela, não sonhava com profissão. Naquele tempo a gente só sonhava em viver.** Um dia de cada vez. A dificuldade era muito grande, muito precárias as coisas. De tudo, de escola, de alimentação. A vida do dia a dia. Os recursos eram poucos.

Mas hoje, eu quero com certeza voltar a estudar, mas a barreira é que o ensino da rede pública é muito precário. Posso também fazer um curso técnico de refrigeração, por exemplo. Alguns cursos que vão me dar uma profissão legal também. Já pensei também em entrar em algum curso de militar, mas eu desisti porque não é minha praia. Não me vejo parado assim. Estes caras que ficam no exército são muito estagnados. Vejo muitos que saem e ficam um pouco perdidos sem saber o que vão fazer. Eu não me vejo assim não. Dependendo da carreira que você quer seguir lá dentro, acho uma coisa meio inútil.

---

45 Favela desenvolvida junto ao conjunto habitacional Guaporé-Quitungo, construído pelo governo, na década de 1960, no bairro de Brás de Pina (Zona Norte do Rio de Janeiro-RJ). O conjunto de blocos de apartamentos, adquiridos com financiamento do Banco Nacional de Habitação, recebeu em grande parte moradores removidos das favelas da Catacumba e Praia do Pinto, na Zona Sul da cidade.

Depois que minha filha estiver maiorzinha, pretendo voltar a estudar e terminar o ensino médio e depois entrar numa faculdade. Não tenho o curso em mente ainda. Vai depender do mercado. Eu tenho uma tia que fez agroindústria e o mercado não facilitou muito pra ela. Ela terminou e teve que ir pra Goiás, por causa da indústria que é maior lá.

É aquela coisa: **depois que você termina a sua faculdade ou o seu curso, até chegar ao mercado de trabalho é meio complicado.** Minha escolha **vai depender do que o mercado oferecer. O que estiver mais lucrativo, dando emprego**. Vou me informando por jornal e internet. Eu leio Estadão, Folha e só não sou muito fã da Veja porque eu me considero de esquerda. Só um pouco, não o extremo.

Não sou ligado a nenhum movimento ou partido politico. Nem tempo eu tenho no momento. Tá bastante corrido. Mas tem causas que acompanho. A causa do **social**, não é *mimimi*. Eu acompanho bastante, por isso eu sou um pouco de esquerda. A direita não liga tanto pro social, é mais pro capitalismo devorador.

Não enfrentei preconceito até o momento não, por causa da cor não, nem no trabalho. Até que de uns tempos pra cá melhorou um pouco. O preconceito já foi maior. Mas na minha família já sofreram por causa da sexualidade.

3.4 CATEGORIA 3: "SOU TERRITÓRIO": ETNIAS, TRAÇOS E HÁBITOS CULTURAIS

Se a Categoria 1 se dedicou a discutir raça, apontando para a construção multirracial, levantada pela questão de Guimarães (2003), e a 2 aponta para a permanência do paradigma freyreano com marcas da construção identitária relacionada à cor e à mestiçagem, na 3 vemos também marcas que enfatizam o pertencimento a determinado território. O uso de etnia aqui está relacionado a territórios e hábitos culturais específicos. Sob esta ótica, são analisadas marcas presentes nos enunciados dos três participantes reunidos neste grupo, que apontam a reinvindicação, o pertencimento a algum território.

> (3) Eu sou branca, descendente de italianos, da região da Sicília. Sou bauruense, lá do interior de São Paulo, e isso influencia muito na minha identidade aqui no Rio de Janeiro. Quando eu cheguei aqui era chamada de "Rosinha do Chico Bento", por causa do meu sotaque, e até hoje perguntam quando vou perdê-lo. Acho que isso é impossível. Sou eu!
>
> 100 curtidas | 5 compartilhamentos

> (5) Sou carioca e a família do meu pai é da Bahia, minha mãe é do interior do Rio.
>
> 58 curtidas | 6 compartilhamentos

No enunciado (5), há um apagamento da raça da participante, pois não indica sua cor de pele ou raça; no entanto, indica o território de onde vieram seus pais (pai do interior da Bahia e mãe do interior do Rio). E estes contrastam com o território com o qual se identifica (Rio de Janeiro – capital), relacionado ao uso da expressão "sou carioca". É possível perceber, pela ordem das informações no enunciado, que para a participante o território do Rio de Janeiro tem mais relevância identitária do que sua cor e/ou raça, apagados em seu depoimento.

Sobre a enunciadora (3), dos 20 depoimentos, é o único que destaca uma mulher que se declara como branca, sendo a terceira mais curtida. Ela também descreve sua ancestralidade como descendente de italianos, especificamente da região da Sicília. Quando comparados com outros enunciados, como o (7) ou (13), de participantes que se autodeclaram como mulheres negras, percebemos que em nenhum dos dois últimos casos, por exemplo, foi mencionada a região específica associada à origem dos ascendentes africanos. Esta comparação pode corroborar, como já dito, que os negros ainda têm mais dificuldade que os brancos de apontarem sua origem étnico-racial de maneira mais detalhada, por causa do contexto sócio-histórico brasileiro, marcado por um regime que escravizou, desumanizou e apagou registros de ascendência dos afrodescendentes durante mais de três séculos.

Outro ponto importante acerca do enunciado (3) é que, além da cor da pele, ancestralidade, a participante usa elementos como o lugar de origem e sotaque como traços de sua identidade. Quanto ao território, sua menção consiste na dinâmica dialógica Rio de Janeiro x São Paulo e centro urbano x interior. Pressupõe-se que a participante fala a partir do Rio de Janeiro, uma vez que menciona "aqui" como "Rio"; no entanto, se declara originalmente como do interior de São Paulo.

A relação de estranheza com os seus pares aparece no depoimento, no entanto, não por esta relação, mas, sim, através do seu sotaque, não reconhecido como um sotaque local. Tal fato ocasiona, consequentemente, sua associação com a Rosinha do Chico Bento[46], personagem dos quadrinhos da *Turma da Mônica*, de Maurício de Sousa, taxada como caipira, isto é, conhecida por morar na "roça", no interior. Ao levar em consideração tanto o social como o individual, de acordo com Fiorin (2006), a proposta bakhtiniana permite examinar, do ponto de vista das relações dialógicas, não apenas as grandes polêmicas filosóficas, políticas, estéticas, econômicas, pedagógicas, mas também fenômenos da fala cotidiana, como a modelagem do enunciado pela opinião do interlocutor imediato. Podemos presumir, a partir das marcas deste depoimento, que a relação de dialogismo presente no enunciado acima também pode ser identificada na afirmação de que seu sotaque representa a sua origem e que ela não deseja mudar, mesmo tendo sido submetida às interferências e questionamentos dos outros do novo lugar geográfico em que se coloca

---

46 Confira o sotaque da Rosinha nas histórias "Chico Bento – distraído demais" e "Chico Bento – como fiquei gostando do Chico!" disponíveis em <http://turmadamonica.uol.com.br/quadrinhos/> (acesso em 7 out. 2018). Na página também é possível avaliar o universo dos personagens e o modo como são tratados pelo autor.

e do qual fala. É necessário problematizar, também, que ao ser questionada sobre sua raça/cor/causa e situar o que constituiria o preconceito linguístico que sofre, no contexto da pesquisa, quase parece querer colocar este em pé de igualdade com o racial. Sob esta ótica, há um diálogo bem sutil, com um discurso que desqualifica o racismo e a luta antirracista, uma vez que todos, negros e brancos, podem sofrer preconceito por ser pobre, do interior, gordo etc.

> (9) "Eu sou negra, de pele escura, tez escura. Minha bisavó [...] teve filhos de várias cores e não se sabe a ascendência de ninguém, mas minha avó [...] era clara, meu pai [...] é de uma certa forma claro, apesar de minha avó ter casado com um negro, bem preto [...]. A minha mãe [...] vem de uma mistura entre negros e índios. [...] Em qualquer lugar que eu for, coloco que eu sou brasileira e afro-gaúcha, tchê!"
>
> | 42 curtidas | 4 compartilhamentos |

O enunciado (9) traz a fala de uma participante que se diz negra, reforça duas vezes o fato de ter um tom de pele escuro e também o de ser afro-gaúcha. A partir do entendimento de que gaúcho é o nome popular dado às pessoas que nasceram no Rio Grande do Sul, parte sul do país predominantemente conhecida por abrigar o grande fluxo de imigrantes de cultura europeia branca, que veio para o Brasil, sobretudo, no século XX, percebemos que a enunciadora reivindica para si uma identidade cultural e regional como gaúcha, apesar de não pertencer ao estereótipo hegemônico relativo à imagem do senso comum desta população. É também possível ressaltar sua demarcação como gaúcha como aspecto étnico de sua identidade, visto esta estar aparentemente ligada a costumes locais e territoriais. Neste aspecto, pode-se dizer que, no Brasil, a demarcação da etnia, conceito debatido no capítulo 1, estaria diretamente relacionada ao território e, consequentemente, diferenciando as construções identitárias e experiências de uma afro-carioca e uma afro-gaúcha, por exemplo. Enquanto a gaúcha precisa afirmar sua identidade racial negra, através do prefixo "afro", como vimos no enunciado (9), para lutar pelo reconhecimento do pertencimento a este território e cultura e combater o imaginário branco remetido à figura de uma pessoa do sul, no enunciado (5), a participante apaga a raça na sua autoidentificação, apenas se descrevendo como carioca, que, por sua vez, não remeteria necessariamente ao imaginário coletivo de uma pessoa branca.

No enunciado (9), ela menciona um a um os nomes de seus familiares (aqui omitidos), mas reconhece que há uma dificuldade na marcação de ancestralidade mais aprofundada deles, reforçando a teoria de Schwartzman (1999) sobre a maior dificuldade dos negros em detectar suas ancestralidades, como observado anteriormente. O discurso da miscigenação/três raças de Freyre também aparece no enunciado quando a participante se refere à mãe, que vem de uma mistura de negros e índios. E também da menção sobre sua família com parentes de diversos tons de pele, mais claros que o dela, como sua avó e seu pai, ou ainda tão ou mais escuros, como seu avô. Para uma melhor compreensão da associação da análise de depoimentos feitas neste capítulo, com os conceitos e contextos abordados ao longo desta pesquisa como um todo, a seguir, no próximo capítulo, faremos considerações finais.

Fala Marcos Ueda, coordenador de parcerias da Cel.Lep

A minha vida toda foi uma busca de identidade racial. No Brasil, onde cresci numa colônia alemã, na própria Alemanha, onde morei, e num compromisso ético com a causa. **Sempre foi conflitante minha identidade racial: consta da minha certidão branco, mas a escolarização formal afirma que sou AMARELO!** Sou neto de imigrantes japoneses por parte de mãe e pai.

Minha formação é Semiótica Aplicada, com ênfase em educação. No ensino médio, estudei na Escola Pública Salvador de Moya [São Paulo-SP]. Cheguei a iniciar a Poli[técnica]-USP (projeto abortado) e também estudei na Universidade de Munique e Universidade de Berlim. Fiz Linguística e consequentemente línguas latinas, inglês, alemão e rudimentos de turco e holandês.

Entre minhas referências profissionais estão grandes professores de meu convívio e educadores como Paulo Freire, Emilia Ferrero, Malaguzzi, Freine, Edgar Morin, alguns filósofos alemães entre outros de pensamento libertário.

Depois de "tentar" realizar o sonho dos meus pais iniciando um curso de engenharia na USP, abortei o projeto e me "refugiei" na Alemanha onde descobri minha vocação ensinando numa mesquita turca. Sou Semioticista especializado em Semiótica aplicada à Educação. Ocupo o cargo de coordenador de expansão de parcerias do Cel.Lep[47]. Iniciei como professor de alemão, fui coordenador de unidade, formador de professores e contribuo atualmente com minha *expertise* em educação. Meus maiores desafios foram o de ocupar cargos que se afastassem da educação e se aproximassem de gestão, ao mesmo tempo um processo de aprendizado rico!

Minha raça nunca facilitou o fato de ser colocado em papéis de mais responsabilidade ou de maior exposição ao público. Tudo foi conquistado por performance e mérito. (sem modéstia). As pessoas negras que trabalham comigo estão em cargos como aprendizes, consultores, professores e coordenadores.

Sim, sou educador, formador de opinião e me vejo dando voz à causa racial.

Sempre me preocupei com o cuidado na lida com a diversidade. Mas dentro do processo de compreensão do conceito amplo de responsabilidade social corporativa, percebo que a caminhada é longa. **Mas a questão racial me mostrou que ser plenamente ético e responsável implica necessariamente em entender a diversidade racial ou de outra espécie como benefício e não como assistencialismo.**

A importância da promoção da igualdade racial no mercado de trabalho, para mim, está exatamente no benefício do exercício do convívio com o diverso, o aprendizado contínuo de negociação em relação aos preconceitos. Juntos somos melhores!

Sempre que possível, utilizo os foros adequados para colocar claramente minha posição em relação à questão racial.

Pretendo futuramente retornar para formação de professores num modelo de tutoria e aconselhamento (inclusive daqui a cinco anos). **O maior desafio é para mim o binômio idade x velocidade de obsolescência de recursos de toda espécie: tecnológicos, velocidade de consumo incluindo de pessoas, o descarte do que não se ajusta.**

---

47   Rede de cursos de línguas com sede em São Paulo-SP.

4 CONSIDERAÇÕES FINAIS

Através da analise crítica dos termos e falas dos entrevistados e depoimentos analisados na dissertação, e vivências próprias em relação ao desenvolvimento de ações em prol da igualdade racial nas empresas e organizações de modo geral, percebo que, além da dificuldade de diferenciação entre os cenários ideal (minha empresa/organização é racialmente diversa) e real (na minha empresa/organização há barreiras e vises que impedem a diversidade étnico-racial), falta o enxergamento de que ter um grupo de diversidade que não seja dividido nas particularidades e vertentes que este assunto tem, muitas vezes significa o apagamento das individualidades e nuances a serem enfrentadas no tocante às questões de raça, gênero, pessoas com deficiência, LGBTs entre outros. Um recrutamento cego, que não olha gênero, funciona como mecanismo de inclusão para todos os grupos oprimidos?

Falta também a sistematização nos processos, isto é, independência de um líder ou pessoas afins à causa e maior ousadia para estabelecer metas institucionalizadas e ver a igualdade racial como um valor agregado não somente ético mas de valor monetário, uma vez que comprovadamente uma postura contundente em prol da igualdade racial ajuda a atrair talentos, diminuir a rotatividade, ampliar *performance*, reforçar o vínculo e engajamento entre funcionários e empresas, reforçar licenças sociais, entre outras vantagens competitivas que as empresas podem listar em seus relatórios a investidores e perante a sociedade, justificando sua existência e expansão.

Além disso, a partir das entrevistas, é possível observar que pessoas negras têm um marco de um episódio traumático relacionado à sua negritude. Lembrando-os de sua raça e colocando-os em situação de inferioridade em relação aos demais de pele mais clara.

Noto também que a raça influencia e recorta diversos campos das relações sociais além das profissionais: afeto, família, finanças, e que isso se dá através da repetição de histórias, discursos e experiências entre pessoas que têm fenótipos e ancestralidade semelhantes.

Em pessoas negras, é recorrente uma trava natural no crescimento profissional, por exemplo, apontada por conta da falta de referências, oportunidades tardias de estudo e/ou ascensão devidas à dificuldade de enxergamento da sociedade em relação ao indivíduo, entre outras questões. Isto também acontece no sentido do indivíduo em relação a ele mesmo, que muitas vezes enraíza vieses, por conta de uma construção histórica que coloca o negro no papel de inferior e que precisa ser desconstruída. No entanto, algumas pessoas, por suas lutas frequentes nos embates raciais, assumem um lugar de fala de resiliência, potência para mudar.

Vemos, nestas histórias, um misto de repetições e mudanças. Desde a repetição de que o apoio familiar, *networking*, vivências nacionais e internacionais, acreditar em você e ter quem acredite, são apontados como catalizadores de percursos profissionais mais assertivos e com mais oportunidades de escolha, enquanto a falta de recursos básicos – comida, educação de qualidade, segurança, uma casa estruturada – é muitas vezes apontada como fator que coloca a construção da trajetória profissional em segunda instância.

Ainda que eu acredite que o fortalecimento financeiro dos indivíduos negros possa sanar muitos dos problemas individuais do acesso a oportunidades para uma vida mais digna, a hierarquia das raças ainda é um aspecto que rege a sociedade. E este é um desafio para além do social. Em suma, mudar a mentalidade da humanidade pode até ser complexo, mas empoderamento financeiro e dos papéis assumidos pelos negros, acredito ser um passo mais próximo e fácil que podemos acelerar.

De outro lado, pessoas autodeclaradas brancas, sobretudo em posições de liderança, assumem recorrentemente um lugar de fala de mérito pelo alcance somado a oportunidades facilitadas por seus iguais para ascensão. Embora muitas já consigam fazer o exercício de racializar, e não mais normatizar suas oportunidades, e notar privilégios que tiveram por conta de sua raça no contexto histórico pós-colonial.

Enxergo, como caminhos para a solução das desigualdades raciais, a transversalidade da igualdade racial em diversas áreas das empresas/organizações para além do RH, envolvendo diferentes áreas como lideranças, gestores, *marketing*, relações com investidores e afins. Também defendo a permanência de um trabalho contínuo, intencional, acompanhado de uma visão externa, e sistemático (isto é, que independa de pessoas e se respalde em processos). Além disso, o papel de canais de denúncia específicos para esta questão pode ajudar.

Há de se ter ousadia para enfrentar as mentalidades mais refratárias e de ter o entendimento de que ter um apoio unânime ainda é utópico, visto que muitos discursos ainda se baseiam no paradigma freyreano de que somos uma nação miscigenada e, portanto, o racismo aqui seria mais brando ou ainda que somos todos iguais, o que é um ideal, não uma realidade: basta ver as estatísticas.

Ainda que o assunto divida opinião e que os termos não sejam unânimes, também se torna necessária uma busca constante de conhecimento da causa e de materiais para aprendizado por via de diversos autores e atores, mas tentando estabelecer um fio condutor sobre qual é o seu próprio entendimento sobre o assunto. É um desafio encontrar métricas que validem a eficácia dos programas, mas defendo que, no estágio atual, a prioridade da qualidade do que é feito deve preceder a quantidade de atingidos, até para que haja o entendimento do que efetivamente funciona ou não.

O que vem primeiro: o ovo ou a galinha? Uma iniciativa espontânea que busque a implementação de um programa consolidado de igualdade racial, ou uma denúncia de racismo que exponha a empresa?

Minha máxima é: pelo amor ou pela dor, empresas devem se engajar pela igualdade racial, tanto aquelas que entendem raça como um assunto prioritário, quanto aquelas que têm medo de ser processadas porque estão envolvidas em um caso público de racismo.

No momento, o que temos são estatísticas que se atualizam ora para cima, ora para baixo, mas, enquanto forem desfavoráveis ao negro, não chegamos à igualdade racial. Generalizações são perigosas e trajetórias são únicas, mas repetições são inegáveis aspectos de que existe um ciclo de desigualdade que precisa ser rompido.

Quando percebemos que se conhecer e se afirmar é político, você para de somente exaltar o outro e começa a se valorizar, e reconhece que não somos melhores ou piores, somos diferentes, únicos e necessariamente complementares. E entender o outro, é um processo fundamental para compreender quem somos e qual é a nossa missão no mundo.

Não se esqueça de que no apêndice, existem exercícios que podem ser feitos para auxiliar na condução da temática racial individualmente ou em grupo.

Espero que tenha gostado desta viagem. Até a próxima.

REFERÊNCIAS

ACEVEDO, C. R.; NOHARA, J. Interpretação sobre os retratos dos afro-descendentes na mídia de massa. **Revista de Administração Contemporânea**, ed. especial, p. 119 – 146, 2010.

ALVES, G. **Trabalho e mundialização do capital:** a nova degradação do trabalho na era da globalização. Londrina: Praxis, 1999

ANDERSON, C. **A cauda longa**: do mercado de massa para o mercado de nicho. São Paulo: Campus, 2006.

ARAÚJO, J. Z. A. **A negação do Brasil:** o negro na telenovela brasileira. São Paulo: Senac, 2000.

ARENDT, H. **A condição humana.** São Paulo: Universitária, 1989.

BAKHTIN, M. **Estética da criação verbal.** São Paulo: Martins Fontes, 2003.

BAKHTIN, M. **Marxismo e filosofia da linguagem.** Tradução M. Lahud e Y. F. Vieira. 12. ed. São Paulo: Hucitec, 2006.

BARBOSA, A.; CUNHA, E. T. **Antropologia e imagem.** Rio de Janeiro: Jorge Zahar, 2006.

BARRETO, Arnaldo Lyrio. **As classificações de raça e cor e ocupação nos censos demográficos brasileiros**. Tese de Doutorado, HCTE-UFRJ, 2009.

BARTHES, R. **Mitologias.** Tradução de Rita Buongermino. 8. ed. Rio de Janeiro: Bertand, 1989.

BASTOS, M; RECUERO, R; ZAGO, G. Taking tweets to the streets: a spatial analysis of the Vinegar Protests in Brazil. **First Monday**, *online*, feb. 2014. Disponível em: <http://firstmonday.org/ojs/index.php/fm/article/view/5227>.

BORGES, R. Mídia, racismo e representações do outro. In: BORGES, Roberto C. S.; BORGES, Rosane (org.). **Mídia e racismo**. Petrópolis: Petrópolis: Depetrus; Brasília: ABPN, 2012. p. 180-205.

BRASIL. **Lei nº 12.288, de 20 de julho de 2010**: "Institui o Estatuto da Igualdade Racial; altera as Leis nos 7.716, de 5 de janeiro de 1989, 9.029, de 13 de abril de 1995, 7.347, de 24 de julho de 1985, e 10.778, de 24 de novembro de 2003." Disponível em <http://www.planalto.gov.br/ccivil_03/_ato2007-2010/2010/lei/l12288.htm>. Acesso em 21 set. 2018.

CANCLINI, N. G. **Consumidores e cidadãos, conflitos multiculturais da globalização.** Rio de Janeiro: Editora UFRJ, 2010.

CASTELLS, M. **Networks of outrage and hope**. New York: Polity Press, 2012.

CHAUI, Marilena. **Convite à filosofia**, 6. ed. São Paulo: Ática, 1997.

CONCEIÇÃO, F. **Como fazer amor com um negro sem se cansar**. São Paulo: Terceira Margem, 2005.

CRENSHAW, Kimberle W. A intersecionalidade na discriminação de raça e gênero. Cruzamento: raça e gênero. In: Seminário a interseção das desigualdades de raça e gênero: implicações para as políticas públicas e os direitos humanos, 13 set. 2004. **Anais**... Rio de Janeiro: IBAM; UNIFEM; Consulado Geral dos Estados Unidos da América na cidade do Rio de Janeiro; et al., 2004. Painel 1, p. 7-16. Disponível em: <http://www.acaoeducativa.org.br/fdh/wp-content/uploads/2012/09/Kimberle-Crenshaw.pdf>. Acesso em: 20 set. 2018.

DEGLER, C. N. **Neither black nor white:** slavery and race relations in Brazil and the United States. Madison: University of Wisconsin Press, 1986.

DU BOIS, W. E. B. **As almas da gente negra**. Tradução, introdução e notas: Heloísa Toller Gomes. Rio de Janeiro: Lacerda, 1999.

DYER, R. **White:** Essays on race and culture. London: Routledge, 1997.

ETHOS; BID. **Perfil social, racial e de gênero das 500 maiores empresas do Brasil e suas ações afirmativas**. São Paulo: Banco Interamericano de Desenvolvimento, 2016. (disponível sob licença Creative Commons em repositórios de publicações nos portais da ONU e do BID)

ETHOS; IBOPE. **Perfil social, racial e de gênero das 500 maiores empresas do Brasil e suas ações afirmativas – pesquisa 2010**. São Paulo: Instituto Ethos, 2010. Disponível em: <https://www3.ethos.org.br/wp-content/uploads/2012/12/4Perfil-Social-Racial-e-de-Gênero-das-500-Maiores-Empresas-do-Brasil-e-suas-Ações-Afirmativas-Pesquisa-2010.pdf>. Acesso em 19 set. 2018.

FANON, F. **Peles negras, máscaras brancas.** Salvador, EDUFBA. 2008.

FERNANDES, F. **A integração do negro na sociedade de classes.** São Paulo: Nacional, 1965.

FERREIRA, R. A. **Representação do negro em jornais no centenário da abolição da escravatura no Brasil.** 1993. 185 f. Dissertação (Mestrado) – Escola de Comunicações e Artes, Universidade de São Paulo. São Paulo; USP, 1993.

FIORIN, J. L. **Introdução ao pensamento de Bakhtin.** São Paulo: Ática, 2006.

FLORINI, S. Tweets, tweeps, and signifyin: communication and cultural performance on Black Twitter. **Television & New Media**, v. 15, n. 3, p. 223-237, 2014.

FONTOURA, N.; LIMA Jr, A. T.; CHERFEM, C. O. PNAD 2014 – Alterações recentes no mundo do trabalho, segundo marcadores de gênero e raça. In: CALIXTRE, A.; VAZ, F. (org.). **PNAD 2014 – breves análises: nota técnica 22**. Brasília: IPEA, 2015. [p. 31-37 do pdf]

FREYRE, G. **Casa-grande & senzala:** formação da família brasileira sob o regime da economia patriarcal. Rio de Janeiro: Schimidt, 2010.

FREYRE, G. **Os escravos nos anúncios de jornais brasileiros do século XIX.** São Paulo: Global, 2010.

GOFFMAN, E. **Estigma:** notas sobre a manipulação da identidade deteriorada. Tradução de Márcia Bandeira de Mello Leite Nunes. 4. ed. Rio de Janeiro: LTC, 1988.

GOMES, M. R. Uma estética para o negro: representações e discursos circulantes. In: BATISTA, Leandro Leonardo; LEITE, Francisco (org.). In: **O negro nos espaços publicitários brasileiros**: perspectivas contemporâneas em diálogo. São Paulo: Escola de Comunicações e Artes/USP, 2011.

GUIMARÃES, A. S. A. Como trabalhar com raça em sociologia. **Educação e Pesquisa, São Paulo, v. 29, n. 1, p. 93-107, jan.-jun. 2003.**

GUIMARÃES, A. S. A. O insulto racial: as ofensas verbais registradas com queixas de discriminação. **Estudos Afro-Asiáticos**, Rio de Janeiro, n. 38, p. 31-48, 2000.

HALL, S. A redescoberta da ideologia: o retorno do recalcado nos estudos midiáticos. In: RIBEIRO, Ana Paula Goulart e SACRAMENTO, Igor (org.). **Mikhail Bakhtin**: linguagem, cultura e mídia. São Carlos: Pedro & João, 2010 p. 279-329.

HALL, S. Quem precisa da identidade. In: SILVA, T. (org.). **Identidade e diferença**: a perspectiva dos estudos culturais. Petrópolis: Vozes, 2005. p. 103-133.

HASENBALG, C. A. **Discriminação e desigualdades raciais no Brasil.** Rio de Janeiro: Graal, 1979.

HOOKS, b. **Black looks**: race and representation. Boston: South End, 1992. p. 21–39.

IBGE. **Características étnico-raciais da população: um estudo das categorias de classificação de cor ou raça, 2008**. Rio de Janeiro: IBGE, 2001.

IBGE. **Manual do entrevistador PNAD 3.01**. Rio de Janeiro: IBGE, 1976.

IBGE. **Pesquisa Nacional por Amostra de Domicílios**: síntese de indicadores 2014. Disponível em <https://ww2.ibge.gov.br/home/presidencia/noticias/imprensa/ppts/00000024052411102015241013178959.pdf>. Acesso em 12 nov. 2016a.

IBGE. **Portal: população – indicadores sociais mínimos**. Disponível em <http://www.ibge.gov.br/home/estatistica/populacao/condicaodevida/indicadoresminimos/conceitos.shtm>. Acesso em 11 nov. 2016b.

IBGE. **SIDRA**: sistema IBGE de recuperação automática. Disponível em: <https://sidra.ibge.gov.br/>. Acesso em: 29 set. 2018. (ferramenta *on-line* que permite consultar dados de todas as pesquisas do IBGE e gerar tabelas personalizadas)

IKAWA, D. **Ações afirmativas em universidades**. Rio de Janeiro: Lumen Juris, 2008.

SERRA JÚNIOR, G. C.; ROCHA, L. M. L. N. A internet e os novos processos de articulação dos movimentos sociais. **Katálysis**, v. 16, n. 2, p. 205-213, 2013.

KELLNER, D. **A cultura da mídia** – estudos culturais: identidade e política entre o moderno e o pós-moderno. Tradução de Ivone Castilho Beneditti. Bauru: EDUSC, 2001.

KEMIAC, L. A constituição dialógica do gênero depoimento. **Ao Pé da Letra** (UFPE), v. 10, n. 1, p. 29-48, 2008.

LEITE, F. V. **A propaganda contraintuitiva e seus efeitos em crenças e estereótipos**. Dissertação de Mestrado, Escola de Comunicações e Artes, USP. São Paulo, 2009.

LÉVY, P. **A inteligência coletiva.** Editora 34, São Paulo, 2011.

LIMA, M. E. O; VALA, J. As novas formas de expressão do preconceito e do racismo. **Estudos de Psicologia**, Natal, v. 9, n. 3, p. 401-411, 2004.

LORDE, Audre. **Zami**: a new spelling of my name. New York: Crossing, 1982.

LOTIERZO, Tatiana. Racismo e pintura no Brasil: notas para uma discussão sobre cor, a partir da tela A redenção de Cam. **19&20**, on-line, v. IX, n. 2, jul.-dez. 2014. Disponível em: <http://www.dezenovevinte.net/obras/tl_redencao_cam.htm>. Acesso em: 23 set. 2018.

MACHADO, R. Introdução: por uma genealogia do poder. In: FOUCAULT, M. **Microfísica do Poder**. Rio de Janeiro: Graal, 1979.

MBEMBE, A. **Crítica da razão negra**. Lisboa: Antígona, 2014.

MCLUHAN, M. **Os meios de comunicação como extensões do homem**. 5. ed. São Paulo: Cultrix, 1967.

MARTINS, C. A. M. e. A publicidade e o registro branco do Brasil. In: BATISTA, Leandro Leonardo; LEITE, Francisco (org.). **O negro nos espaços publicitários brasileiros**: perspectivas contemporâneas em diálogo. São Paulo: Escola de Comunicações e Artes/USP : Coordenadoria dos Assuntos da População Negra (Prefeitura de São Paulo), 2011.

LOPES, L. P. da Moita. Linguística aplicada como lugar de construir verdades contingentes: sexualidades, ética e política. **Gragoatá**, Niterói, n. 27, p. 33-40, 2. sem. 2009.

MUNANGA, K. **Negritude:** usos e sentidos. São Paulo, Ática, 1986.

MUNANGA, K. Teoria social e relações raciais no Brasil contemporâneo: refrescando a memória. **Cadernos Penesb**, Niterói, n. 12, p. 169-203, 2010.

MUNANGA, K. Uma abordagem conceitual das noções de raça, racismo, identidade e etnia. **Cadernos Penesb**, Niterói, n. 5, p. 15-34, 2004.

NOBLE, S. **Missed connections what search engines say about women**. Disponível em: <https://safiyaunoble.com/research-writing/> Acessado em: 23 set. 2018.

NOGUEIRA, O. **Preconceito de marca**: as relações raciais em Itapetininga. São Paulo: Edusp, 1998.

OLIVEIRA FILHO, P. A justificação da desigualdade em discursos sobre a posição social do negro. **Revista Psicologia Política**, São Paulo, v. 2, n. 4, p. 267-295, 2002.

OLIVEIRA. D. Etnomídia: a construção de uma paisagem étnica na linguagem midiática. In: BATISTA, Leandro Leonardo; LEITE, Francisco (org.). **O negro nos espaços publicitários brasileiros**:

perspectivas contemporâneas em diálogo. São Paulo: Escola de Comunicações e Artes/USP : Coordenadoria dos Assuntos da População Negra (Prefeitura de São Paulo), 2011.

O'REILLY, Tim. **What Is Web 2.0**: page 5. Disponivel em: <http://www.oreilly.com/pub/a/web2/archive/what-is-web-20.html?page=5> Acessado em: 23 set. 2018.

OSORIO, Rafael Guerreiro. **O sistema classificatório de "cor ou raça" do IBGE.** Brasília: IPEA, 2003.

PALMA, R. da; TRUZZI, O. M. S. As articulações entre intimidade e trabalho: a construção social de um mercado de trabalho livre no oeste paulista cafeeiro. **Sociologias**, Porto Alegre, v. 14, n. 30, p. 224-251, maio-ago. 2012.

PARISIER, E. **O filtro invisível:** o que a internet está escondendo de você. Rio de Janeiro: Zahar, 2012.

PEREZ, C. Condições antropossemióticas do negro na publicidade contemporânea. In: BATISTA, Leandro Leonardo; LEITE, Francisco (org.). **O negro nos espaços publicitários brasileiros**: perspectivas contemporâneas em diálogo. São Paulo: Escola de Comunicações e Artes/USP : Coordenadoria dos Assuntos da População Negra (Prefeitura de São Paulo), 2011.

PETRUCELLI, José Luis. **A cor denominada**: um estudo do suplemento da PME de Julho/98. Rio de Janeiro: IBGE, 2000.

PINTO, R. P. A representação do negro em livros didáticos de leitura. **Cadernos de Pesquisa**, São Paulo, n. 63, p. 88-92, nov. 1987.

RIBEIRO, D. **O povo brasileiro.** São Paulo: Companhia de Bolso, 2004.

RAMOS, S. (org.). **Mídia e racismo.** Rio de Janeiro: Pallas, 2002.

ROCHA, D.; DEUSDARÁ, B. Análise de conteúdo e análise do discurso: aproximações e afastamentos na (re)construção de uma trajetória. **Alea**, Rio de Janeiro, v.7, n. 2, p. 305-322, jul.-dez. 2005.

ROCHA, D. Representação e intervenção: produção de subjetividade na linguagem. **Gragoatá**, Niterói, v. 11, n. 21, p. 355-372, 2006.

ROCHA, E. **O que é etnocentrismo.** 11. ed. São Paulo: Brasiliense, 1994.

ROCHA, Edmar José da. **Auto-declaração de cor e/ou raça entre alunos(as) paulistanos(as) do ensino fundamental e médio:** um

estudo exploratório. Dissertação de Mestrado, Psicologia Social, USP. São Paulo, 2005.

SANTAELLA, L. **Culturas e artes do pós-humano:** da cultura das mídias à cibercultura. São Paulo: Paulus, 2003.

SANTO, S. B. S. **Pela mão de Alice**: o social e o político na pós-modernidade. São Paulo: Cortez, 2001.

SANTOS, I. A. A. **Direitos humanos e práticas do racismo**. São Paulo: Cortez, 2013.

SANTOS, J. T. O negro no espelho: imagens e discursos nos salões de beleza étnicos. **Estudos Afro-Asiáticos**, Rio de Janeiro, n. 38, p.49-65, dez. 2000.

SCHERER-WARREN, I. Das mobilizações às redes de movimentos sociais. **Sociedade e Estado**, Brasília, v. 21, n. 1, p. 109-130, jan.-abr. 2006.

SCHERER-WARREN, I. Desafios para uma sociologia política brasileira: os elos entre movimentos e instituições. **Sociologias**, Porto Alegre, v. 17, n. 38, p. 44-62, jan.-abr. 2015.

SCHUCMAN, L. V. **Entre o "encardido", o "branco" e o "branquíssimo"**: raça, hierarquia e poder na construção da branquitude paulistana. Tese de doutorado, Instituto de Psicologia, Universidade de São Paulo (UP). São Paulo, 2012.

SCHWARCZ, L. M. **O espetáculo das raças**. São Paulo: Companhia das Letras, 1993.

SCHWARCZ, L. M. As teorias raciais, uma construção histórica de finais do século XX: o contexto brasileiro. In: SCHWARCZ, L. M.; QUEIROZ, R. da S. (org.). **Raça e diversidade**. São Paulo: EDUSP, 1996. p. 147-185.

SCHWARCZ, L. M. **Retrato em branco e negro**: jornais, escravos e cidadão em São Paulo ao final do século XIX. São Paulo: Companhia das Letras, 2005.

SCHWARTZMAN, S. Fora de foco: diversidade e identidades étnicas no Brasil. **Novos Estudos CEBRAP**, São Paulo, n. 55, p. 83-96, 1999.

SCOTSON, J. L.; ELIAS, N. **Os estabelecidos e os outsiders:** sociologia das relações de poder a partir de uma pequena comunidade. Tradução de Vera Ribeiro. Rio de Janeiro: Zahar, 2000.

SEMPRINI, Andrea. **A marca pós-moderna**: poder e fragilidade da marca na sociedade contemporânea. São Paulo: Estação das Letras e Cores, 2006.

SENFT, T.; NOBLE, S. Race and Social Media. In: HUNSINGER, J.; SENFT, T. (ed.). **The social media handbook**. New York: Routledge, 2013. p. 107-125. Disponível em: <https://safiyaunoble.files.wordpress.com/2012/03/senft_noble_racesocialmedia_bookchapter.pdf> Acessado em: 23 set. 2018.

SILVA, D. M. A imagem do negro no espaço publicitário. In: BATISTA, Leandro Leonardo; LEITE, Francisco (org.). **O negro nos espaços publicitários brasileiros**: perspectivas contemporâneas em diálogo. São Paulo: Escola de Comunicações e Artes/USP : Coordenadoria dos Assuntos da População Negra (Prefeitura de São Paulo), 2011.

SILVA, Nelson do Valle. O preço da cor: diferenciais raciais na distribuição de renda no Brasil. **Pesquisa e Planejamento Econômico**, Rio de Janeiro, v. 10, n. 1, p. 21-44, 1999.

SILVA, P. V. B.; ROSEMBERG, F. Brasil: lugares de negros e brancos na mídia. In: DIJK, T. A. van (org.). **Racismo e discurso na América Latina**. São Paulo: Contexto, 2003.

SILVA, P. V. B.; SANTOS, W. O.; ROCHA, N. G. Racismo discursivo, legislação e proposições para a televisão pública brasileira. In: ARAÚJO, J. Z. (org.) **O negro na TV pública**. Brasília: Fundação Cultural Palmares, 2010. v. 1. p. 81-112.

SOARES, D. Q. **A reestruturação produtiva e as políticas públicas de inclusão digital no Brasil hoje:** o caso Proinfor. 2007. 165 f. Dissertação, Mestrado em Políticas Públicas, Programa de Pós-Graduação em Políticas Públicas, Universidade Federal do Maranhão. São Luís, 2007.

SOBRAL, A. **Do dialogismo ao gênero**: as bases do pensamento do Círculo de Bakhtin. Campinas: Mercado de Letras, 2009.

SOUZA, J. T. Uma análise transmidiática da questão identitária da mulher negra na propaganda da L'Oreal. In: BATISTA, Leandro Leonardo; LEITE, Francisco (org.). **O negro nos espaços publicitários brasileiros**: perspectivas contemporâneas em diálogo. São Paulo: Escola de Comunicações e Artes/USP : Coordenadoria dos Assuntos da População Negra (Prefeitura de São Paulo), 2011.

TELLA, M. A. P. Reação ao estigma: o RAP em São Paulo. **Enfoques**, Rio de Janeiro, v. 5, n. 1, p. 24-45, mar. 2006.

VELHO, G. **Individualismo e cultura:** notas para uma antropologia da sociedade contemporânea. Rio de Janeiro: Zahar. 1981.

VIANA, Nildo. Raça e etnia. In: VIANA, Nildo; PEREIRA, Cleito. **Capitalismo e questão racial**. Rio de Janeiro: Corifeu, 2009.

WERNECK, Jurema et al. **Racismo institucional: uma abordagem conceitual**. São Paulo: Geledés, [2012]. (O ano de publicação foi determinado pela postagem mais antiga do documento na web, ocorrido no site <http://www.seppir.gov.br/central-de-conteudos/publicacoes/pub-acoes-afirmativas/racismo-institucional/view>.)

APÊNDICE:
PARA AMPLIFICAR A REFLEXÃO EM GRUPOS DE DISCUSSÃO EM EMPRESAS, ORGANIZAÇÕES, NA FORMAÇÃO DE PROFESSORES E EM ATIVIDADES ACADÊMICAS

Na forma original da dissertação de mestrado, cada um dos depoimentos incluídos neste texto era arrematado pelo seguinte desafio: "Quais 5 coisas você destacaria na história de [...]? Há pontos de identificação com a sua história?"

E o texto era encerrado com a seguinte sugestão:
- Com qual das histórias você mais se identificou e por quê? Como raça influencia na sua vida? A não influência é também um fator para ser pensado. Vem com a gente pelo sim à igualdade racial.
- Mande um email pra mim com a sua história: <livro@simaigualdaderacial.com.br>
- Quem sabe podemos juntos construir um novo capítulo desta história.

Agora, no formato impresso, essas sugestões foram transformadas numa proposta de atividades em que as narrativas e os dados contidos no livro possam ser usados para provocar, informar, mobilizar os participantes de diferentes atividades em que as questões étnico-raciais sejam o ponto em discussão: eventos, cursos, seminários, congressos, grupos de estudo etc.

O método de trabalho poderia ser mais ou menos o mesmo em todos os casos.

Providencie para que os participantes tenham acesso ao depoimento que vai ser lido.

Dependendo da situação, isso pode ser feito de modo progressivo (uma narrativa de cada vez) ou, num evento único, dividindo os participantes em grupos e dando, a cada um, uma das narrativas.

Proponha que os participantes leiam o texto, individualmente ou em grupo, e anotem os pontos principais e mais importantes do texto.

O roteiro mínimo para o levantamento de questões pode ser praticamente o mesmo da dissertação:
- Quais elementos você destacaria nessa história?
- Há pontos de identificação com a sua própria história?
- Há pontos contrastantes com a sua história?
- Com qual das histórias você mais se identificou e por quê?
- Como raça influencia na sua vida?
- Se ela não influencia, por que você pensa que isso acontece?

Depois proponha que os participantes comparem suas anotações e identifiquem questões comuns a várias pessoas, a partes do grupo etc.

Discuta esses aspectos, buscando auxiliar o grupo a contextualizar essas questões histórica e socialmente.

Se for possível, quando realizar estas tarefas, combine com o grupo para que todos compartilhem, individual e coletivamente, suas percepções com <#simaigualdaderacial>.

Dependendo dos objetivos da atividade, essa reflexão pode levar o grupo a realizar atividades como:
- Fazer uma pesquisa para responder a algumas questões surgidas na discussão.
- Produzir materiais para campanhas de mobilização e esclarecimento, planejando sua divulgação na forma de impressos, exposições, vídeos etc.
- Aproveitar os subsídios fornecidos pela discussão e pelo material para elaborar projetos e planos de ação relacionados às questões antirracistas.
- Identificar organizações e projetos aos quais os interessados possam se associar para um ativismo antirracista.

Além das questões gerais e comuns a todos os depoimentos, o livro também fornece ideias e informações sobre, por exemplo:
- As leis e as políticas públicas relacionadas à luta antirracista.
- Fontes e informações para o levantamento e a análise de dados estatísticos sobre a desigualdade racial na população geral, no trabalho, na escola etc.
- Recursos para discutir e aprofundar os conceitos fundamentais que devem ser entendidos em relação ao racismo, à desigualdade e à diversidade racial.
- Aprimorar a percepção das diversas formas de preconceito e estabelecer linhas de conduta contra elas.
- Entender a conexão entre os diversos fatores de inferiorização na nossa sociedade e discutir como os projetos de ação podem articular propostas que levem em conta essas interseções.

- A relação entre as mídias e a reprodução do racismo e de outras formas de discriminação e inferiorização.
- Formas de se contrapor aos filtros racistas da mídia.
- O potencial dos meios de comunicação modernos na luta contra o racismo.

E muitas outras oportunidades que cada leitor pode descobrir.

E para terminar, aqui fica novamente o convite:
Venha se juntar a nós pelo Sim à Igualdade Racial.
Vamos juntos escrever um novo capítulo nesta história.

Este livro foi impresso em agosto de 2019,
na Gráfica Assahí, em São Paulo.
As famílias tipográficas utilizadas são a Warnock Pro e a PF Din.
O papel de miolo é o pólen 80g/m² e o de capa é o cartão 250g/m².